高等学校经济管理类实践系列教材

U0660873

经济学基础

主编　汪政杰　蔡梓君　王志成

西安电子科技大学出版社

内容简介

　　本书内容共12章，包括微观经济学和宏观经济学两部分。第一章介绍了经济学的研究对象、内容与方法；第二章至第八章为微观经济学部分，主要介绍了供求和价格均衡理论、消费者行为理论、生产理论、成本与收益、市场结构理论、收入分配理论、市场失灵与政府干预等内容；第九章至第十二章为宏观经济学部分，主要介绍了国民收入的衡量与决定理论，宏观经济政策，失业与通货膨胀，经济周期、经济增长与发展理论等内容。

　　本书语言通俗易懂，内容全面，既可作为高等院校经管类专业及其他相关专业的教材，也可作为企业相关人员的学习参考书。

图书在版编目（CIP）数据

经济学基础 / 汪政杰，蔡梓君，王志成主编. —西安： 西安电子科技大学出版社，2022.9
(2023.8重印)
ISBN 978-7-5606-6633-4

Ⅰ.①经… Ⅱ.①汪… ②蔡… ③王… Ⅲ.①经济学—基本知识 Ⅳ.①F0

中国版本图书馆CIP数据核字(2022)第151779号

策　　划　刘玉芳　刘统军
责任编辑　刘玉芳
出版发行　西安电子科技大学出版社(西安市太白南路 2 号)
电　　话　(029)88202421 88201467　　　　邮　　编　710071
网　　址　www.xduph.com　　　　　电子邮箱　xdupfxb001@163.com
经　　销　新华书店
印刷单位　咸阳华盛印务有限责任公司
版　　次　2022 年 9 月第 1 版　　 2023 年 8 月第 3 次印刷
开　　本　787 毫米 × 1092 毫米 1/16　　印　张　14
字　　数　280 千字
印　　数　3201～6200 册
定　　价　39.00 元
ISBN 978-7-5606-6633-4 / F

XDUP 6935001-3
如有印装问题可调换

在现代市场经济背景下，经济学理论既是社会大众从事经济活动的潜在行为准则，也是政府调控经济的基本理论依据。学习经济学基础有助于学生正确认识身边的经济现象，解读经济信息与经济政策，为学习经管类专业课程奠定理论基础。

本书具有以下特色：

(1) 内容全面。本书既论述了供求和价格均衡理论、消费者行为理论、生产理论、成本与收益、收入分配理论等基本理论，也结合经济发展，介绍了国民收入的衡量与决定理论，失业与通货膨胀，经济周期、经济增长与经济发展理论等内容；既介绍了微观经济学的主要内容，也介绍了宏观经济学的主要知识。

(2) 理论联系实际。本书在论述有关经济理论与知识的同时，努力结合我国及国际上的最新经济实践进行深度分析，激发读者深入思考。

(3) 结构创新。本书各章特别设置了"知识目标""技能目标""素质目标""引入案例""知识链接""阅读与思考""拓展阅读"等模块，有助于学生有的放矢、循序渐进地学习经济学知识，开阔眼界，从而在掌握理论知识的基础上，提高运用经济学知识解决实际问题的能力。

(4) 学练结合，注重实践。本书以经济理论为课程主线，以岗位职业能力要求为依据，按照学生的认知特点和水平，采用模块结构来展示教学内容，并在正文中插入了丰富的教学案例或阅读材料，充分体现了学练结合的特色，有助于学生在较短时间内掌握经济理论的主要内容和重点知识。

　　本书由汪政杰、蔡梓君和王志成担任主编，具体编写分工为：第一章第一节由汪政杰编写；第一章第二、三节由王志成编写；第二章至第十二章由蔡梓君编写。本书在编写的过程中，参考了相关专家、学者的论著、教材等，在此表示衷心的感谢！

　　由于编者水平有限，书中难免有疏漏和不妥之处，敬请业内专家、同行以及广大读者积极提出宝贵意见，以便今后不断完善本书。

编　者

2022年6月

C目录
Contents

第一章　认识经济学

【知识目标】

(1) 理解资源的稀缺性；

(2) 理解经济学中的选择和机会成本；

(3) 理解经济学研究的基本问题；

(4) 掌握经济学的主要研究方法。

【技能目标】

(1) 能够初步判断资源的稀缺程度；

(2) 能够比较有效地利用稀缺资源。

【素质目标】

(1) 能够利用机会成本的思维进行各种决策；

(2) 能够从经济学的角度分析各种社会问题。

引入案例

扎克伯格的穿衣哲学

作为 Facebook 的总裁，扎克伯格身家数百亿美元，却总是穿同样的灰色 T 恤或者灰色运动卫衣。媒体将此归于扎克伯格的个性，直到扎克伯格晒出自己的衣柜并给出具体的解释，大众才恍然大悟。扎克伯格解释道，穿衣之所以显得单调，是为了把生活变简单，这样就不用在此事上花费太多精力做选择，节省下来的精力可以用在做更重要的事情上。

虽然只是穿衣这一件小事，但其中却蕴含了经济学的智慧——机会成本。机会成本在经济学上一般是指企业为了从事某种经营活动，而不得不放弃另外一种经济活动的成本。以扎克伯格穿衣为例，作为 Facebook 的总裁，时间、精力是有限的，他通过穿同样的衣服，使自己在进行穿衣选择时不用陷入纠结中，可以将精力和时间放在更有价值的事情上。

机会成本可以说是无处不在，小到日常穿衣，大到企业经营。作为经济生活的参与者，我们要善于用机会成本来进行最优的选择。

思考： 扎克伯格的穿衣哲学给了我们什么启示？

》》》 第一节　经济学的研究对象 《《《

美国经济学家保罗·萨缪尔森在其《经济学》一书中说："经济学的精髓在于承认稀缺性是现实存在的，并探究一个社会如何进行组织才能最有效地利用资源。这一点是经济学独特的贡献。"如果说经济学是研究经济问题的科学，那么社会的基本经济问题是什么？这些经济问题是怎么产生的？如何解决这些经济问题？下面，就带着这样的问题来探讨经济学的研究对象。

一、经济学的基本前提

经济学研究的是人们如何使用稀缺的资源生产出更有价值的商品，并将它们分配给社会成员的问题。由此可以看出，经济学的基本前提是资源的稀缺性。

稀缺性是指欲望总是超过能用于满足欲望的资源。稀缺性表明了欲望无限性与资源有限性之间的矛盾，正是这种矛盾引发了经济活动。经济学所要研究的经济活动是人们如何利用有限的资源去满足无限的欲望。稀缺性具有以下两方面特征：

(1) 相对性。资源是否稀缺并不取决于资源物品本身绝对数量的多少，而是相对于人们无限增长的需要而言的。在人类生活中，存在一个显而易见的事实，即人们的需要（想要的东西）总是超过人们所能得到的东西，很难想象会有一个所有的需要都能被满足的社会。只要人们目前列出的需要超出了自己满足这些需要的能力（这是确定无疑的），就会面临稀缺问题。例如，当一个人只有 10 万元而想买 30 万元的汽车时，他面临的问题是金钱的稀缺。

不仅个人会面临稀缺问题，整个社会也同样会面临稀缺问题。例如，总是有大量的社会工程值得去做：应该改善穷人的生活条件；应该建立更多的学校和培训更多的教师；需要建设或重建更多的高速公路；需要雇用更多的警察和消防队员；需要建立更强大的国防；等等。

(2) 绝对性。资源稀缺的属性在任何时期、任何国家都是存在的，因为即使在长时期内，物品的质和量可以有所改变，但总体来说仍然是有限的。

稀缺性是人类社会永恒的问题，只要有人类社会，就会有稀缺性。

知识链接

人类社会要生存和发展，就需要不断地用产品和劳务来满足人们日益增长的需求。自古以来，人们就一直面临着这样一个矛盾：资源的有限性与人类自身欲望的无限性存在矛盾。时至今日，虽然各种资源看似充足，但人类的欲望总是超过我们所能提供产品的能力。

按照美国学者马斯洛的解释，人的需要可以分为五个层次，像阶梯一样从低到高，按层次逐级递升，分别为：生理需要，安全需要，归属与爱的需要，尊重需要，自我实现的需要。当较低层次的需要得到相对满足后，就会向高一层次发展，永无止境。这也从另一层面说明了人的欲望的无限性。由此可见，相对于人类社会的无穷欲望而言，经济物品，或者说生产这些物品所需要的资源总是不足的。在经济学中，这种资源的相对有限性被称为稀缺性。

二、经济学中的选择和机会成本

1. 选择

选择是指根据现有的资源和人们的需要，所做的关于生产种类和数量的决定。选择是一种资源配置和资源利用问题。

面对稀缺性，人们必须做出选择，即必须决定用有限的资源去满足无限欲望中的哪些欲望。也就是说，我们拥有的资源不能满足所有的欲望，必须按一定的原则决定先满足哪些欲望，后满足哪些欲望。所以，人们的经济活动实际上是一个选择的过程或选择的活动。

资源的稀缺决定了人们必须有效地配置和充分地利用资源。当然，配置的形式可以是不同的，可以通过市场活动来调节，也可以由政府通过计划形式直接分配。

2. 机会成本

美国经济学家 N. 格里高利·曼昆在其《经济学原理》中写道："机会成本，就是为了得到某种东西，必须放弃的东西。"也就是说，机会成本是在两种事物之间进行选择的真实成本，是为了做某种事情而放弃另一种事情的最高收益。它适用于社会生活的多个方面，如在生产中有生产的机会成本，在消费中有消费的机会成本，在政府活动中有政府的机会成本（如因增税而减少的私人购买、政府投资方向的选择等）。

机会成本即选择的代价，是指具有多种用途的既定资源，因用于某种用途而放弃的其他用途中所能得到的最高收益。如现有户居民，拥有 10 万元资金，假设其可选择的理财方式有三种：其一，存入银行，年获利 1500 元；其二，购买企业债券，预计年获利 1 万元；其三，开一家校园超市，预计年获利 4 万元。如果选择存入银行，则其机会成本是 4 万元；如果选择购买企业债券，则其机会成本是 4 万元；如果选择开校园超市，则其机会成本是 1 万元。在这三种可行性方案中，最佳方案是开校园超市，其机会成本最小，即该选择需要付出的代价最小。

由此看来，运用机会成本可以帮助人们进行可行性分析，为优化决策提供依据。

机会成本是关于选择的成本，没有选择，就没有放弃，当然也就不存在机会成本。所以，运用机会成本必须满足三个前提条件：其一，资源本身有多种用途；其二，资源可自由流动且不受限制；其三，资源能够被充分利用。

3. 经济学的研究对象

资源的稀缺性决定了一个社会在一定时期可以利用的资源是有限的，从而可以生产的产品数量也是有限的。为了使相对稀缺有限的资源满足无限多样的需要，就需要解决资源如何分配和利用的问题。

资源配置是通过选择，使有限的资源形成合理的组合并加以利用，从而生产出量多质优的经济物品，以满足人类的需要。资源配置需要解决的基本问题主要有以下三个。

1) 生产什么和生产多少

由于资源有限，因此，用于生产某种产品的资源如果多一点，那么用于生产其他产品的资源就会少一点。对资源的任何配置，都会存在机会成本问题。人们首先要对其各种欲望加以审定，什么欲望最迫切，其次的欲望是什么，再次的欲望又是什么，在可供选择的物品或劳务中选择哪些来生产，每种生产多少。所以，在决定使用资源之前，必须明确生产什么和生产多少的问题。

2) 如何生产

生产或提供某一种物品或劳务可以有不同的资源配置方式。不同的生产方法和资源组合可以相互替代，同样的物品可以有不同的资源组合 (劳动密集型或资本、技术密集型)。因此需要决定的是，由哪些人使用哪种资源，应用什么技术来生产；各种资源如何进行有效组合以提高生产效率，是多用劳动力少用机械，还是多用机械少用劳动力。由于资源稀缺性的存在，人类社会为了增加物品或劳务的有效供给，必须选择能够节约使用资源与提高经济效益的生产资源组合方式。

3) 为谁生产

为谁生产是指财富如何分配，即生产出来的物品或劳务供谁享用。由于资源是有限的，因此不可能使全社会中每一个人的欲望同时获得满足。例如，社会产品的总量将如何分配给不同的人和家庭，什么人能够或不能够参与分配，以什么方式来参与分配，各类参与者分配的数量是多少，是强调公平还是以效率的提高为准则。很显然，分配的方式和数量，直接关系到人们的生产积极性，成为主体的动力。

以上三个方面的问题，即生产什么和生产多少、如何生产和为谁生产，是人类社会必须解决的基本问题。经济分析就是回答上述问题，从而揭示出最能刺激经济发展的事物。也正是在这种意义上，许多经济学家把经济学定义为研究稀缺资源在各种可供选择的用途之间进行分配的科学。

除了资源配置的问题外，在现实的经济社会中，还有劳动者失业、生产设备和自然资源闲置等问题。也就是说，一方面资源是稀缺的，另一方面稀缺的资源得不到充分的利用。因此，经济学必须进一步研究造成这种状况的原因是什么，用什么办法来改进这种状况，从而实现充分就业，使实际的国民收入接近或等于潜在的国民收入。这就要研究稀缺经济资源的充分利用问题。

当前世界上解决资源配置和资源利用问题的经济体制基本有两种：一种是市场经济体制，即通过市场上价格的调节来决定生产什么和生产多少、如何生产和为谁生产，资源的优化配置和充分利用依靠价格的调节与刺激来实现；另一种是计划经济体制，即通过中央计划来决定生产什么和生产多少、如何生产和为谁生产，资源的优化配置和充分利用依靠计划来实现。当然，在现实中，许多国家的经济制都是市场经济体制与计划经济体制不同程度的结合，但这种结合并不是一半对一半，而总是以一种经济体制为主，以另一种为辅。越来越多的人认识到，市场经济体制从总体上看比计划经济体制资源优化配置效率更高，更有利于经济发展。

既然稀缺性问题的解决离不开具体的经济制度，那么可以将经济学定义为：研究一定制度下稀缺资源如何有效配置和充分利用的科学。现在所讲的经济学是研究在市场经济制度下对于稀缺资源如何有效配置和充分利用的科学。

》》》 第二节　经济学的研究内容 《《《

现代西方经济学根据研究对象、范围以及研究方法的不同，把经济学原理或经济理论划分为两大组成部分，即微观经济学和宏观经济学。微观经济学主要解决资源配置问题；宏观经济学主要解决资源利用问题。

一、微观经济学

微观经济学主要分析个体经济单位（如一个企业或一个家庭）的经济行为和经济变量，以及经济变量之间的关系和相互影响，从而寻找实现稀缺资源合理配置的最佳途径。

例如：分析单个企业如何把有限的资源分配在各种产品上以实现利润最大化，其产量、价格、收益、成本、利润等如何决定和变动；分析单个家庭如何把有限的收入分配在各种商品的消费上以实现满足程度最大化，其收入、消费、储蓄等如何决定和变动等。

1. 微观经济学的基本假设条件

1) 经济人假设

经济人即精打细算的人，或以最高效率实现最大利益的人，或始终关注个人利益的人，或把个人利益始终放在第一位的人。经济人的内涵可概括为：

(1) 人是利己的。人们在从事经济活动时，所考虑的不是社会利益，而是自身的利益。

(2) 人是理性的。任何智力正常的人，都能从利己的角度进行判断，趋利避害，在各项利益的比较中选择自我的最大利益。

所谓经济人假设，就是将消费者 (家庭) 和生产者 (企业) 在从事经济活动时均假设为经济人。消费者追求的是用自己有限的收入，在给定的约束条件下，实现消费满足程度最大化；企业追求的是在给定的生产技术条件下，以有限的投入实现利润最大化。

2) 完全信息假设

完全信息假设是指市场上每一个从事经济活动的个体都可以免费而迅速地获得各种市场信息，并具有对信息进行处理的能力。例如：每一个消费者都能充分了解每一种商品的性能和特点，准确地判断不同的消费量给自己带来的不同满足程度，掌握商品价格在不同时期的变化等，从而做出最优消费决策；每一个生产者对生产所需资源和产品的价格变化有充分了解，掌握投入和产出之间的技术数量关系，准确了解市场对其产品的需求等，从而做出最优生产决策。

3) 市场出清假设

市场出清假设是指价格可以自由而灵敏地升降，发挥调节机制，经过价格调节的市场能够实现供求均衡。例如：商品价格的调节使商品市场均衡；利率的调节使资本金融市场均衡；工资的调节使劳动力市场均衡。如果资源得到充分利用，就不存在闲置或浪费问题。

2. 微观经济学的主要特点

1) 研究对象是单个经济单位

单个经济单位指组成经济最基本的单位，即居民户和厂商。居民户又称家庭，是经济中的消费者。厂商又称企业，是经济中的生产者。在微观经济学的研究中，假设居民户与厂商经济行为的目标是实现最大化，即居民户要实现满足程度 (效用) 最大化，厂商要实现利润最大化。微观经济学研究居民户与厂商的经济行为，就是研究居民户如何把有限的收入分配于各种物品的消费，以实现满足程度的最大化，以及厂商如何把有限的资源用于各种物品的生产，以实现利润最大化。

2) 解决的问题是资源配置

解决资源配置问题就是要使资源配置达到最优化，即在这种资源配置下能给社会带来的最大经济福利。微观经济学从研究单个经济单位的最大化行为入手，来解决社会资源的最优配置问题。因为如果每个经济单位都实现了最大化，那么整个社会的资源配置也就实现了最优化。

3) 中心理论是价格理论

在市场经济中，居民户和厂商的行为受价格的支配，生产什么、如何生产和为谁生产都由价格决定。价格像一只"看不见的手"，调节着整个社会的经济活动，通过对价格的调节，社会资源的配置才能实现最优化。微观经济学正是要说明价格如何使资源配置达到最优化。因此，价格理论是微观经济学的中心理论，其他内容均是围绕这一中心问题展开的。也正因为这样，微观经济学也被称为价格理论。微观经济学的中心理论实际上是解释英国古典经济学家亚当·斯密的"看不见的手"这一原理。亚当·斯密认为，每个人都在追求自己的个人利益，但在这样做时，由于一只"看不见的手"的指引，结果是增进了社会利益。"看不见的手"就是价格。微观经济学的中心理论就是要解释价格如何实现资源配置最优化。

4) 采用的方法是个量分析

个量分析研究的是经济变量的单项数值是如何变化的。如某企业的产量，就是产量这种经济变量的单项数值。微观经济学中所涉及的变量，如某种商品的效用、供给量、需求量、价格，某企业的成本、收益、雇用人数等，都属于这一类。微观经济学正是通过分析这类个量的决定、变动和相互关系，来说明价格机制如何实现社会资源的合理配置。

二、宏观经济学

宏观经济学主要分析经济活动的总图景，全社会的加总数、平均数或比率数等，以及各种经济总量之间的关系和相互作用，从而探讨如何实现全社会总体资源的充分利用。例如，分析一国经济增长速度为什么有时快有时慢，物价水平多高为适度，当发生失业或通货膨胀时政府应采取什么政策等。

1. 宏观经济学的基本假设条件

(1) 市场机制是不完善的。

资源的稀缺性不仅要求使资源得到合理配置，还要求使资源得到充分利用，而要做到这一点，只依靠市场机制是不够的。经济如果只依靠市场机制的自发调节，就无法克服危机与失业，就会在资源稀缺的同时产生资源浪费。

(2) 政府有能力调节经济。

人们可以在遵循基本经济规律的前提下，对经济进行适当调节。但发挥这种调节职能的是政府，政府可以通过观察、研究、认识和利用经济运行规律，采取合理的手段进行适当调节。

2. 宏观经济学的主要特点

(1) 研究对象是整体经济。

宏观经济学研究的是整体经济的运行状态与规律，整体经济是由互相联系的单个经济单位组成的。比如，经济中失业率的变动，本期物价水平比上一时期高的原因，为提高经济增长率的政策选择等。

(2) 解决的问题是资源利用。

宏观经济学研究的是现有资源未能得到充分利用或过度利用的原因，达到资源充分利用的途径和手段，以及如何实现持续增长等问题。

(3) 中心理论是国民收入决定理论。

国民经济运行状况的好坏体现为国民收入水平的高低及其波动。因此，国民收入是一国经济最重要的经济总量，综合反映了其他经济总量以及变动状况。宏观经济学以国民收入为中心形成理论体系，研究如何实现资源的充分利用。

(4) 采用的方法是总量分析。

宏观经济分析始终围绕国民收入来展开。宏观经济学所涉及的总量很多，比如国民收入、总需求、总供给、总储蓄、总投资、总就业量、价格水平、货币供给量等。总量分析就是通过分析这些总量的决定、变动及相互关系，以说明宏观经济的运行状况及如何制定经济政策。

三、微观经济学与宏观经济学的比较

宏观经济学与微观经济学、总量与个量，二者之间既互相区别又互相依存。将二者进行对比，会发现二者在研究对象、中心理论、解决问题、分析方法等方面存在不同。

(1) 微观经济学是宏观经济学的基础。

微观经济学研究个体的经济行为，宏观经济学研究一个国家整体的经济状况，整个国民经济是由单独的个体经济单位组成的，个体经济单位是整个国民经济的基础。因此，微观经济学是宏观经济学的基础。

(2) 微观经济学和宏观经济学相互补充。

经济学的研究目的是要解决如何实现社会经济福利的最大化。为了达到这一目的，既要考虑资源的最优配置问题，也要考虑如何实现资源的充分利用。它们是从不同的角度分析社会经济问题，二者相互补充，共同组成经济学的基本原理。

(3) 微观经济活动之和不等于宏观经济活动。

表面上，宏观经济活动是由微观经济活动的总和构成，但对经济规律不能进行这样简单的综合。"合成谬误"和"分解谬误"的存在，导致许多结论在微观经济学中看来是正确的，但放到宏观经济学中却可能得出相反的结论。

虽然微观经济学和宏观经济学存在区别，但是二者又存在密切联系。总量由个量综合而成，因此微观经济学必然是宏观经济学的基础。个量或个体不能脱离总量或总体而存在，所以微观经济学又必须以宏观经济学为条件和前提。

第三节　经济学的研究方法

对于特定的经济问题，经济学家是如何进行分析的呢？以下主要介绍几种常用的经济学研究方法。

一、规范分析与实证分析

规范分析是根据一定的价值判断，提出人们的经济行为规范，进而研究如何使其行为符合这些规范的分析方法。它所要回答或所关心的是人们的经济行为"应该是什么"。例如，要想让人们节约用水，是否可以采用提高水价的手段，不同的经济体基于不同的立场会有不同的结论。这就属于规范分析。

实证分析是根据一定的假设，揭示有关经济变量之间的函数关系或因果联系的分析方法，即揭示经济本身的内在规律，并据此来分析和预测人们的经济行为效果。它所要回答或所关心的为"是什么"的问题。例如，研究影响居民消费的因素，可能有价格、收入、偏好、性别、年龄等，将这些因素与消费之间进行相应的因果关系分析，形成相应的回归方程，就属于实证分析。

通过对比可以发现，实证分析和规范分析主要有以下区别：

(1) 实证分析企图超脱和排斥一切价值判断，只研究经济本身的内在规律；规范分析则以一定的价值判断为基础，是以某些标准来分析和处理经济问题。

(2) 实证分析解决"是什么"的问题，而规范分析则解决"应该是什么"的问题。

(3) 实证分析的内容具有客观性，即不以人的意志为转移，所得的结论可以根据事实来进行检验；规范分析则没有客观性，所得的结论要受到不同价值观的影响，具有不同价值判断标准的人，对同一事物的好坏会做出截然不同的评价，从而也就无法进行检验。

二、均衡分析与边际分析

1. 均衡分析

均衡即平衡，本是物理学中的一个概念，指的是作用在质点上的所有力的合力（或矢量和）为零时的状况。经济学中的均衡是指经济行为主体意识到进一步改变决策行为已不能获得更多利益，从而不再改变其行为的状态。均衡分析就是假定经济变量达到均衡状态时所出现的情况以及实现均衡的条件。比如，研究消费者的消费决策，就是在给定消费者偏好、收入及商品价格的情况下，研究消费者购买行为达到平衡时的条件；研究企业的生产行为，就是在给定生产要素价格和生产函数的情况下，研究生产者实现生产要素最佳组合（生产要素购买行为达到平衡）的条件。

2. 边际分析

边际即额外、附加、边缘或总体以外的部分，也就是新增加或减少的那一部分。边际分析是研究当自变量发生微小变动时，因变量如何随之变动。例如，生产成本依赖于产量，产量改变一单位所导致的成本的改变就是边际成本。企业的销售收入依赖于产量，产量改变一单位所导致的销售收入的变化称为边际收益。边际如果是新增加的，就是正值；如果是新减少的，就是负值。边际分析用于分析经济变量的变动趋势。

三、静态分析、比较静态分析和动态分析

1. 静态分析

静态分析是分析经济现象的均衡状态以及相关经济变量达到均衡状态所需具备的条件，但并不涉及达到均衡状态的过程。静态分析是与均衡分析密切联系的一种分析方法，运用此方法分析均衡价格时，假定在收入、偏好、预期等因素不变的情况下，供求相等时的市场价格处于稳定状态。

2. 比较静态分析

比较静态分析是将一种给定条件下的静态与新的条件下产生的静态进行比较。因为，如果原有的已知条件发生了变化，会导致有关的变量相应发生一系列变化，从而打破原有的均衡，达到新的均衡，比较静态分析就是对新旧两种均衡状态进行对比分析。例如，当商品的供求态势发生变动后，市场均衡价格也会发生变动，将新旧两种市场均衡价格进行对比分析就属于比较静态分析。

3. 动态分析

动态分析是考察随条件变化而使经济均衡调整的路径或过程。经济动态指在时间序列过程中的经济变动状态，动态分析的主要特征在于加进了时间因素，经济变量在某一时点上的数值受以前时点上有关变量数值的制约。正是由于该方法研究的是变量在继起的各个时间的变化情况，故也称此方法为时间分析或序列分析。例如，某门店进行相应的销售预测时，就需要考虑历史不同时期的销售规律，以此来进行动态分析和预测。

四、理论分析与模型分析

1. 理论分析

理论分析即从纷繁复杂的现实事物中进行科学的抽象，舍去次要的、偶然的、个别的

因素，专门研究具有普遍性、必然性、决定性的因素之间的因果关系，形成系统的经济理论。例如，对价格与需求量之间的变化趋势的研究，对于大部分商品来讲，价格上升会导致需求量减少；反之，价格下降会导致需求量增加。

2. 模型分析

模型分析也是一种分析经济问题的方法，是指用来描述同研究的对象有关的经济变量之间的依存关系的理论结构。简单地说，经济模型就是用变量的函数关系来说明经济理论，是经济理论的简单表达。经济模型可用文字说明（叙述法），也可用数学方程式表达（代数法），还可用几何图形式表达（几何法、画图法）。例如，可以根据影响需求的因素建立相应的需求函数，并绘制出相应的需求曲线。

拓展阅读

利己与利他

200多年前，人类发生了一场道德思想的革命，这场革命是由英国经济学家亚当·斯密发动的。

亚当·斯密说："人类几乎随时随地都需要同胞的协助，但要想仅仅依赖他人的仁慈，那一定是不行的……如果能够刺激他们的自利心，并表示对他们自己有利，那么，他们的行动就容易展开。我们每天所期望的食物，不是出自屠夫、酿酒师或面包师的仁慈，而是出于他们自利的打算。我们不要讨论他们的人道，而要讨论他们的自爱；不要对他们讲我们的需要，而是要谈对他们的好处。"

在这段论述中，他提到了经济学中非常重要的经济人假设，也就是所有人都是非常理性的经济人，都是利己的。他认为，在市场经济下，自利之心正是利他之行的主要驱动力，每个人都在不断努力以寻找与其能力相称的最具优势的就业，这确实是出于对自身利益而不是对社会的考虑。

用经济人假设来反观本次新冠肺炎疫情，我们从全国各地的基层干部、医护人员、志愿者等各行各业各个阶层的人身上，看到了人性的善良和无私，即"利他性"。当然也看到了在个别人身上所体现出来的人性的自私和贪婪。因此，在实际经济生活中，不同人群的情感水平和知识水平的不同，决定了经济人假设适用水平的不同。尤其是在中国传统文化的影响下，即使再穷苦的人，在市场上也难以做出"个人利益最大化"的最佳选择，因为我们有"先人后己""重义轻利""仁者爱人"的优秀文化传统。

本 章 小 结

经济学是研究由资源稀缺引起的资源配置和资源利用问题的一门社会科学。

资源配置需要解决三个基本问题：生产什么和生产多少，如何生产，为谁生产。

经济学有两个基本的领域，即微观经济学和宏观经济学。微观经济学是研究在市场经济体制下的个体经济单位的经济行为，主要解决资源配置问题。宏观经济学是把整个经济总体（通常是一个国家）作为考察对象，主要解决资源利用问题。

任何一门学科都有一定的分析方法。本章内容仅就经济学家们在研究社会经济问题时经常采用的分析方法进行了简要介绍，主要的分析方法有规范分析与实证分析，均衡分析与边际分析，静态分析、比较静态分析与动态分析，理论分析与模型分析等。

练 习 题

一、名词解释

经济学　稀缺　资源配置　机会成本　微观经济学　宏观经济学

二、单项选择题

1. 资源的稀缺性是指（　　　）。

A. 相对于人们无穷的欲望而言，资源总是不足的

B. 生产某种产品所需资源的绝对数量很少

C. 世界上的资源最终会因人们生产更多的物品而消耗殆尽

D. 以上答案都不正确

2. 经济学所说的理性，是指（　　　）。

A. 人们不会做出错误的判断

B. 人们总会站在自己的角度做出最好的决策

C. 人们根据完全信息而行事

D. 人们不会为自己所做出的错误决策而后悔

3. 经济学可以定义为（　　　）。

A. 政府如何干预市场　　　　B. 消费者如何获得收入

C. 企业如何管理　　　　　　D. 研究如何有效地配置稀缺资源

4. 选择的代价，称为（　　　）。

A. 沉没成本　　B. 机会成本　　C. 会计成本　　D. 边际成本

5. 经济学研究的基本问题是（　　）。

A. 生产什么　　B. 如何生产　　C. 为谁生产　　D. 以上答案都正确

三、简答题

1. 经济学的含义是什么？

2. 如何理解资源是稀缺的？

3. 简述微观经济学和宏观经济学的区别与联系。

第二章 供求和价格均衡理论

【知识目标】

(1) 理解需求与供给的概念；

(2) 掌握影响需求与供给的各种因素；

(3) 掌握需求定理、供给定理、弹性理论的内容；

(4) 掌握各类弹性的含义及应用。

【技能目标】

(1) 能够根据市场条件，绘制相应的供给曲线和需求曲线；

(2) 能够根据供求条件变化，分析均衡价格的变动趋势；

(3) 能够依据相关理论，制定企业的价格调整策略。

【素质目标】

能够对各类价格现象进行准确的判断、分析。

引入案例

疫情之下的天价口罩

2019 年底，新冠肺炎疫情在全球各地相继暴发。随着疫情扩散，人们对口罩、消毒液、防护用品的需求大增，由此加剧了各国防疫物资的短缺程度，直接导致相关商品的价格"疯涨"。

意大利《24 小时太阳报》报道称，意大利一家专门生产保护呼吸道的专业医疗口罩公司表示，公司 10 天内就把 10 年的口罩库存用光，每天都接到数千万只口罩的订单。口罩的在线价格从 10 分欧元 (约合人民币 0.76 元) 涨到 10 欧元 (约合人民币 76.2 元)，直接涨了约 100 倍。

西班牙《20 分钟报》报道称，在马德里、巴塞罗那和比利亚雷亚尔等地也相继出现病例后，当地口罩的价格更是涨得夸张，根据当地药房的定价，每一枚FFP2型口罩售价高达300欧元（约合人民币2200元）。

随着美国疫情的暴发，口罩也成为美国当地的紧缺资源。据美国CBS报道，近期美国得克萨斯州休斯敦医疗器械店出现民众排队购买口罩现象，单只N95口罩售价涨到20美元（约合人民币140元）至25美元（约合人民币175元）之间。亚马逊等电商平台的口罩被抢购一空。

而在中国，随着疫情的控制和生产能力的提升，口罩价格在经历短期短缺及价格上升后，物资短缺的问题就得到了缓解，相关商品的价格也回落到正常水平。

思考： 导致口罩价格变化的因素是什么？

价格理论是微观经济学的中心理论，而需求和供给是决定价格的两种基本力量。本章主要介绍需求理论、供给理论、均衡价格的形成与变动、价格对经济的调节等内容。

>>> 第一节　需求理论 <<<

一、需求和需求量

1. 需求

需求指在一定时期内，在各个价格水平上，消费者愿意而且能够购买的某种商品和劳务的数量。

需求必须具备两个基本条件：一是消费者愿意购买；二是消费者有支付能力。二者既相互依存，又相互约束，如果消费者对某种商品或劳务只有购买的欲望而没有支付的能力，或者是具备支付的能力而对该商品或劳务缺乏兴趣，没有购买的欲望，都构不成现实的有效需求。需求必须是既有购买欲望又有支付能力的有效需求，是主观愿望与客观购买力的统一。

需求有个人需求和市场需求之分。个人需求是指单个消费者在一定时期内，一定价格条件下对某种商品，愿意并能购买的数量。市场需求是指在某一市场中所有消费者的个人需求之和。

2. 需求量

需求量是指在某一既定的价格水平上，消费者愿意而且能够购买的商品数量。需求则是不同价格水平所对应的不同需求量的统称，指的是商品需求量变动与商品价格变动之间的数量对应关系。

由此可见，需求量反映的是某一特定价格水准下的计划购买量，需求则反映的是一系列价格水平下的一组计划购买量。例如，当苹果的价格为 10 元时，某消费者的需求量为 1 kg；当价格为 5 元时，需求量为 2 kg；当价格为 2 元时，需求量为 3 kg；当价格为 1 元时，需求量为 5 kg……这样一组价格和对应的一组需求量反映了该消费者的需求水平，这就是所谓的需求。其中 10 元对应的 1 kg 则指的是需求量。

当然，现实中很难区分需求与需求量，因为需求的变动也表现为各种因素变动引起的需求量的变动。在理论分析中之所以要做出这种区分，是为了说明各种不同因素对需求变动的不同影响。

二、需求表和需求曲线

1. 需求表

需求表是表示商品的价格水平和与之相对应的需求数量之间关系的数字序列表。它能够直观地反映出商品价格与需求量之间的一一对应关系。某商品的需求表见表 2-1。

表2-1　某商品的需求表

价格与数量的组合	A	B	C	D	E
价格/元	2	4	6	8	10
需求量/ kg	500	400	300	200	100

由表 2-1 可以清楚地看出商品价格与需求量之间的函数关系。例如，当商品价格为 2 元时，商品的需求量为 500 kg；当价格上升为 4 元时，需求量下降为 400 kg；当价格进一步上升为 6 元时，需求量下降为 300 kg。相反，随着价格的下降，消费者对该商品的需求量增加。

2. 需求曲线

需求曲线是根据需求表中商品不同的价格与对应需求量的组合在平面坐标图上所绘制的一条曲线。它表示商品的价格和需求量之间的函数关系，是一条自左上方向右下方倾斜的曲线，斜率为负。图 2-1 是根据表 2-1 绘制的一条需求曲线，其中 P 表示商品价格，Q 表示商品需求量。

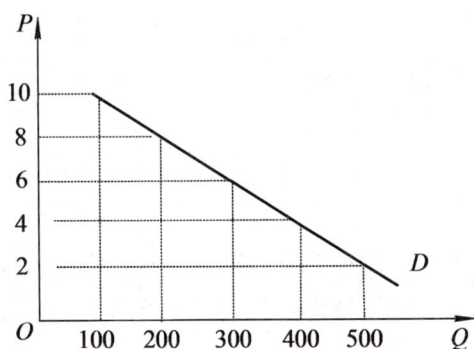

图2-1　某商品市场需求曲线

价格和需求量之间的关系可以是线性关系，也可以是非线性关系，具体取决于实际情况。

三、需求定理

1. 需求定理的内容

通过表 2-1 可见，商品的需求量随着商品价格的上升而减少；相应地，通过图 2-1 可见，图中的需求曲线向右下方倾斜，即其斜率为负值。这两者都表示，商品价格和需求量之间呈反方向变动的关系。这种现象普遍存在，被称为需求定理。

需求定理的基本内容为：在其他条件不变的情况下，需求量随着商品本身价格的上升而减少，随商品本身价格的下降而增加。所谓"其他条件不变"是指除了商品本身的价格之外，其他影响需求的因素都是不变的。

2. 需求定理的例外

需求定理是一般商品在一般情况下的规律，并不适用于所有商品，某些特殊商品就常有例外。需求定理的例外情况主要有以下几种：

(1) 吉芬商品。英国经济学家吉芬发现，在 18 世纪爱尔兰发生灾荒时，马铃薯的价格虽然急剧上涨，但它的需求量反而增加。其原因是灾荒造成爱尔兰人实际收入急剧下降，不得不增加此类生活必需的低档食品的消费。因此把这些商品命名为"吉芬商品"。对应的某些低档商品，在特定条件下，当价格下跌时需求量会减少，而价格上升时需求量反而增加。

(2) 炫耀性商品。生活中某些炫耀性消费的商品，如珠宝、文物、名画、名车等，其价格已成为消费者地位和身份的象征。价格越高，越显示拥有者的地位，需求量也越大；反之，当价格下跌，不能再显示拥有者的地位时，需求量反而下降。

(3) 投机性商品。针对一些投机性商品 (如股票、黄金等)，人们在购买时往往是"买涨不买落"，也就是价格上升时，会大量买进，需求量上升；价格下跌时，反而持币观望，需求量下降。

四、影响需求的因素与需求函数

1. 影响需求的因素

一种商品的需求是由许多因素共同决定的，其中主要的因素有商品本身的价格、消费者的收入水平、相关商品的价格、消费者的偏好、人口的数量与结构、政府的经济政策、消费者对商品价格的预期等。严格地讲，其中只有商品本身的价格是影响需求量的因素，其他都是影响需求的因素。

1) 商品本身的价格

一般来说，一种商品的价格越高，该商品的需求数量就会越小；相反，价格越低，该商品的需求数量就会越大。

2) 消费者的收入水平

消费者的收入水平与商品需求的变化分为两种情况。第一，对于一般商品来说，当消费者的收入水平提高时，商品的需求就会增加；相反，当消费者的收入水平下降时，商品的需求就会减少，即消费者的收入水平与商品的需求呈同方向变化。第二，对于低档商品而言，消费者的收入水平与商品的需求呈反方向变化。

3) 相关商品的价格

当一种商品本身的价格保持不变，而与之相关的商品的价格发生变化时，这种商品本身的需求量也会发生变化。商品与相关商品之间的关系有两种：一种是互补关系；一种是替代关系。

(1) 互补关系。互补关系是指两种商品共同满足一种欲望时，它们之间是互相补充的。例如，当一种商品（如电池）价格上升时，另一种商品（如电筒）的需求就会减少。反之，当一种商品的价格下降时，另一种商品的需求就会增加。一般而言，互补商品之间，一种商品的需求与其互补商品的价格呈反方向变动。

(2) 替代关系。替代关系是指两种商品可以相互代替来满足同一种欲望，它们之间是可以相互替代的。例如，当一种商品（如猪肉）价格上升时，另一种商品（如鸡肉）的需求就会增加。因为猪肉价格上升，人们会少吃猪肉，多吃鸡肉。反之，当一种商品价格下降时，另一种商品的需求就会减少。一般而言，替代商品之间，一种商品的需求与其替代商品的价格呈同方向变动。

4) 消费者的偏好

当消费者对某种商品的偏好程度增强时，该商品的需求就会增加。相反，偏好程度减弱，需求就会减少。消费者的偏好是心理因素，受人们的生活环境、社会环境，特别是当地社会风俗习惯的影响。

5) 人口的数量与结构

人口数量增加会使商品需求增加，人口数量减少会使商品需求减少；人口结构的变动也会影响某些商品的需求。例如，当前我国进入老龄化社会，随着老年人口的比重增加，保健用品、药品、陪护服务等商品的需求增加，儿童用品的需求减少。

阅 读 与 思 考

我国统计局数据显示，2018 年末我国内地总人口 139 538 万人，其中 60 周岁及以上人口数量为 24 949 万人，占比为 17.9%；65 周岁及以上人口数量为 16 658 万人，占比为 11.9%。从全球各国老龄人口的绝对数量看，我国是目前唯一一个老年人口 (60 岁以上) 超过 2 亿人的国家。

问题：老龄化时代的到来会对哪些行业企业带来机遇呢？

6) 政府的经济政策

政府实施适度从紧的财政政策和倾向政策，会抑制商品需求；实行消费信贷政策，会增加商品需求。

7) 消费者对商品价格的预期

当消费者预期某种商品的价格会在将来某一时期上升时，就会增加对该商品的现期需求；相反，当消费者预期某种商品的价格会在将来某一时期下降时，就会减少对该商品的现期需求。这种预期也是一种心理因素。与之类似的预期因素还包括消费者对未来收入和支出的预期、对政府政策倾向的预期等。

2. 需求函数

需求函数表示一种商品的需求数量和各种影响该需求数量的因素之间的相互关系。其中，影响需求数量的各个因素是自变量，需求数量是因变量。一种商品的需求数量是所有影响这种商品需求数量的因素的函数。但是，如果对影响一种商品需求数量的所有因素同时进行分析，就会使问题变得复杂。在处理这种复杂的多变量问题时，通常可以将问题简化，即把影响因素放在商品本身的价格上，而同时使其他影响因素保持不变。这是因为一种商品的价格是决定需求数量的最基本的因素。

因此，假定其他因素保持不变，仅仅分析一种商品的价格对该商品需求数量的影响，那么，一种商品的需求数量可以表示为其价格的函数，即

$$Q_d = f(P)$$

式中，P 为商品的价格，Q_d 为商品的需求数量。

五、需求数量的变动与需求的变动

需求数量的变动是指在其他影响因素不变的情况下，由商品自身价格引起的该商品需求数量的变动。其变动结果表现为同一需求曲线上的点的移动，向左上方移动表示需求数量减少，向右下方移动表示需求数量增加。

需求的变动是指在商品自身价格不变的条件下，由于其他因素的变动所引起的该商品的需求数量的变动。其中，其他因素的变动是指消费者的收入水平变动、相关商品的价格变动、消费者偏好的变化和消费者对商品的价格预期的变动等。在几何图形中，需求的变动表现为需求曲线位置的移动，如图 2-2 所示。

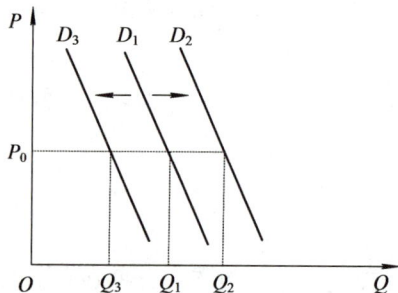

图2-2　需求曲线的移动

在图 2-2 中，原有的需求曲线为 D_1 曲线。在商品价格不变的前提下，如果其他因素的变化使得需求增加，则需求曲线向右平移，如由图中的 D_1 曲线向右平移到 D_2 曲线的位置；如果其他因素的变化使得需求减少，则需求曲线向左平移。由需求变动所引起的这种需求曲线位置的移动，表示在每一个既定的价格水平，需求数量都增加或减少。

例如，在既定的价格水平 P_0，原来的需求数量为 D_1 曲线上的 Q_1，需求增加后的需求数量为 D_2 曲线上的 Q_2，需求减少后的需求数量为 D_3 曲线上的 Q_3。这种在原有价格水平上所发生的需求增加量 Q_1Q_2 和需求减少量 Q_3Q_1 都是由其他因素的变动所引起的。譬如说，需求增加量 Q_1Q_2 和需求减少量 Q_3Q_1 分别是由消费者收入水平的提高和下降所引起的。

显然，需求的变动所引起的需求曲线的位置的移动，表示整个需求状态的变化。

第二节　供给理论

一、供给与供给量

1. 供给

供给是指生产者在一定时期内，在每一价格条件下愿意而且能够供应的商品或劳务的数量。"愿意"是指有出售意愿，"能够"是指有生产能力。因此，供给是出售意愿与生产能力的统一。供给有单个供给和市场供给之分。

如果生产者有供给愿望，但受成本和价格的限制无法供给，或能够供给但不愿供给，都构不成现实的有效供给。

2. 供给量

供给量是指在特定时期和一定条件下，生产者愿意并能够供应的数量。

以某商品为例，假定在某一特定时期内，当商品的价格为 1 元时，供给量为 1000 kg；当价格为 2 元，供给量为 2000 kg；当价格为 3 元时，供给量为 3000 kg 等。

供给量和供给也是两个既有联系又有区别的概念。区别在于，供给是指供给量和价格之间的关系，而供给量是指一个数值。上述案例中，商品的价格与供给量一一对应所形成的组合，就是供给，而某一价格水平下的某一具体数量就是供给量。

二、供给表和供给曲线

1. 供给表

供给表是一张表示某种商品的各种价格和与各种价格相对应的该商品供给数量之间关系的数字序列表。某商品的供给表见表 2-2。

表2-2　某商品的供给表

价格与数量的组合	A	B	C	D	E
价格/元	2	4	6	8	10
供给量/ kg	100	200	300	400	500

表 2-2 清楚地表示了商品的价格和供给量之间的函数关系。例如：当价格为 6 元时，商品的供给量为 300 kg；当价格下降为 4 元时，商品的供给量减少为 200 kg；当价格进一步下降为 2 元时，商品的供给量减少为 100 kg。

2. 供给曲线

供给曲线是根据供给表中的商品价格和供给量的组合在平面坐标图上所绘制的一条曲线。图 2-3 便是根据表 2-2 所绘制的一条供给曲线。

图 2-3 中，横轴 Q 表示商品数量，纵轴 P 表示商品价格。在平面坐标图上，把根据供给表中商品价格和供给量的组合所得到的相应坐标点联结起来的线，就是该商品的供给曲线 S，它表示在不同的价格水平下，生产者愿意而且能够提供出售的商品数量。

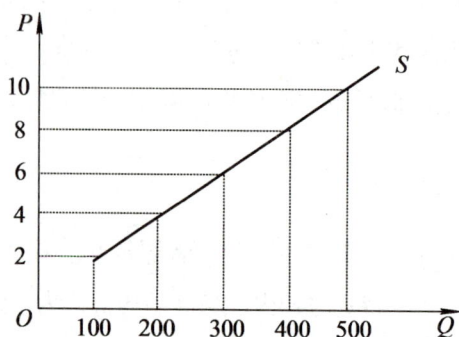

图2-3 某商品市场供给曲线

与需求曲线一样，供给曲线也是一条光滑的、连续的曲线，其可以是直线型，也可以是曲线型。

三、供给定理

1. 供给定理的内容

从表2-2可见，商品的供给量随着商品价格的上升而增加。相应地，在图2-3中，供给曲线向右上方倾斜，即供给曲线的斜率为正值。这两者都表示，商品价格和供给量之间呈同方向变动的关系，这种现象被称为供给定理。

供给定理的基本内容为：在其他条件不变的情况下，商品的供给量与价格成正方向变动的关系，即商品价格越高，供给量越大；价格越低，供给量越小。

2. 供给定理的例外

一般商品的供给与价格成正方向变动关系，但有些商品的供给并不符合这一规律。比较常见的例外情况有如下几种：

(1) 劳动力的供给。当劳动者处于比较贫困的境地时，工资水平的提高会刺激劳动供给的增加，但是当工资水平上升到一定水平时，劳动者的基本生活需要得到满足后，则会用更多的时间参加文化娱乐等活动。此时，随着工资水平的提高，劳动的供给则可能保持不变甚至减少。

(2) 某些原来仅依靠手工生产的商品，由于技术水平的提高，实现了自动化生产，此时虽然商品价格下降，但生产者依然愿意生产更多的产品。此种情况下，供给曲线呈现向右下方倾斜的趋势。

(3) 数量一定的商品。这里分为两种情况：一是某些商品的供给量本身就是一定的，无论价格水平如何变化，供给量不会产生任何变化，比如土地、文物等；二是商家人为的原因导致的，比如某些商品的限量版等。

限量版的商业逻辑

什么是限量版？顾名思义，限量版首先是与常规版在设计上有所不同，其次是限量销售。事实上，限量版已经成为很多品牌常用的商业策略。尤其在时尚圈，从口红、香水、手表、服装、鞋子、包包、饰品到汽车等，商家总能精准地掌握时尚买家的消费心理，经常采用限量版的套路，并且乐此不疲。

为什么限量版如此受欢迎，我们需要从买卖双方展开研究。首先，从消费者角度，它满足了消费者追求个性的消费主张。限量产品，更多时候是体现了一种生活的态度：因为精致、因为喜爱、因为身份、因为独一无二、因为别人的目光等，所以购买限量版商品。

其次，从企业方面，限量版也满足了商家的独特性价值塑造，也是企业对于自身品牌定位的要求使然。在今天市场竞争激烈的时代，企业为了打造自身的独特价值，就要求企业对每一样产品在设计、品牌和生产上体现出原创性。限量版代表了设计者或拥有者的独特个性，代表了一种新的生活方式，它们是小众的。因此，高级品牌一般会对某些产品限量生产，以维系品牌的高端形象，保证品牌的商业价值。

四、影响供给的因素与供给函数

1. 影响供给的因素

一种商品的供给数量取决于多种因素的影响，其中主要的因素有商品自身的价格、生产的成本、生产的技术水平、相关商品的价格、生产者对未来的预期、政府的税收政策等。确切地说，商品本身的价格引起供给曲线上点的移动，其他因素引起供给曲线的移动。这些因素的具体分析如下：

1) 商品自身的价格

一般来说，一种商品的价格越高，生产者提供的产量就越大；相反，商品的价格越低，生产者提供的产量就越小。

2) 生产的成本

在商品自身价格不变的条件下，生产成本上升会减少利润，从而使得商品的供给量减少；相反，生产成本下降会增加利润，从而使得商品的供给量增加。

3) 生产的技术水平

在一般情况下，生产的技术水平的提高可以提高劳动生产率，降低生产成本，增加生产者的利润，从而使生产者的供给量增加；相反，就会使生产者的供给量减少。

比亚迪的口罩生产

比亚迪股份有限公司创立于1995年，2002年7月31日在香港主板发行上市，公司总部位于中国广东深圳，是一家拥有IT、汽车及新能源三大产业群的高新技术民营企业。

新冠肺炎疫情的暴发导致国内外口罩需求大幅增长。比亚迪公司决定将智能手机生产线改装为口罩生产线。在时间紧迫的情况下(采购口罩生产设备通常需要40天左右)，公司用了7天时间就将400多张设计图纸变成了口罩生产线，1300多个零部件中约有90%是公司自主生产的。开始生产后，公司用了40天的时间就成为全球最大的口罩生产工厂，每日产能达到了1500万只。

比亚迪公司改装生产线快速生产口罩，既彰显了企业的社会责任担当，也向全球展示了其在制造业领域的实力。

4) 相关商品的价格

当一种商品的价格保持不变，而与之相关的其他商品的价格发生变化时，该商品的供给量会发生变化。

当两种商品是互补品的时候，一种商品的价格提高，其互补品的供给量就会增加。相反，价格降低，其互补品的供给量就会减少。当两种商品为替代品时，一种商品的价格提高，其替代品的供给量就会减少。相反，价格降低，其替代品的供给量就会增加。例如，当苹果的价格不变而梨的价格上升时，苹果的供给量就会减少，而梨的供给量就会随之增加。

5) 生产者对未来的预期

如果生产者对未来的预期是乐观的，如预期商品的价格会上涨，那么生产者在制订生产计划时就会增加产量供给；如果生产者对未来的预期是悲观的，如预期商品的价格会下降，那么生产者在制订生产计划时就会减少产量供给。

6) 政府的税收政策

政府的税收政策会直接影响生产者的商品供给量。如果政府鼓励生产，则会减税或免税，从而导致产品成本降低，使得相同价格水平下的供给量增加；如果政府限制生产，则会征税或增税，从而导致产品成本提高，使得相同价格水平下的供给量减少。

2. 供给函数

供给函数表示一种商品的供给量和该商品影响因素之间存在着一一对应的关系。一种商品的供给量是所有影响这种商品供给量的因素的函数。如果假定其他因素均不发生变化，仅考虑一种商品的价格变化对其供给量的影响，那么一种商品的供给量可以表示为其价格的函数，即

$$Q_s = f(P)$$

式中，P 为商品的价格，Q_s 为商品的供给量。

五、供给量的变动与供给的变动

供给量的变动和供给的变动都是供给数量的变动，它们的区别在于引起这两种变动的因素是不相同的，而且这两种变动在几何图形中的表示也是不相同的。

1. 供给量的变动

供给量的变动是指在其他条件不变时，由某商品的价格变动所引起的该商品供给数量的变动。在几何图形中，这种变动表现为商品的价格和供给数量的组合点，沿着同一条既定的供给曲线的运动。

图 2-3 表示的就是供给量的变动，即商品价格上升引起的商品供给数量的逐步增加。

2. 供给的变动

供给的变动是指在商品价格不变的条件下，由于其他因素的变动所引起的该商品供给数量的变动。其中，其他因素的变动可以指生产成本的变动、生产技术水平的变动、相关商品价格的变动和生产者对未来的预期的变化等。在几何图形中，供给的变动表现为供给曲线的位置发生移动，如图 2-4 所示。

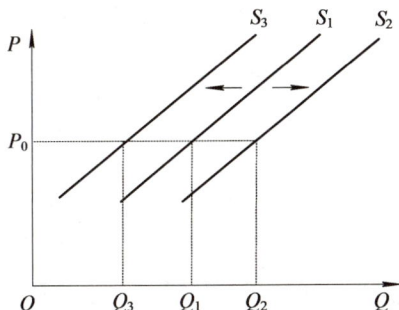

图2-4 供给曲线的移动

图 2-4 中，原来的供给曲线为 S_1 曲线。在除商品价格以外的其他因素变动的影响下，供给增加，则供给曲线由 S_1 曲线向右平移到 S_2 曲线的位置；供给减少，则供给曲线由 S_1 曲线向左平移到 S_3 曲线的位置。由供给的变化所引起的供给曲线位置的移动，表示在每

一个既定的价格水平，供给数量都增加或都减少。

例如，在既定的价格水平 P_0，供给增加，供给数量由 S_1 曲线上的 Q_1 上升到 S_2 曲线上的 Q_2；相反，供给减少，供给数量由 S_1 曲线上的 Q_1 下降到 S_3 曲线上的 Q_3。这种在原有价格水平上所发生的供给增加量 Q_1Q_2 和减少量 Q_3Q_1，都是由其他因素变化（如由生产成本下降或上升）所带来的。这很清楚地表明，供给的变动所引起的供给曲线位置的移动，表示整个供给状态的变化。

》》》 第三节 均衡价格的形成与变动 《《《

一、均衡价格的含义

需求说明了某一商品在每一价格水平下的需求量，供给则说明了某一商品在每一价格水平下的供给量，但二者都分别反映的是消费者和生产者的主观意志，也就是说，需求曲线和供给曲线只是两条想象的线，线上各点所表示的价格和数量并不是实际的交易价格和数量。市场上真实的价格最终是由需求和供给两种相反的力量共同作用产生的，只有将需求和供给二者结合起来，才能决定一种商品的价格。

由于市场上的需求方和供给方对市场价格变化做出的反应是相反的，所以，在某一价格水平下，需求量和供给量往往是不相等的，要么供不应求，要么供过于求，但在各种可能的价格中，必定有一价格能使需求量和供给量相等，从而使该商品市场达到一种均衡状态。

均衡价格指一种商品的需求价格与供给价格相一致时的价格，如图2-5所示。这时，该商品的需求量与供给量相等，称为均衡数量。微观经济学中所分析的商品价格指的就是均衡价格。

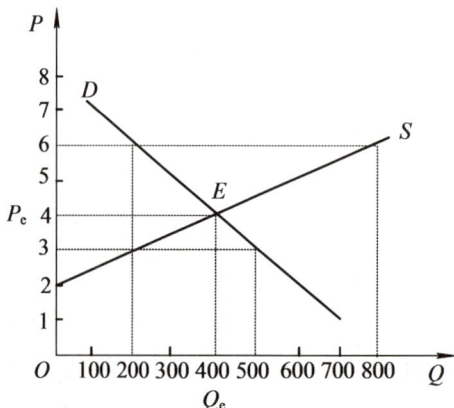

图2-5 均衡价格

在图 2-5 中，D 曲线表示需求曲线，S 曲线表示供给曲线。D 曲线与 S 曲线的相交点即 E 点，就是供求相等的均衡点；与 E 点相对应的价格水平 P_0 为均衡价格，即供求平衡时的商品价格；与 E 点相对应的产量 Q_0 为均衡产量，即供求平衡时的商品产量。

二、均衡价格的形成

均衡价格是在市场上供求双方的竞争过程中自发形成的，是由市场供求双方的竞争所决定的。在市场上，由于供给和需求两种力量的相互作用，市场价格趋向于均衡价格。这可从以下两个方面理解：

(1) 价格过高的情况。在图 2-6 中，当价格为 P_1 时，过高的价格会刺激生产商增加商品的供给量，但会导致消费者需求量减少，进而引起该商品的需求量小于供给量，造成供过于求。于是会形成使市场价格下降的压力，促使生产商减少该商品的供给，同时，价格下降又导致需求量的上升，最终使需求与供给达到均衡。

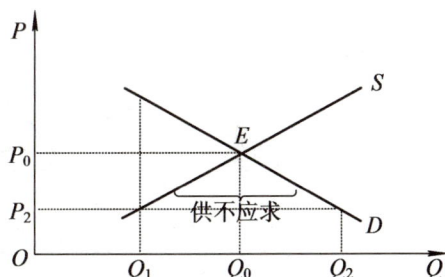

(2) 价格过低的情况。在图 2-7 中，当价格为 P_2 时，过低的价格会使该商品的需求量增加，供给量减少，进而造成需求量大于供给量，即供不应求的状况。这样会形成价格上升的拉力，伴随着价格的上升，需求量会减少，供给量会增加，直至达到供给与需求相等的均衡状态。

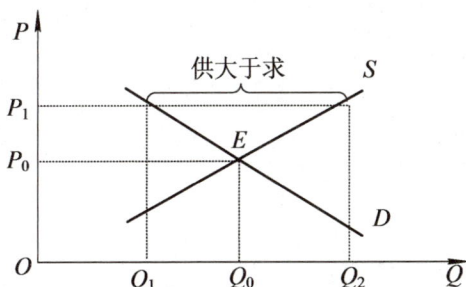

图2-6　价格过高的情况　　　　图2-7　价格过低的情况

需要强调的是，均衡价格的形成，即价格的决定完全是自发的；如果有外力的干预(如垄断力量的存在或国家的干预等)，价格就不是均衡价格了。

三、均衡价格的变动

一种商品的均衡价格是由该商品市场的需求曲线和供给曲线的交点所决定的。因此，需求曲线或供给曲线位置的移动都会使均衡价格发生变动。下面说明这两种移动对均衡价格和均衡数量的影响。

1. 供给不变，需求发生变动

在供给不变的情况下，需求变动对均衡价格的影响如图 2-8 所示。

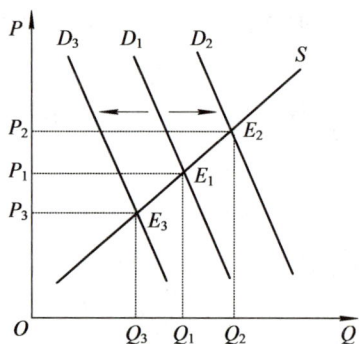

图2-8 需求变动对均衡价格的影响

在图 2-8 中，需求增加，会使需求曲线从 D_1 向右平移到 D_2，从而使得均衡价格和均衡数量都增加，此时均衡价格从 P_1 增加到 P_2，均衡数量从 Q_1 增加到 Q_2；需求减少，会使需求曲线从 D_1 向左平移到 D_3，从而使得均衡价格和均衡数量都减少，此时均衡价格从 P_1 减少到 P_3，均衡数量从 Q_1 减少到 Q_3。

2. 需求不变，供给发生变动

在需求不变的情况下，供求变动对均衡价格的影响如图 2-9 所示。

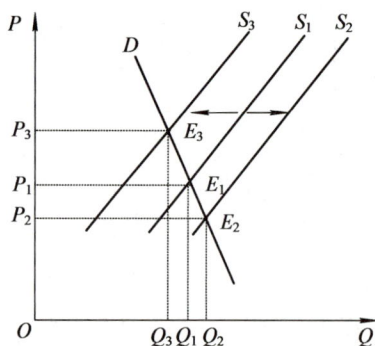

图2-9 供给变动对均衡价格的影响

在图 2-9 中，供给增加，会使供给曲线从 S_1 向右平移到 S_2，从而使得均衡价格下降、均衡数量增加，此时均衡价格从 P_1 下降到 P_2，均衡数量从 Q_1 增加到 Q_2；供给减少，会使供给曲线从 S_1 向左平移到 S_3，从而使得均衡价格上升、均衡数量减少，此时均衡价格从 P_1 上升到 P_3，均衡数量从 Q_1 减少到 Q_3。

综上所述，可以得到如下结论：在其他条件不变的情况下，供给变动分别引起均衡价格的反方向的变动和均衡数量的同方向的变动；需求变动分别引起均衡价格和均衡数量的同方向的变动。

3. 供求同时变动

供求同时变动分为两种情况：其一，供求同向变动，即同增或同减；其二，供求反向变动，即一增一减。

由前述两个结论可知，当供给不变时，需求变动引起均衡价格及均衡数量的同向变动；当需求不变时，供给变动引起均衡价格反向变动及均衡数量同向变动。由此可得出第三个结论：当供求同向变动时，均衡数量与供求同向变动，均衡价格变动情况取决于供求变动的幅度；当供求反向变动时，均衡价格与需求同向变动，均衡数量变动情况取决于供求变动的幅度。

》》》 第四节　价格管制 《《《

在纯粹的竞争性市场经济中，需求与供给两种力量的对比决定了市场的均衡价格。纯粹的竞争性市场经济，价格机制就像一只"看不见的手"，指挥着人们的经济活动。然而，纯粹的竞争性市场经济只是一种理论上的假设，在现实的经济生活中，由于某些经济的、社会的、政治的因素介入，会影响均衡价格的形成以及供求关系的调整。

价格管制是政府根据形势需要和既定政策，运用行政权力直接规定某些商品的价格，并强制执行。管制价格不受市场影响，反而会影响市场及供求关系。管制价格的主要形式有支持价格和限制价格。

一、支持价格

支持价格又称最低限价，是指政府为扶持某一行业的生产而规定的高于该商品市场均衡价格的最低价格，如图 2-10 所示。也就是说，支持价格是政府规定的一个最低价格，这个最低价格比市场均衡价格要高。例如，如果政府认为由市场供求力量自发决定的某种商品的价格太低，不利于该行业的发展，政府就可以对该商品实行支持价格。支持价格总是高于市场均衡价格。例如，由于农产品的生产周期比较长，而且其需求的价格弹性比较小，过低的农产品价格会降低农户的收益，挫伤农民的积极性。因此，许多国家为了扶持农业，常实行农产品支持价格。

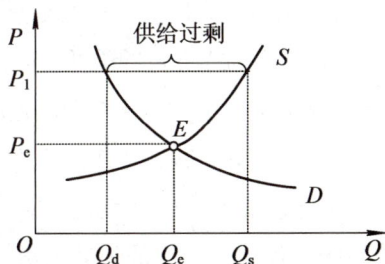

图2-10　支持价格

在图2-10中，商品市场的均衡价格为P_e，均衡产量为Q_e。实行支持价格P_1后，市场价格上升，此时，与这一价格相对应的需求量为Q_d，供给量为Q_s。由于供给量大于需求量，该商品市场将出现过剩，过剩量为Q_dQ_s。为维持支持价格，这些过剩商品不能在市场上卖掉。此时，政府就需要采取相应措施，比如收购过剩商品，或用于储备，或用于出口。但在出口受阻的情况下，收购过剩商品必然会增加政府的财政开支。

知识链接

支持价格的利与弊

支持价格的一个典型例子是许多国家出于保护农业的需要都对农产品实行保护价格或出口价格补贴。

各国对农产品实行保护价格通常有两种做法。一种是缓冲库存法，即政府或代理人按照某种平价（保护价）收购农产品，在供大于求时政府按这一价格增加对农产品的收购，在供小于求时政府出售农产品，以保护价进行买卖，从而使农产品价格由于政府的支持而维持在某一水平上。另一种是稳定基金法，即由政府或代理人按照某种平价（保护价）收购全部农产品，但并不是按保护价出售，而是在供大于求时低价出售，供小于求时高价出售。这两种情况下的农产品收购价格都稳定在政府确定的价格水平上。

应该说，支持价格稳定了农业生产，保证了农民的收入，促进了农业投资，也有利于调整农业结构，整体上对农业发展起到促进作用。但支持价格也引起了一些问题。首先，使政府背上了沉重的财政包袱，政府为收购过剩农产品而支付的费用、出口补贴以及为限产而向农户支付的财政补贴等，都是政府必须为支持价格政策付出的代价。其次，形成农产品的长期过剩。过剩的农产品主要由政府收购，政府解决农产品过剩的重要方法之一就是扩大出口，这就引起这些国家为争夺世界农产品市场而进行贸易战。最后，支持价格治标不治本，它无法从根本上解决问题，相反，受保护的农产品的竞争力会被削弱。

支持价格的另一个典型案例就是最低工资制度。最低工资是指劳动者在法定工作时间提供正常劳动的前提下，其雇主（或用人单位）支付的最低金额的劳动报酬。由此可见，最低工资制度是政府为了维护劳动者取得劳动报酬的合法权益制定的，其目的是以法律形式来保证工薪劳动者，通过劳动所获得的最低工资能够满足其自身及家庭成员的基本生存需要。

最低工资标准通常由一国或地方政府通过立法制定。由于我国不同地区经济发展水平、人均收入和消费水平等情况的不同，各地区制定的最低工资标准也是不同的，每一年根据当地经济发展情况等的变化，各地区的最低工资标准也会做相应调整。

二、限制价格

限制价格是指政府为了限制某些商品的价格而规定的低于该商市场均衡价格的最高价格，其目的是稳定经济生活。例如，政府通过稳定生活必需品的价格，从而保护消费者的利益，有利于安定民心。

在图 2-11 中，商品市场的均衡价格为 P_e，均衡产量为 Q_e，实行限制价格 P_1 后，市场价格下降，此时，与这一价格相对应的需求量为 Q_d，供给量为 Q_s。由于需求量大于供给量，该商品市场将出现短缺，短缺量为 Q_sQ_d，其结果可能导致市场出现抢购现象或黑市交易盛行。为解决商品短缺，政府可采取的措施是控制需求量，实行配给制。

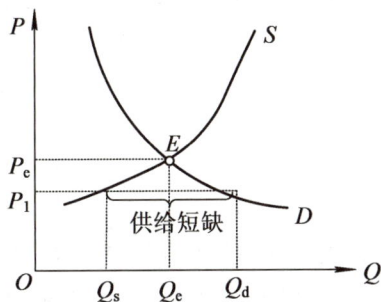

图2-11　限制价格

知识链接

摧毁一座城市的方法——房租管制

瑞典经济学家阿瑟·林德贝克称："在许多情况下，房租管制似乎是目前已知的，除了轰炸以外摧毁城市的最有效方法。"乍一听这句话，我们会觉得不可思议，战争的破坏力是可以预见的，限制房租也会产生同样的后果吗？这就要从纽约市的房租管制说起。

自 1943 年起，纽约市实行了一个规定房租最高价格的房租管制制度。据说主张对房租实行最高限价的一个重要理由是帮助穷人。《纽约时报》曾报道："在近半个世纪的时间里，房租管制曾经给数以万计的家庭提供了廉价而有效的生活保障或低于市场价格的住所。不管财力如何，这一直是纽约市的一项无人敢碰的政策。"

但是，随着时间的推移，房租管制产生了一些不利的影响。最高限价导致人们对公寓的需求量超过其供给量。同时，房租管制消除了房东从投资高质量住房中获得回报的能力，也消除了房东投资于基本维护保养的动力。从政策最终的结果来看，房租管制摧毁了纽约南布朗克斯区的整个住宅区，导致整座城市的五个行政区域都出现了衰败废弃的现象，就如同被"轰炸"了一样。

第五节 弹性理论及其应用

弹性，是一个物理学名词，指物体对外部力量的反应程度。在经济学中，弹性是指当经济变量之间存在函数关系时，因变量对自变量的反应程度，其大小用弹性系数来表示。供求与价格理论从定性的角度，提示了商品的需求或供给随其各种影响因素而变动的基本规律。弹性理论在此基础上，进一步从定量的角度研究商品的需求量或供给量变动与其影响因素变动之间的关系。

一、需求价格弹性

1. 需求价格弹性的含义及公式

需求价格弹性又称需求弹性、价格弹性，是指某种商品的需求量对价格变动的反应程度。它是需求量变动比率与价格变动比率的比值，用公式表示为

$$E_d = \frac{需求量变动比率}{价格变动比率} = -\frac{\dfrac{\Delta Q}{Q}}{\dfrac{\Delta P}{P}} = -\frac{\Delta Q}{\Delta P} \cdot \frac{P}{Q}$$

式中，E_d 代表需求价格弹性的弹性系数，P 代表价格，ΔP 代表价格的变动量，Q 代表需求量，ΔQ 代表需求的变动量。

通常情况下，由于商品的需求量和价格呈反方向变动，E_d 为负值，为使需求价格弹性系数是正值，以便于比较，在公式中加了一个负号。E_d 值越大，弹性越大，表示商品的需求量对价格变动的反应越敏感。

2. 需求价格弹性的计算

1) 需求弧弹性

需求弧弹性表示某商品需求曲线上两点之间的需求量的相对变动对于价格的相对变动的反应程度，即需求曲线上两点之间的弹性。

例如，某商品的价格由每单位 5 元下降为 4 元 ($P = 5$，$\Delta P = -1$)，需求量由 400 单位增加到 800 单位 ($Q = 400$，$\Delta Q = 400$)，则该商品的需求弧弹性为

$$E_d = \frac{-(400/400)}{-1/5} = 5$$

但是，上述案例中，如果该商品的价格由每单位 4 元上涨为 5 元 ($P = 4$，$\Delta P = 1$)，需求量由 800 单位减少到 400 单位 ($Q = 800$，$\Delta Q = -400$)，则该商品的需求弧弹性为

$$E_d = \frac{-(-400/800)}{1/4} = 2$$

尽管在上面两个计算中，ΔQ 和 ΔP 的绝对值都相等，但由于 P 和 Q 所取的基数值不相同，所以，两种计算结果便不相同。这样一来，在需求曲线的同一条弧上，涨价和降价产生的需求价格弹性系数便不相等。

如果仅是一般计算某一条弧的需求弧弹性，并未强调是作为降价或涨价的结果，则为了避免不同的计算结果，通常取两点的价格和需求量各自的平均值（中值）来作为 P 和 Q 的值。需求弧弹性中点公式为

$$E_d = \frac{\dfrac{\Delta Q}{\dfrac{Q_1 + Q_2}{2}}}{\dfrac{\Delta P}{\dfrac{P_1 + P_2}{2}}1/4} = -\frac{\Delta Q}{\Delta P} \cdot \frac{P_1 + P_2}{Q_1 + Q_2}$$

2）需求点弹性

需求点弹性表示需求曲线上某一点上的需求量的无穷小的变动率对于价格的无穷小的变动率的反应程度，即需求曲线上某一点的弹性。

设需求函数为 $Q=f(P)$，dQ、dP 各表示需求量和价格的无穷小的变动量，E_d 表示需求价格的弹性系数，则商品的需求点弹性公式为

$$E_d = -\lim_{\Delta P \to 0} \frac{\Delta Q}{\Delta P} \cdot \frac{P}{Q} = -\frac{dQ}{dP} \cdot \frac{P}{Q}$$

例如，需求函数为 $Q = 120 - 20P$，则当价格为 2 时，商品的需求点弹性为

$$E_d = -(-20) \times \frac{2}{80} = 0.5$$

理解需求弹性时要注意以下几点：

(1) 在需求量与价格这两个经济变量中，价格是自变量，需求量是因变量。所以，需求弹性就是指价格变动所引起的需求量变动的程度，或者说需求量变动对价格变动的反应程度。

(2) 需求价格弹性是需求量变动率与价格变动率的比率，而不是需求量变动的绝对量与价格变动的绝对量的比率。因为绝对量有计量单位，不同的计量单位是不能相比的，而变动的比率采用百分比的形式，没有计量单位，才可以相比。

(3) 需求价格弹性的弹性系数的数值可以为正值，也可以为负值。如果两个变量为同方向变化，则为正值；反之，如果两个变量为反方向变化，则为负值。由于价格与需求量呈反方向变动，所以，需求价格的弹性系数应该为负值。但在实际运用时，为了方便，一般都取其绝对值。

(4) 同一条需求曲线上不同点的需求价格弹性的弹性系数大小通常并不相同。

3. 需求价格弹性的分类

根据需求价格弹性的弹性系数的大小，一般把需求价格弹性分为表2-3所示的五种类型。

在现实生活中，需求的完全无弹性、单位弹性和完全弹性比较少见，大多数商品的需求弹性为缺乏弹性或富有弹性。

表2-3　需求价格弹性的分类

弹性类别	E_d取值	子项与母项关系	图示	图示特点
完全无弹性	$E_d = 0$	$\Delta Q = 0$		垂直
缺乏弹性	$0 < E_d < 1$	$\dfrac{\Delta Q}{Q} < \dfrac{\Delta P}{P}$		陡峭
单位弹性	$E_d = 1$	$\dfrac{\Delta Q}{Q} < \dfrac{\Delta P}{P}$		正双曲线
富有弹性	$E_d > 1$	$\dfrac{\Delta Q}{Q} < \dfrac{\Delta P}{P}$		平缓
完全弹性	$E_d = \infty$	$\Delta P = 0$		水平

4. 需求的价格弹性与总收益

总收益等于价格乘以销售量，价格的变动引起需求量的变动，也就引起销售量的变动。商品的需求弹性不同，价格变动引起的销售量的变动不同，从而使总收益的变动也就不同。

1) 需求富有弹性的商品与总收益之间的关系

若商品的需求富有弹性，则当该商品的价格下降时，需求量增加的幅度大于价格下降的幅度，因此总收益会增加。这种通过商品价格下降来使总收益增加的手段，就是我们一般所说的"薄利多销"。"薄利"就是降价，降价能"多销"，"多销"则会增加总收益。

知识链接

沃尔玛的价格哲学——女裤理论

沃尔玛的创始人山姆·沃尔顿，1918年出生于阿肯色州本顿维尔镇，小时候家境不富裕。第二次世界大战结束后，山姆从美国陆军情报部门退役。他向岳父借了2万美元，和妻子海伦开了一家小店，学会了采购、定价、销售。这时山姆结识了来自纽约的厂商营销代理亨利·维尼尔，学到了定价第一课。山姆说："亨利卖女裤，1条裤子只卖2美元。我们从同一地点购进同样的裤子，1条裤子卖2.5美元。我们发现，如果按亨利的卖价，裤子的销量会猛增。于是我学到了一个看似非常简单的道理：如果我用 80 美分买进东西，以 1 美元的价格出售，其销量竟然是以 1.2 美元出售的三倍。单从一件商品上看，我少赚了一半的钱，但我卖出了三倍的商品，总利润实际上大多了。"这就是有名的"女裤理论"。虽然单价下降，但是却促进销量的大幅提升，进而总利润也是增加的。正是在这个经营哲学的指导之下，沃尔玛迅速从阿肯色州的一家小商店发展成为全球知名的零售业巨头。

2) 需求缺乏弹性的商品与总收益的关系

若商品的需求缺乏弹性，则当该商品的价格下降时，需求量增加的幅度小于价格下降的幅度，所以总收益会减少。例如，日常生活中的必需品食盐，对于这种商品来讲，价格降低并不会引起需求量的大幅变动，只会导致商品的总收益下降。

在经济生活中，有一种现象叫"谷贱伤农"。"谷贱"指在丰收年份，粮食产量增加，然而需求量不变，导致粮食价格下降；"伤农"是指所带来的收益增加不足以弥补价格下降所造成的收益减少，结果是农民的总收益不仅不能增加反而下降，即弹性小，增产不增收。通俗来讲，就是收益＝价格×销量，此时，价格减少，销量不变，所以收益也减少，损害了农民的利益。因此，"谷贱伤农"是指粮食获得丰收不仅不能使农民从中获益，反而会因为粮食价格的下降而导致收入降低。运用经济学原理来解释，"谷贱伤农"的根本原因在于农产品是缺乏需求价格弹性的商品。

5. 影响需求价格弹性的因素

影响需求价格弹性的因素主要有以下几种：

(1) 商品对消费者生活的重要程度。一般来说，消费者对生活必需品的需求强度大，所以生活必需品的需求弹性小。例如，粮食、蔬菜这类生活必需品的弹性一般都小，属于需求缺乏弹性的商品。相反，消费者对奢侈品的需求程度小而不稳定，所以奢侈品的需求弹性大。

(2) 商品的可替代程度。如果一种商品有许多替代品，那么该商品的需求富有弹性。因为商品价格上升时，消费者会购买其他替代品；商品价格下降时，消费者会购买这种商品来取代其他替代品。相反，如果一种商品的替代品很少，则该商品的需求缺乏弹性。

(3) 商品本身用途的广泛性。一种商品的用途越广泛，其需求弹性就越大；相反，一种商品的用途越少，需求弹性就越小。如果一种商品具有多种用途，当它价格较高时，消费者只购买较少的数量用于最重要的用途上；当它价格逐步下降时，消费者的购买量就会逐渐增加，将商品越来越多地用于其他的各种用途上。例如，羊毛有广泛的用途，当其价格提高时，以羊毛为原料的各种纺织品的价格也随之提高，因此，对纺织品的需求减少，必然从多渠道减少对羊毛的需求。

(4) 商品使用时间的长短。一般来说，使用时间长的耐用消费品需求弹性大，而使用时间短的非耐用消费品需求弹性小。因为前者可以使消费者有较长时间从容寻找替代品。

(5) 商品在家庭支出中所占的比例。在家庭支出中所占比例较小的商品，价格变动对需求的影响较小，所以需求弹性也较小；在家庭支出中所占比例较大的商品，价格变动对需求的影响较大，所以需求弹性也较大。

某种商品的需求弹性到底有多大，是由上述这些因素综合决定的，不能只考虑其中的一种因素，而且，某种商品的需求弹性因时期、消费者收入水平和地区而不同。

二、需求收入弹性

1. 需求收入弹性的含义及公式

需求收入弹性又称收入弹性，是指某种商品的需求量对收入变动的反应程度。其计算公式为

$$需求收入弹性系数 = \frac{需求量变动比率}{收入变动比率}$$

设 E_I 表示需求收入弹性系数，用 I 代表原收入量，ΔI 代表收入变动量，Q 代表原需求量，ΔQ 代表需求变动量，则

$$E_I = \frac{\Delta Q}{\Delta I} \cdot \frac{I}{Q}$$

2. 需求收入弹性的分类

不同商品的需求收入弹性是不同的。经济学借助需求收入弹性系数对商品进行了分类：当 $E_I > 0$ 时，称该商品为正常品，其中，当 $0 < E_I < 1$ 时，该商品为必需品；当 $E_I > 1$ 时，该商品为奢侈品；当 $E_I < 0$ 时，该商品为劣等品。

3. 需求收入弹性的应用

研究需求收入弹性对于企业及政府机构制定方针政策都有重要意义。需求收入弹性高的企业，在国民经济上升期间有良好的发展机会，所以，对国民经济活动的预测在企业制定计划的过程中发挥重要的作用。需求收入弹性低的企业，对国民经济活动水平的反应就没那么灵敏了，由于企业不能充分获得经济成长的利益，可能要到别的部门去寻找较好的发展机会。

收入弹性在企业的销售活动中也起着重要的作用。如果收入被发现是决定某种产品需求的一个重要因素，就可能影响产品销售的区域与销路的性质。例如，许多收入弹性大的商品的生产企业，致力于向商业界、法律界、医疗界等的年轻专业人员进行广告宣传，主要就是因为随着这些人收入的增加，未来与他们做交易的可能性很大。

三、需求交叉弹性

1. 需求交叉弹性的含义及公式

需求交叉弹性是指某种商品的需求量对另一种商品价格变动的反应程度，其弹性系数

公式为

$$需求交叉弹性系数 = \frac{X商品需求量变动比率}{Y商品价格变动比率}$$

设 E_{XY} 代表需求交叉弹性系数，P_Y 代表 Y 商品的价格，ΔP_Y 代表 Y 商品价格的变动量，Q_X 代表 X 商品的需求量，ΔQ_X 代表 X 商品的变动量，则

$$E_{XY} = \frac{\Delta Q_X}{\Delta P_Y} \cdot \frac{P_Y}{Q_X}$$

2. 需求交叉弹性的分类

对于不同的商品关系而言，需求交叉弹性系数是不同的。互补商品之间价格与需求量的变动呈反方向，所以需求交叉弹性系数为负值，即 $E_{XY} < 0$；替代商品之间价格与需求量的变动呈同方向，所以需求交叉弹性系数为正值，即 $E_{XY} > 0$；当 $E_{XY} = 0$ 时，表明 X 商品与 Y 商品既不是替代品也不是互补品，两种商品是不存在交叉关系的独立品。

上述对三种需求弹性的分析，从数量关系上具体说明了商品需求量受商品自身价格、消费者收入、相关商品价格等变量变动的影响程度。因此，需求交叉弹性对预测商品需求变化有很大的帮助。生产者可根据需求交叉弹性分析与了解价格变动和需求量变动后的销售总收益的变动情况，从而采取既灵活多变，又不盲动的价格调整策略，获得较高的经济效益。

四、供给弹性

1. 供给价格弹性的含义与公式

供给价格弹性又称供给弹性，指某种商品的价格变动的比率与供给量变动的比率之比，即供给量变动对价格变动的反应程度。供给弹性的大小可以用供给弹性系数来表示。供给弹性系数的计算公式为

$$供给弹性系数 = \frac{供给量变动比率}{价格变动比率}$$

例如，某种商品价格变动为 10%，供给量变动为 20%，则这种商品的供给弹性系数为 2。因为供给量与价格一般呈同方向变动，所以供给弹性系数一般为正值。

设 E_s 代表供给弹性系数，P 代表价格，ΔP 代表价格的变动量，Q 代表供给量，ΔQ 代表供给的变动量，则

$$E_s = \frac{\frac{\Delta Q}{Q}}{\frac{\Delta P}{P}} = \frac{\Delta Q}{\Delta P} \cdot \frac{P}{Q}$$

2. 供给价格弹性的分类

与需求价格弹性一样，供给价格弹性可以分为五种类型，如表 2-4 所示。

表2-4　供给价格弹性的分类

弹性类别	E_s取值	子项与母项关系	图示	图示特点
完全无弹性	$E_s = 0$	$\Delta Q = 0$		垂直
缺乏弹性	$0 < E_s < 1$	$\dfrac{\Delta Q}{Q} < \dfrac{\Delta P}{P}$		陡峭
单位弹性	$E_s = 1$	$\dfrac{\Delta Q}{Q} < \dfrac{\Delta P}{P}$		45°
富有弹性	$E_s > 1$	$\dfrac{\Delta Q}{Q} < \dfrac{\Delta P}{P}$		平缓
完全弹性	$E_s = \infty$	$\Delta P = 0$		水平

3. 影响供给价格弹性的因素

影响供给价格弹性的因素主要有以下几种：

(1) 生产时期的长短。在短期内，生产设备、劳动力等生产要素无法大幅度增加，从而导致供给无法大量增加，供给弹性也较小。尤其在非常短的时期内，供给只能由存货来调节，供给弹性几乎是零。在长期中，生产能力可以提高，因此供给弹性也较大。

(2) 生产的难易程度。一般而言，容易生产而且生产周期短的商品对价格变动的反应快，其供给弹性大；反之，生产不易且生产周期长的商品对价格变动的反应慢，其供给弹性也较小。

(3) 生产所采用的技术类型。有些商品采用资本密集型技术，这些商品的生产规模一旦固定，变动就较难，从而其供给弹性也就小。有些商品采用劳动密集型技术，这些商品的生产规模变动较容易，从而其供给弹性也就大。在分析商品的供给弹性时，要把各种因素综合起来分析。一般来说，重工业产品采用资本密集型技术，生产较为困难，生产周期长，所以供给弹性较小；轻工业产品，尤其是食品、服装这类产品，一般采用劳动密集型技术，生产较为容易，并且生产周期短，所以供给弹性大。农产品的生产尽管也多采用劳动密集型技术，但由于生产周期长，因此供给也是缺乏弹性的。

研究商品的供给弹性，可使生产者和组织者掌握各种商品对市场作出反应所需时间的长短，以及反应程度的大小，根据供给弹性的特点，做出经营决策，以缩短供给弹性发生作用的时间，组织市场供给，满足社会需要。在市场经济条件下研究供给弹性，对于大型企业及经济部门尤为重要。

五、税收归宿

当对一种商品征税时，该商品的买者与卖者分摊税收负担。但税收负担只有极少数情况下是平均分摊的。那么，谁承担的税收负担更大一些呢？这就需要对比需求弹性与供给弹性，具体有以下两种情况：

(1) 供给富有弹性而需求缺乏弹性。这种情况下，市场上的税收卖者只承担一小部分负担，而买者承担大部分税收负担。这是因为卖者对某种商品的价格非常敏感，而买者非常不敏感。所以当征收税收时，卖者得到的价格并没有下降多少，因此，卖者只承担一小部分负担。与此相比，买者支付的价格大幅度上升，表示买者承担大部分税收负担。

(2) 供给缺乏弹性而需求富有弹性，这种情况下，市场上的税收卖者承担大部分税收负担，而买者承担小部分税收负担。因为在这种情况下，卖者对价格不十分敏感，而买者非常敏感。当征收税收时，买者支付的价格上升并不多，而卖者得到的价格大幅度下降。因此，卖者承担大部分税收负担。

根据上面的分析，可以得出关于税收负担划分的一般结论：税收负担更多地落在缺乏弹性的市场一方。

知识链接

谁支付奢侈品税？

生活中，我们经常说"羊毛出在羊身上"。那么，对奢侈品征税，这个税收负担最后主要由谁承担了呢？很多人说由富人承担，原因很简单，因为富人是奢侈品的主要消费群体。真的如此吗？我们来看一个案例。

在1990年，美国国会通过针对游艇、私人飞机、皮衣、珠宝和豪华轿车这类物品征收新的奢侈品税。征收该税的目的是增加那些能轻而易举地承担税收负担的人的税收。由于只有富人才能买得起这类奢侈品，所以，对奢侈品征税看来是向富人征税的一种合理方式。但是，当供给与需求的力量发挥作用后，结果与国会所期望的完全不同。例如，游艇市场。游艇的需求是极富有弹性的。一个百万富翁不一定买游艇，他可以用这笔钱去买更大的房子，去欧洲度假，或者留给继承人一笔更大的遗产。再者，富人总能想办法逃避税收的负担，如直接去国外购买。与此相比，游艇的供给是较为缺乏弹性的，至少在短期内是如此。游艇工厂不能轻而易举地转产，制造游艇的工人也不愿意由于市场状况改变而转行。可见，对游艇征税，其税收负担主要落在供给者身上，也就是建造游艇的企业和工人身上，因为产品价格会大幅下降，但是企业的转行并不会很快进行。

价格欺诈何时休?

随着市场竞争日趋激烈,不少商家为了吸引更多的买家,会在价格上做文章。过去,商家惯用的套路是虚标高价,故意把商品价格标得很高,给消费者造成优惠力度很大的错觉。实际上,所谓的折扣价、促销价往往还要高过原先实际销售价。如今,越来越多的消费者习惯了网络购物,但是,在网络平台上,一些商家又开始反其道行之,以远低于商品价格的标价吸引消费者,例如,许多商家将商品标价0.01元或略高,在详情页面介绍"具体价格小窗私聊"或"直接拍下无效,价格非实价"等提醒信息。这种以低价格吸引流量的手段繁多,常见手段主要有三种:一是低价看得见买不到,点进详细页面后,商品实际价格远远高于标价;二是把商品价格定得很低,快递费用设置得很高,"堤内损失堤外补";三是故意把商品价格标得很离谱,比如0.01元,在消费者咨询时再提出真实价格。在"流量为王"大行其道的当下,一些电商笃信,不管用哪种手段,只要吸引消费者点击就成功了一半。

在诸多价格欺诈花样的背后,暗含着商家的经营逻辑。商家的算盘很明确——"不怕你不买,就怕你不来"。只要有消费者在低价的吸引下点击链接,商家就可以使出浑身解数促成交易。而当消费者提出质疑时,商家往往会辩称低价商品已经售完,同时大力推销商铺内的其他商品。在商家的鼓动下,一些消费者就会抬高心理价格底线,选择商家推荐的商品。退一步讲,即使消费者最终没有购买,商家也不吃亏。毕竟,低价引流的目的已经达到,且通过消费者浏览还提高了店铺的人气。

但是,这种价格引流手段却损害了消费者的合法权益,也破坏了公平交易的市场准则。长此以往,也会影响消费者网购的体验,进而殃及池鱼,影响整个网购市场的发展。因此,迫切需要相关部门及平台出台相关举措,打击这种低价引流的行为。2020年10月20日,国家市场监管总局就《网络交易监督管理办法(征求意见稿)》向社会征求意见。其中第17条规定,网络交易经营者销售商品或者提供服务应当明码标价。网络交易经营者不得利用虚假的或者使人误解的标价形式或者价格手段,欺骗、诱导消费者或者其他经营者与其进行交易。希望随着规定的逐步完善,有关部门能够进一步提高执法力度,依法治理网络交易乱象,为消费者打造更好的网购环境。

本章小结

需求曲线向右下方倾斜被称为需求定理。这是一个著名的理论假说，其涵义是，代价越高，需求量越小；价格只是代价的一种形式。一种形式的代价被限制，其他形式的代价就会代替之。供给曲线向右上倾斜被称为供给定理。其涵义是，价格越高，供给量越大。

需求曲线与供给曲线的交点是均衡点，在这一点，供给量与需求量相等。在人类社会，竞争无所不在。在竞争下，供给量与需求量必然都向均衡点靠拢。如果价格低于均衡价格，则要么价格上升，要么其他形式的代价上升；反之，如果价格位于均衡价格之上，则要么价格下降，要么其他形式的代价下降。

根据市场均衡理论，在纯粹的竞争性市场经济中，由市场供求关系所决定的价格调节着生产与消费，使资源得到最优配置。但在现实生活中，有时由供求所决定的价格对经济并不一定是最有利的。这就是说，由价格机制进行调节所得的结果，并不一定符合整个社会的长远利益。针对这些问题，政府可以通过市场均衡理论，采取必要的经济手段进行调节，从而影响供求关系的调整与均衡价格的形成。最常见的手段是采取支持价格和限制价格。

需求价格弹性是某种商品的需求量变动对价格变动的反应程度。对于需求富于弹性的商品，其销售收益与价格是反方向变动的，即总收益随价格的提高而减少，随价格的降低而增加；对于需求缺乏弹性的商品，其销售收益与价格则是同方向变动的，即总收益随价格的提高而增加，随价格的降低而减少；需求是单位弹性的商品，总收益与价格的变动无关。

需求交叉弹性被用来研究一种商品的价格变动和它的相关商品的需求量变动之间的关系。如果 X、Y 两商品之间互为替代品，则 $E_{XY} > 0$；如果 X、Y 两种商品之间互为互补品，则 $E_{XY} < 0$；如果 X、Y 之间无相关关系，则 $E_{XY} = 0$。

供给价格弹性是指当某种商品的价格变动的比率与供给量变动的比率之比。它衡量的是一种商品的供给量对其自身价格变动的反应程度。

练习题

一、名词解释

需求 供给 需求定理 供给定理 均衡价格 支持价格 限制价格

二、单项选择题

1.若鸡肉价格上升，假定其他条件不变，则鸭肉的需求将会（   ）。

A.增加   B.减少   C.不变   D.不能确定

2.若养猪所需饲料的价格上升，假定其他条件不变，则生猪的（　　）。

A. 需求减少　　　　B. 需求增加　　　　　C. 供给减少　　　　　D. 供给增加

3.若居民用电的价格上升，假定其他条件不变，则家用电器的需求将（　　）。

A. 减少　　　　　B. 不变　　　　　　C. 增加　　　　　　D. 难以确定

4.棉花的需求和供给同时增加，其影响结果是棉花的（　　）。

A. 均衡价格和均衡数量同时上升

B. 均衡数量上升，均衡价格的变化无法确定

C. 均衡价格下降，均衡数量上升

D. 均衡数量下降，均衡价格的变化无法确定

5.政府为了扶持某一行业而规定的该行业产品的最低价格是（　　）。

A. 限制价格　　　B. 支持价格　　　　　C. 计划价格　　　　　D. 歧视价格

三、简答题

1.什么是需求？需求的影响因素有哪些？

2.需求量的变动与需求的变动有何不同？

3.什么是供给？供给的影响因素有哪些？

4.供给量的变动与供给的变动有何不同？

5.均衡价格是如何形成和变动的？

第三章　消费者行为理论

【知识目标】

(1) 理解效用的含义；

(2) 掌握边际效用递减规律；

(3) 掌握基数效用论与序数效用论的基本内容；

(4) 理解替代效应和收入效应之间的区别。

【技能目标】

(1) 能够用边际效用分析消费者行为；

(2) 能够用无差异曲线、等成本线分析消费者行为。

【素质目标】

能够用边际效用递减规律分析现实生活中的各种现象。

引入案例

幸福经济学

据《中国经济生活大调查 (2019—2020)》结果显示，过去一年有 43.81% 的受访者感觉自己幸福，有 11.92% 的人感到自己不幸福，四成多 (44.27%) 的人表示感觉一般。不同收入阶层的人幸福程度如何呢？调查发现，年收入 1 万元以下的低收入人群感到幸福的比例为 45.28%，年收入 1 万元～5 万元的人群中感到幸福的比例为 37.65%，年收入 12 万元～20 万元的人群中感到幸福的比例最高为 59.94%，年收入由 12 万元增长到 100 万元时，感到幸福的人群比例相差并不十分明显。由此可见，收入与幸福并不是同比例增长。在感到不幸福的人群中，年收入超过 100 万元的高收入人群比例最高 (20.23%)。从性别的角度，调查发现，对于女性来说，26～35 岁

的女性 (47.31%) 幸福感最高，36～45 岁的女性 (43.23%) 幸福感比例最低，与 60 岁以上的女性 (43.88%) 差不多；男性一生的幸福感走向与女性相反，60 岁以上的男性 (49.72%) 与 18～25 岁的男性 (49.5%) 是幸福感比例最高的两个男性人群。从家庭角度，幸福感比例最高的是有恋人但还没结婚的人们 (45.62%)，其次是已婚人士 (44.16%)，排名第三的是单身人士 (43.96%)，显然有伴侣的人群更幸福。过去一年，感到幸福的人中有 40.90% 的人增加了朋友，40.25% 的人增加了收入，21.83% 的人增加了自信，13.02% 的人增加了成就感，比例都高于全国平均水平。

思考：你认为幸福主要取决于哪些因素？

》》》 第一节　效用概述 《《《

一、欲望与效用

消费者行为的出发点是欲望。欲望是指人们对物品的一种缺乏的感觉和想得到满足的愿望。欲望是人们一切经济活动的根本动机，推动消费者从事劳动、决策购买、实现消费，最终获得满足。美国著名心理学家亚伯拉罕·马斯洛在《动机与人格》一书中将人的需要分为生理需要、安全需要、社会需要、尊重需要和自我实现的需要。当较低层次的欲望满足或基本满足后，就会产生新的或更高层次的欲望。这种欲望是无穷无尽的。同时，欲望又有轻重缓急之分，基本层次的欲望最重要；欲望也可以反复出现，曾经满足过的欲望还会再度出现，如我们一次吃饱了，下次饿的时候还想吃。另外，欲望的强度是随着消费某种物品的增多而减少的。

效用就是欲望的满足，即消费者从某种商品或劳务的消费中所获得的满足程度。满足程度高就是效用大，满足程度低就是效用小。如果消费者在商品消费中感到快乐，则效用为正；若消费者在商品消费中感到痛苦，则效用为负。

知 识 链 接

控制自己的欲望

人活着就会有欲望，包括物质的、精神的等等，人一旦有了欲望，就需要去满足和实现。从某种角度来说，人类正是在不断满足自己欲望的过程中向前进发的，人类之所以能够取得今天这样的成就，正是满足了一个又一个欲望的结果。

　　但是具体到每一个人，在个人欲望和实现欲望的能力、条件之间，总会产生无法调和的矛盾。例如，你想买一辆宝马汽车，但是以你的收入，却只够买一辆桑塔纳汽车，那么怎么调节欲望和能力之间的矛盾呢？其一，你可以想办法去挣更多的钱，增加自己的收入，进而攒够买宝马汽车的钱；其二，你可以降低自己的欲望，暂时买一辆桑塔纳汽车。

　　挣更多的钱或是降低自己的欲望是绝大多数人所做出的正常选择，但是也有个别人，目前还不具备实现欲望的条件和能力，但是又不愿意主动降低自己的欲望，而是想通过一些不正常甚至是违法违德的手段去实现自己的欲望，结果可想而知。例如，某市一名姓吴的女子因为喜欢玩乐，便利用自己职务的便利，非法侵占了所在公司公款80万元用于个人每日去酒吧的消费。东窗事发之后，吴某被抓获归案。根据有关法律规定，依法判处吴某有期徒刑四年，且追缴违法所得人民币70万元。既然自己挣不到那么多钱，但是又不愿意控制自己消费的欲望，这名女子最后迎来的就是人生的悲剧。酒吧的大肆挥霍，换来四年的牢狱之灾，真的划算吗？

二、效用的特征

1. 主观性

　　某种商品效用的大小、有无，取决于消费者在消费商品时的主观感受。例如，一支香烟对吸烟者来说有很大的效用，而对不吸烟者来说毫无效用，甚至为负效用。

2. 非伦理性

　　一种商品是否具有效用要看它是否能满足人的欲望或需要，而不涉及这一欲望或需要的好坏。例如，吸毒从伦理上讲是坏欲望，但毒品能满足这种欲望，因此它对吸毒者具有效用。

3. 差异性

　　效用作为一种主观感受，因人、因时、因地而异。对不同的人而言，同种商品提供的效用可能是不同的。对于同一个人，同种商品在不同的时间和地点带来的效用也可能是不一样的。例如，冬天和夏天吃相同的一支冰激凌带来的效用就差异很大。

知识链接

别具一格的设计

2020年4月，广州恒大公布了恒大新足球场的效果图，其独特的造型瞬间引起网友们的热议。与国外顶级球场普遍采用椭圆造型不同，广州恒大足球场以荷花绽放为设计理念，凸显浓郁的中国文化特色。按照恒大的说法，荷花绽放既代表球场成为"花城"广州永久盛开的城市名片，也寓意着中国足球拥有高洁坚韧的品格，在国际竞技场上争奇斗艳。

然而，正是让许家印主席倾注了大量心血并亲自参与修改的荷花效果图，却引发外界热议。有人认为，这个建筑设计很好地融入中国传统文化元素，带着浓浓中国风，且寓意深刻。但是也有人觉得恒大新球场的荷花外观"丑到爆，土掉渣"，还有人说看到这个造型就像一盆多肉。也有人认为，随着时间推移，现在看似设计前卫大胆、不被人们接受的建筑日后可能成为受人称赞的建筑设计，并列举了埃菲尔铁塔、悉尼歌剧院等案例，这些建筑在建设过程中也遭到了各界的反对，但是随着时间的流逝，今天无一例外地都成了有名的地标建筑。因此，时间可以给出一切答案。你怎么看待恒大足球场的造型呢？

三、效用的度量

1. 基数效用

基数效用分析者认为，效用如同长度、重量等概念一样，可以具体衡量并加总求和。

效用的大小可以用基数 (1、2、3⋯⋯) 来表示，计量效用大小的单位被称为效用单位。例如，对某一个人来说，食用一根油条和一杯豆浆的效用分别为6效用单位和8效用单位，可以说这两种消费的效用之和为14效用单位。基数效用论采用边际效用分析方法研究消费者如何实现效用最大化。

2. 序数效用

序数效用分析者认为，效用作为消费者的一种主观评价，会因人、因时、因地而不同，效用的大小是无法具体衡量的，但是不同商品的效用却可以按照满意度的高低进行排序和比较，因此，可以通过顺序或等级即用序数 (第一、第二、第三⋯⋯) 来表示。就上面的例子来说，消费者可以根据自己的偏好对这两种商品的效用进行排序，即哪一种商品的效用是第一，哪一种是第二。或者说，要回答的是愿意食用一根油条，还是喝一杯豆浆。如果他想喝一杯豆浆，那么他认为一杯豆浆的效用大于一根油条的效用。

基数效用论和序数效用论是解释消费者行为的两种不同理论。二者明显的差异如下：

(1) 对效用的理解不同。基数效用论假设消费者消费商品所获得的效用是可以度量的，可以用基数来表示，每个消费者都可以准确地说出自己消费商品所获得的效用值是多少；序数效用论则认为消费者消费商品所获得的效用只可以进行排序，只可以用序数来表示，效用的大小及特征表现在无差异曲线中。

(2) 所使用的分析工具不同。基数效用论使用边际效用的分析工具，而序数效用论则使用无差异曲线的分析工具。

(3) 均衡条件的表达也不同。由于二者使用不同的分析工具，因此在研究消费者在预算约束下效用最大化的均衡条件的表达也不同。

>>> 第二节　基数效用论 <<<

一、总效用与边际效用

1. 总效用的含义

总效用是指消费者在一定时间内消费一定数量的商品或劳务所得到的总的满足程度。它可以通过对各个单位商品或劳务的效用加总求和而求得。总效用的大小取决于所消费的商品数量的多少，所以它是所消费的商品数量的函数。假定消费者对一种商品的消费数量为 Q，则总效用函数为

$$总效用\ (TU) = f(Q)$$

2. 边际效用

边际效用是指消费者在一定时间内增加一单位商品或劳务所增加的效用，也就是效用的新增量。边际概念是经济学中一个比较重要的基本概念。边际本身的含义是增量，是指一单位自变量的变化所引起的因变量的变化量。在边际效用中，自变量为某商品的消费量，因变量为总效用，边际效用是商品的消费量变动所引起的总效用的变动量。相应的边际效用函数为

$$边际效用(MU) = \frac{总效用量的增量(\Delta TU)}{消费商品的增量(\Delta Q)}$$

当总效用函数是可导的，商品的增加量趋于无穷小，即 $\Delta Q \to 0$ 时，有

$$MU = \lim_{\Delta Q \to 0} \frac{\Delta TU(Q)}{\Delta Q} = \frac{dTU(Q)}{dQ}$$

3. 总效用和边际效用的关系

表 3-1 是某消费者早餐吃包子时，随着包子消费数量的变化，对应的总效用和边际效用的变化。

表3-1　总效用与边际效用的变化

商品消费数量(Q)	总效用(TU)	边际效用(MU)	客观状态
0	0	—	饥饿状态
1	12	12	饥饿状态
2	18	6	饥饿状态减轻
3	21	3	饥饿状态进一步减轻
4	22	1	接近吃饱
5	22	0	正好吃饱
6	20	−2	过饱

在平面坐标中画出表 3-1 中的各组数据点，连接各点，即得到总效用曲线和边际效用曲线，如图 3-1 所示。

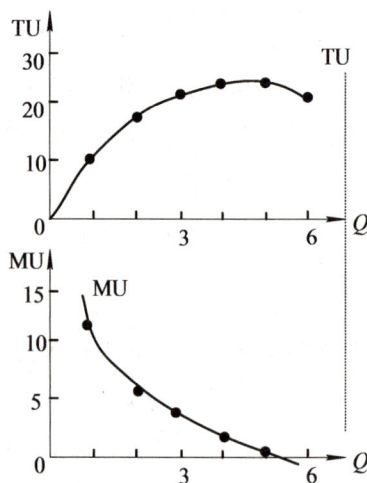

图3-1　效用曲线

从表 3-1 和图 3-1 中可以看出，随着商品消费数量的增加，总效用不断增加，继而达到最大值，之后转而下降；而边际效用则呈现出递减趋势。总效用与边际效用之间的关系是：当 MU > 0 时，TU 上升；当 MU = 0 时，TU 达到最大值；当 MU < 0 时，TU 下降。

二、边际效用递减规律

1.边际效用递减规律的内容

边际效用递减规律是指在一定时间内，在其他商品的消费数量保持不变的条件下，随着消费者对某种商品消费量的增加，消费者从该商品连续增加的每一消费单位中所得到的效用增量，即边际效用是递减的，如图3-1中的MU曲线所示。

知识链接

吃三个面包的感觉

美国总统罗斯福连任三届后，曾有记者问他有何感想，总统一言不发，只是拿出一块三明治面包让记者吃，这位记者不明白总统的用意，又不便问，只好吃了。接着总统拿出第二块，记者还是勉强吃了。紧接着总统拿出第三块，记者为了不撑破肚皮，赶紧婉言谢绝。这时罗斯福总统微微一笑："现在你知道我连任三届总统的滋味了吧。"

这个故事揭示了经济学中的一个重要的原理：边际效用递减规律。总效用是消费一定量的某商品或劳务所带来的满足程度。边际效用是某种商品的消费量增加一单位所增加的满足程度。假定记者吃第一个面包的总效用是10效用单位，吃第二个面包的总效用为18效用单位，如果记者再吃第三个面包则总效用为18效用单位。由此可得出记者消费第一个面包的边际效用是10，第二个面包是边际效用为8，第三个面包边际用为0。这几个数字说明随着记者消费面包数量的增加，边际效用是递减的。

边际效用递减规律广泛地存在于人们平常的消费行为中。例如，当一个人特别渴时，喝第一杯水带给他的满足程度即效用是很大的，随着这个人喝水量的增加，虽然总效用是不断增加的，但每一杯水带给他的效用增量却是递减的。当他连续喝超过了他能饮用的数量时，那么多余的水就没有什么用途了，如果继续再喝，边际价值几乎为零，或是在零以下。再如，当我们看某影视剧第一季的时候，我们会深深地被故事人物情节吸引，给出比较高的评价，但是当我们看第二季、第三季的时候，可能已经熟悉了节目的套路，就感觉没有那么好看了，这其实就是边际效用递减规律起作用的结果。

在理解边际效用递减规律时，需要注意以下几点：

(1) 边际效用的大小与欲望的强弱成正相关。当一个人很渴的时候，喝一瓶矿泉水对他来说边际效用很大；当他不渴的时候，一瓶矿泉水对他来说边际效用很小，甚至为0。

(2) 边际效用的大小与消费数量的多少反方向变动。由于欲望强度有限，并随满足的增加而递减，因此消费数量越多，边际效用越小。

(3) 边际效用具有时效性。边际效用是在特定时间内的效用，由于欲望具有再生性和反复性，因此边际效用也具有时间性。

2. 边际效用递减规律对企业的启示

消费者购买商品是为了效用最大化，而且商品的效用越大，消费者愿意支付的价格越高。根据效用理论，企业在决定生产什么时首先要考虑商品能给消费者带来多大效用。因此，企业首先要了解消费者的偏好及变化情况，只有这样，才能成功实现商品的销售。同时，在商品消费的过程中，消费者的偏好容易受到广告等媒介的影响，因此，企业也要注重商品的宣传推广，以此引导消费者的行为。

由于边际效用是以递减规律存在的，因此，如果企业只连续生产一种商品，它带给消费者的边际效用就在递减，消费者对该商品的偏好程度也会随之降低。那么，如何能一直维系消费者对品牌商品的喜爱呢？这就需要企业不断地进行创新。例如，一家服装企业，要想办法进行创新，在款式、剪裁、风格等方面不断变化，生产不同的商品以满足消费者的需求，从而减少和阻碍边际效用递减。

3. 边际效用递减规律出现的原因

边际效用递减规律出现的主要原因如下：

(1) 生理或心理的原因。消费一种商品的数量增多，会使人生理上的满足或心理上的反应减少，即商品的边际效用与所消费的该商品的数量成反比，与消费者对该商品的欲望强度成正比，也就是说拥有的越多，想要的越少。"审美疲劳"就是这个原因。

(2) 商品本身用途的多样性。每一种商品都有多种用途，这些用途的重要性不同。消费者总是先把商品用于最重要的用途，而后用于次要的用途。当他有若干这种商品时，把第一单位用于最重要的用途，其边际效用就大，把第二单位用于次要的用途，其边际效用就小，以此类推，消费品的边际效用随着消费品的用途重要性的递减而递减。以水为例，在数量很少时，首先满足饮用，饮用之后有剩余，再用来洗衣服，如果还有节余可用来浇花等。

三、基数效用条件下的消费者均衡

1. 消费者均衡的概念

消费者均衡是指在一定的收入和价格条件下，消费者购买一定数量的各种商品所能获得的总效用最大时的状态。

由于存在边际效用递减规律，消费者即使只消费一种商品，也不能是无止境地消费，何况消费者消费的商品是多种多样的。如果商品的价格既定，消费者要从其所消费的商品中获得最大的效用，就必须把有限的收入分配到所需消费的各种商品上，这就是消费者均衡问题。

2. 消费者均衡的条件

如果消费者的货币收入是固定的，市场上各种商品的价格是固定的，那么，一个理性的消费者一定要使其所购买的各种商品的边际效用与他所付的价格成比例，即所购买的各种商品的边际效用之比，等于它们的价格之比。也就是说，要使每一单位货币所获得的边际效用都相等。

假定消费者的既定收入量为 M，全部用来购买 X、Y 商品，P_X 和 P_Y 分别为两种商品的价格，Q_X 和 Q_Y 分别为两种商品的购买量，MU_X 和 MU_Y 分别为两种商品的边际效用，λ 为单位货币的边际效用，则消费者均衡的条件可以用公式表示为

$$P_X \cdot Q_X + P_Y \cdot Q_Y = M$$

$$\frac{MU_X}{P_X} = \frac{MU_Y}{P_Y} = \lambda$$

第一个公式是限制条件，说明收入是有限的，其购买各种商品的支出不能超过收入，也不能小于收入。因为超过收入的购买是无法实现的，而小于收入的购买也达不到既定收入下的效用最大化。第二个公式是消费者均衡的必要条件，各种商品的边际效用与价格之比相等，且等于该单位货币的边际效用，即每一单位货币不论用于购买 X 商品，还是购买 Y 商品，所得到的边际效用都相等。

如果 $\dfrac{MU_X}{P_X} > \dfrac{MU_Y}{P_Y}$，表示消费者用相同的最后一单位货币购买 X 商品所获得的边际效用大于购买 Y 商品所获得的边际效用，那么理性的消费者必然就会增加对 X 商品的购买，而减少对 Y 商品的购买，或者说，用 X 商品来代替 Y 商品。随着 X 商品消费量的增加，在边际效用递减规律的作用下，X 商品的边际效用会因其消费量的增加而递减，Y 商品的边际效用会因其消费量的减少而递增，最后达到 $\dfrac{MU_X}{P_X} = \dfrac{MU_Y}{P_Y}$。同样，如果 $\dfrac{MU_X}{P_X} < \dfrac{MU_Y}{P_Y}$，表示消费者用相同的最后一单位货币购买 X 商品所获得的边际效用小于购买 Y 商品所获得的边际效用，那么理性的消费者必然就会增加对 Y 商品的购买，而减少对 X 商品的购买，随着 Y 商品消费量的增加，在边际效用递减规律的作用下，Y 商品的边际效用会因其消费量的增加而递减，X 商品的边际效用会因其消费量的减少而递增，直到 $\dfrac{MU_X}{P_X} = \dfrac{MU_Y}{P_Y}$。

每一分钱都用在刀刃上

消费者均衡就是消费者购买商品的边际效用与货币的边际效用相等。也就是说，消费者的每一元钱的边际效用和用一元钱买到的商品边际效用相等。假定一元钱的边际效用是5效用单位，一件上衣的边际效用是50效用单位，这件上衣的价格是10元，那就意味着消费者如果购买这件上衣，一元钱可以获得的效用就是5，这个和一元钱的边际效用刚好相等，此时消费者实现了消费者均衡，也可以说，实现了消费（满足）的最大化。简单地理解，消费者均衡就是在消费者的收入和商品价格既定的情况下，花最少的钱却得到最大的满足程度。

经济学家的消费者均衡理论看似难懂，其实在现实经济生活中，消费者已经在不知不觉中遵循了消费者均衡理论。比如，在现有的收入和储蓄下是买房还是买车，你会做出合理的选择；当你走进超市，见到琳琅满目的物品时，你会选择你最需要的；当你去买服装时，肯定不会购买已有的服装，而是会变换款式花样来使衣服更多样。因此，经济学是选择的经济学，而选择就是在资源（货币）有限的情况下，实现消费满足的最大化，使每一分钱都用在刀刃上，这就实现了消费者均衡。

》》》 第三节 序数效用论 《《《

序数效用分析者认为，商品或劳务的效用大小，不是取决于其边际效用，而是取决于消费者对不同商品组合的偏好程度，即消费者对某种商品组合的偏好程度越高，所获得的满足程度就越高，其效用也就越大。

一、关于偏好的假定

1. 绝对性

对于任何两种商品A和B，消费者总是可以做出对这两种商品的偏好选择，要么喜欢A胜过于B，要么喜欢B胜过于A，要么对这两种商品的偏好程度一样，即这两种商品的效用水平一样。

2. 传递性

所谓传递性，是指如果消费者喜欢A胜过于B，同时喜欢B胜过于C，那么就可以做出判断：在 A 和 C 之间，消费者更喜欢 A。

3. 不饱和性

不饱和性的意思是当消费者面临同样的商品组合时，如果区别仅仅在于数量，那么往往数量多的商品组合更容易让消费者的满意度提升，也就是常说的"多多益善"。

知识链接

选择并非越多越好

有选择好，选择越多越好，这几乎成了人们生活中的常识。但是，事实真的如此吗？

由美国哥伦比亚大学、斯坦福大学共同进行的研究表明：选项多反而可能造成负面结果。科学家们曾经做了一系列实验，其中有一个实验是在加州斯坦福大学附近的一个以食品种类繁多闻名的超市进行的。工作人员在超市里设置了两个试吃摊，一个有 6 种口味，另一个有 24 种口味。结果显示：有 24 种口味的摊位吸引的顾客较多，在 242 位经过的客人中，60% 会停下来试吃，而在 260 位经过 6 种口味的摊位的客人中，停下来试吃的只有 40%。不过最终的结果却是出乎意料。在有 6 种口味的摊位前停下的顾客，30% 都至少买了一瓶果酱，而在有 24 种口味摊位的试吃者中，只有 3% 的人购买东西。由此可以得出：选择并非越多越好，有时候过多的选项会使人们陷入游移不定、自责后悔的怪圈，甚至有些人会因此患上"选择困难症"。

二、无差异曲线

1. 无差异曲线的含义

无差异曲线也称等效用线，是用来表示两种商品的不同数量的组合给消费者所带来的效用完全相同的一条曲线，即消费者在一定的偏好、一定的技术条件和一定的资源条件下，选择不同的商品组合所带来的满足程度是无差别的。

假定某消费者消费 X 和 Y 两种商品，它们在数量上的组合有 A、B、C、D 四种不同方式，见表 3-2。这四种组合方式都能给消费者带来相同的总效用，即效用是无差异的。

表3-2　某消费者的无差异消费表

商品组合	X商品的消费量/个	Y商品的消费量/个
A	1	10
B	2	6
C	3	4
D	4	2

根据表 3-2 可以作出图 3-2。

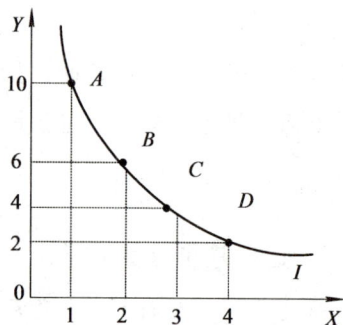

图3-2　某消费者的无差异曲线

在图 3-2 中，横轴表示 X 商品的数量，纵轴表示 Y 商品的数量，连接 A、B、C、D 各点的曲线即为一条无差异曲线。该曲线表明：线上的任何一点对消费者来说，偏好程度一样，也就是给消费者带来的总效用或满足程度都是无差异的。

2. 无差异曲线的特征

无差异曲线的特征主要有：

(1) 它是一条向右下方倾斜的曲线，其斜率为负值。这表明，在总收入和产品价格既定的条件下，消费者要想得到相同的总效用，在增加一种商品的消费时，就必须减少一定量的另一种商品的消费，即两种商品的消费不能同时增加或减少。

(2) 在同一平面图上可以有无数条无差异曲线。同一条无差异曲线是在一定的收入和价格水平下而得到的相同的总效用，不同的无差异曲线则代表着在不同的收入和价格水平下所获得的不同的总效用，并且离原点越远的无差异曲线所代表的总效用越大。

(3) 在同一平面图上，任意两条无差异曲线不能相交。因为在交点上两条无差异曲线代表了相同的效用。

(4) 无差异曲线是一条凸向原点的曲线。这是由于两种商品之间存在边际替代率递减而造成的。

3. 边际替代率

边际替代率是指消费者为了保持相同的总效用，若想增加某一种商品的消费量，就必须减少另一种商品的消费量，减少的商品消费量与所增加的另一种商品消费量的比率。

如果用 ΔX 代表 X 商品的增加量，ΔY 代表 Y 商品的减少量，$\mathrm{MRS_{XY}}$ 代表 X 商品对 Y 商品的边际替代率，则边际替代率公式为

$$\mathrm{MRS_{XY}} = -\frac{\Delta Y}{\Delta X}$$

由图 3-2 可以看出，当两种商品的消费组合由 A 点变到 B 点的过程中，总的效用水平

并没有变化，但是 X 商品的消费量由 1 变到 2，增加了 1 个单位。同时 Y 商品的消费量由 10 变到了 6，减少了 4 个单位。也就是说，1 个 X 商品替换了 4 个 Y 商品，所以它们之间的边际替代率为 4。

需要注意的是，由于在保证总效用水平不变的情况下，为了增加一种商品的消费就必须减少另一种商品的消费，因此 ΔX 与 ΔY 的符号一定是相反的。为了方便起见，通常在计算公式中加个负号，这样边际替代率就是正值。

由边际替代率的定义可知，无差异曲线上某一点的边际替代率就是无差异曲线在该点的斜率，又由于边际替代率是递减的，所以无差异曲线的斜率的绝对值是递减的，即无差异曲线是凸向原点的。

4. 边际替代率递减规律

边际替代率递减规律是指在维持效用水平不变的前提下，随着一种商品的消费数量的连续增加，消费者为得到每一单位的这种商品所需要放弃的另一种商品的消费数量是递减的。

由图 3-2 可以看出，从 A 点变到 B 点的过程中，消费者愿意减少 4 单位 Y 商品来增加 1 单位 X 商品，因此 X 商品对 Y 商品的边际替代率为 4。从 B 点变到 C 点的过程中，消费者愿意减少 2 单位 Y 商品来增加 1 单位 X 商品，因此 X 商品对 Y 商品的边际替代率为 2。从 C 点变到 D 点的过程中，消费者愿意减少 2 单位 Y 商品来增加 1 单位 X 商品，因此 X 商品对 Y 商品的边际替代率也为 2。从中可以看出，随着对 X 商品的消费量增加，消费者愿意放弃的 Y 商品的数量在减少，即 X 商品对 Y 商品的边际替代率是递减的。

之所以会发生商品边际替代率递减的现象，原因就在于随着一种商品的消费量的逐步增加，消费者想要获得更多的这种商品的愿望就会递减，从而为多获得 1 单位这种商品而愿意放弃的另一种商品的数量就会越来越少。

三、预算线

1. 预算线的概念

预算线又称消费可能线，表明在消费者收入和商品价格既定的条件下，消费者的全部收入能购买到的两种商品的最大数量组合线。

假定 I 代表消费者的既定收入，P_X、P_Y 分别代表两种商品各自的价格，X、Y 分别代表两种商品的购买数量，则预算线公式为

$$P_X X + P_Y Y = I$$

该公式表示消费者的全部收入等于他购买两种商品的消费支出总和。

假定有 X、Y 两种商品，X 商品每单位 20 元，Y 商品每单位 30 元，某消费者的收入为 200 元。由此可以得出该消费者的预算方程：$20X + 30Y = 200$。由预算方程可以得出预

算线，如图 3-3 所示。

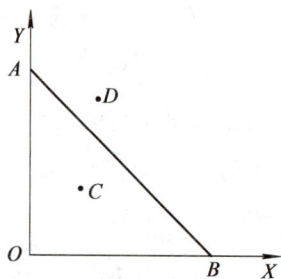

图3-3　预算线

在图 3-3 中，纵轴 Y 表示对 Y 商品的购买量，横轴 X 表示对 X 商品的购买量。AB 线表示消费的最大可能性。在该线之内的任意点 (如 C 点)，消费者所购买的 X 与 Y 商品的组合是可以实现的，却非最大数量的组合，还有一部分钱没有花掉；在该线之外的任意点 (如 D 点)，消费者的购买无法实现，因为购买这种组合的 X 与 Y 商品所需花的钱超过了既定的收入 (200 元)；只有在 AB 线上的任意点，才是消费者所能实现的最大限度的购买组合。

2. 预算线的变动

由图 3-3 可以看出，预算线是一条直线，决定预算线的是两个端点值，而这两个端点值分别表示消费者把所有的收入只购买一种商品的数量，这一数量取决于消费者的收入和商品价格之比。由此可见，决定预算线的位置和形状的是消费者的收入和两种商品的价格。如果收入或价格变了，预算线也将发生变动。预算线的变动可以归纳为以下两种情况：

(1) 当两种商品的价格不变，消费者的收入发生变化时，预算线的位置会发生平行移动。如图 3-4 所示，当消费者收入增加时，预算线 AB 向右平行移动至 A_1B_1；当消费者收入减少时，预算线 AB 向左平行移动至 A_2B_2。

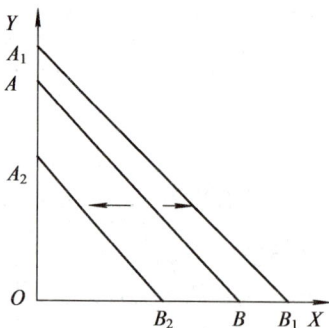

图3-4　收入变化

(2) 当消费者的收入不变，一种商品的价格不变而另一种商品的价格发生变化时，预算线会发生偏移，但不是平行移动。如果消费者的收入和 Y 商品的价格不变，X 商品的价格上升或下降，则预算线将绕着 A 点与纵轴的交点向内或向外移动，如图 3-5 所示，AB_1

线为 X 商品价格上升时的预算线，AB_2 线为 X 商品价格下降时的预算线。如果消费者的收入和 X 商品的价格不变，Y 商品的价格上升或下降，则预算线将绕着 B 点与横轴的交点向内或向外移动，如图 3-6 所示，A_1B 线为 Y 商品价格上升时的预算线，A_2B 线为 Y 商品价格下降时的预算线。

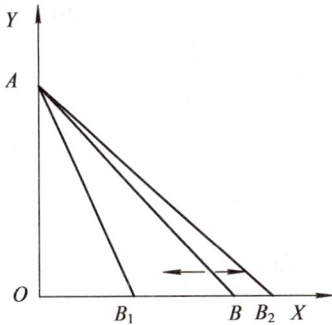

图 3-5　X 商品的价格变化　　　图 3-6　Y 商品的价格变化

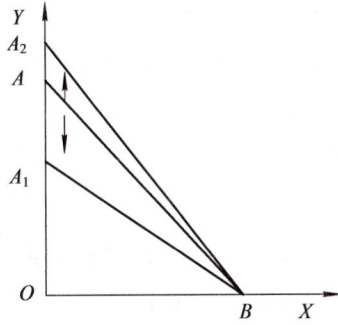

四、序数效用条件下的消费者均衡

消费者究竟应当在无差异曲线及预算线上取哪一点，才能使自己的购买既能获得最大的总效用，又能获得两种商品数量的最佳组合呢？这需要将无差异曲线和预算线结合在一起进行分析。如图 3-7 所示。

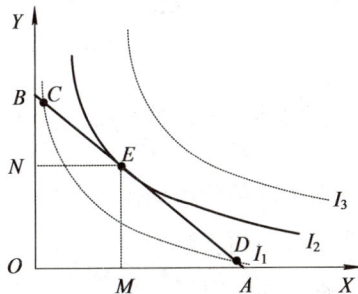

图3-7　消费者均衡

在图 3-7 中，I_1、I_2、I_3 为三条无差异曲线，它们的总效用大小的顺序是 $I_1 < I_2 < I_3$，AB 线是预算线。可以发现，预算线与无数条无差异曲线中的某一条相切于 E 点。在这一点上便实现了消费者均衡，即在收入与价格既定的条件下，消费者购买 OM 单位的 X 商品、ON 单位的 Y 商品，就能实现总效用的最大化。

为何只有在 E 点时才能实现最佳消费组合呢？从图上看，I_3 所代表的总效用虽然大于 I_2，但 I_3 与 AB 线相离，说明达到 I_3 总效用水平的 X 与 Y 商品的数量组合在既定的收入与价格水平下是无法实现的；I_1 与 AB 线有两个交点，即 C 点和 D 点，在这两点上所购买的 X 与 Y 商品的数量虽然是既定收入与价格水平下能够实现的最大组合，但由于 $I_1 < I_2$，在

C 点和 D 点上的 X 与 Y 商品的组合均未能使该消费者达到总效用的最大化；最后，I_2 线上除 E 点之外的其他各点均在 AB 线之外，说明这些点上所要求的 X 与 Y 商品的数量组合，也都是在既定收入与价格水平下所无法实现的。所以，只有在 E 点上才能实现消费者均衡。

在图 3-7 中的消费者均衡点 E，无差异曲线的斜率和预算线的斜率是相等的。无差异曲线的斜率 $\mathrm{MRS}_{XY} = -\Delta Y/\Delta X$，预算线的斜率 $k = -P_X/P_Y$，所以消费者均衡的条件也可以表示为

$$\mathrm{MRS}_{XY} = \frac{P_X}{P_Y}$$

这就是序数效用论下消费者均衡的条件，即在一定的预算约束下，为了实现效用最大化，消费者应该选择最优的商品组合，使得两种商品的边际替代率等于两种商品的价格之比。

由于边际替代率也可以用两种商品的边际效用之比来表示，即

$$\mathrm{MRS}_{XY} = -\frac{\Delta Y}{\Delta X} = \frac{\mathrm{MU}_X}{\mathrm{MU}_Y}$$

因此，消费者均衡的条件也可以表示为

$$\mathrm{MRS}_{XY} = \frac{\mathrm{MU}_X}{\mathrm{MU}_Y} = \frac{P_X}{P_Y}$$

进一步整理，可得

$$\frac{\mathrm{MU}_X}{P_X} = \frac{\mathrm{MU}_Y}{P_Y} = \lambda$$

这个结论正是基数效用论所得出的消费者均衡的条件，这就证实了利用无差异曲线分析法和边际效用分析法分析消费者均衡的实现的结论是一致的。虽然两种方法分析消费者行为的工具、思路不同，但结论具有异曲同工之妙。

>>> 第四节　消费者行为分析 <<<

一、边际效用与需求定理

需求定理表明，需求量与价格呈反方向变动。造成这种变动的原因在于边际效用递减规律。消费者为购买一定数量的某商品所愿意付出的价格取决于他从这一定数量商品中所获得的效用。效用大，愿付出的价格高；效用小，愿付出的价格低。随着消费者购买某商

品数量的增加，该商品给消费者所带来的边际效用是递减的。假设货币的边际效用不变，随着商品数量的增加，消费者所愿付出的价格也在下降，即他买的商品越多，价格必须越低。因此，需求量与商品价格必然呈反方向变动。

在表3-3中，当某商品数量为1时，边际效用为20效用单位，消费者愿为这20效用单位支付10元。当某商品数量增加至2时，边际效用为10效用单位，消费者只愿为这10效用单位支付5元。随着商品数量的增加，消费者愿意支付的价格越来越低。这是因为，随着商品数量的增加，每增加1单位商品所带来的边际效用在减少，消费者所愿为购买商品而付出的价格也就会下降，由此导致该商品的需求量与其价格呈反方向变动。

表3-3　商品价格与边际效用

某商品数量(Q)	边际效用(MU)	价格/元
1	20	10
2	10	5
3	5	2.5
4	2	1
5	1	0.5

知识链接

水和钻石的价值悖论

现实经济生活中，我们会发现这样一个现象：水作为人们日常生活中必不可少的资源，非常重要，没有水，万物的生命就会受到威胁，但水的价格比较便宜。钻石作为装饰品，相对于水来说，钻石的重要性就要小些，但钻石的价格却很昂贵。这是为什么呢？

针对水和钻石的价值悖论这一问题，经济学家们展开了研究。19世纪70年代初，由英国的杰文斯、奥地利的门格尔和法国的瓦尔拉提出，后由奥地利的庞巴维克和维塞尔加以说明：价格或交换价值是由它们的边际效用来决定的，而不是由它们的全部效用或使用价值决定的。根据这一论述，可以得出以下结论：由于在自然界中的水是很丰富的，增加1单位水所得到的边际效用很小，因而水的价格很便宜；由于钻石是极端稀缺的，获得1单位钻石的边际效用很高，因而钻石的价格是昂贵的。

其实，理解水和钻石的相对稀缺性，更有助于说明水和钻石的悖论是怎样被解决的。水在整体上的效用并不决定它的价值或需求。相反，水的价格取决于它的边际效用，取决于最后一杯水的有用性。由于水的供给充足，所以最后一杯水的定价极低。

由此可见，边际效用是决定产品价值的主观标准。产品的需求价格，不取决于总效用，而取决于边际效用。消费数量少，边际效用高，需求价格也高；消费数量多，边际效用低，需求价格也低。

二、消费者剩余

对于消费者来说，他愿意付出的价格取决于他对该商品的效用评价。边际效用递减决定了他所愿意付出的价格随该商品数量的增加而递减，但市场价格是由整个市场的供求关系决定的，不以某一消费者的愿望为转移。

消费者剩余是指消费者在购买商品时愿意支付的价格和实际支付的价格（市场价格）之间的差额，即

消费者剩余＝消费者愿意付出的价格 － 消费者实际付出的价格

消费者剩余可以用图3-8说明。假如某商品由供求关系所决定的市场价格是1元，当消费者买1单位该商品时，他愿意付出的价格为5元，但实际付出的市场价格仅为1元。这时，消费者剩余就是4元。随着该消费者购买商品数量的增加，他愿付出的价格在下降，而市场价格始终不变，这样，他从每单位商品购买中所获得的消费者剩余在减少。

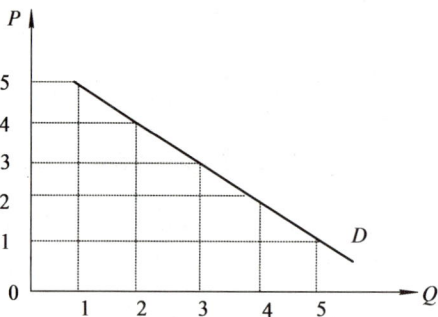

图3-8　消费者剩余

在图3-8中，横轴Q代表某商品的数量，纵轴P代表价格，D为某消费者的需求曲线，市场价格为1元。购买1单位商品时，消费者剩余为4(图中虚线的格，每格为1单位消费者剩余)，购买2单位商品时，消费者剩余为3。以此类推，购买5单位商品时，没有消费者剩余。

消费者剩余并不是实际收入的增加，只是一种心理感受，即消费者感觉赚到的那一部分。一个人吃东西可以吃到完全饱为止，即吃到边际效用等于零为止，而购买行为却不是一个单纯的获取行为，而是一个交换行为，即消费者用金钱交换商品。消费者在购买商品时，不仅是看总效用是否达到最大，而且要看总效用与他付出的金钱之间的差额是否达到最大，即消费者剩余最大。消费者剩余的概念仍然是边际效用递减规律的运用。

三、替代效应和收入效应

1. 替代效应

替代效应是指当一种商品价格发生变动而其他商品价格不变，意味着这种商品相对其他商品而言变得便宜或昂贵了，从而消费者会增加或减少购买相对便宜或昂贵的商品以替代较昂贵或便宜的商品。例如，羊肉降价，牛肉价格不变，表明相对牛肉而言，羊肉变得便宜了，消费者会用羊肉的消费代替牛肉的消费。

2. 收入效应

收入效应是指由于商品价格变动而引起的消费者的实际收入发生变动，从而导致消费者对商品需求量的改变。例如，当苹果的价格为 10 元每 1 kg 时，消费者有 20 元钱可买 2 kg 的苹果。如果苹果的价格降为 5 元每 1 kg，那么同样的 20 元就可买 4 kg 的苹果，这就相当于他的实际收入提高了一倍。反之，如果苹果的价格上升，则表示他的实际收入下降了。正因为这样，某种商品价格的变动，会使消费者对商品的需求量产生变化。

综上所述，当一种商品价格下降时，消费者一方面会增购该商品，以替代别的商品；另一方面则会因为实际购买力增加而增购该商品。前一种效应叫替代效应，后一种效应叫收入效应。在价格下降过程中，这两种效应是同时发生作用的，两者之和是价格下降的总效应，称为价格效应。正是收入效应和替代效应的多样化，构成了千差万别的商品需求。

拓展阅读

预付消费的陷阱

王某在一家中介机构工作，平时由于工作太忙，缺乏锻炼，在一次年底体检时被医生告知身体已经严重透支，需要加强锻炼。于是他在家门口的一家健身机构办了会员卡，一年会费 6000 多元。刚办健身卡时，王某坚持每周去健身一次，但慢慢地他去的次数越来越少，中间由于各种原因，他好几个月都没去过。最近，他突然想起自己的健身卡即将到期，决定再继续加强锻炼。但是他到达健身房后，发现健身房已经关闭，店家给出的解决方案是会员可以转到另一家健身机构。但由于另一家健身机构离他家距离太远，因此他要求店家退款，但被工作人员告知无法退款，只能去新店健身。无奈之下，他只能向 12315 投诉。

王某的遭遇并非个例。据《2019 消费者满意度分析报告》显示，当前全国范围内预付费文化娱乐体育等服务类投诉越来越多，尤其是健身服务成重灾区，2019 年前三个季度健身服务类投诉达 11 604 件，而健身服务类投诉仅是我国消费者投诉的一个缩影。现实经济生活中，消费纠纷时有发生，只有买卖双方在相关法律法规的制度约束下，积极协商，妥善解决，才可以实现消费者与商家的双赢。

本 章 小 结

欲望是人们想要得到而又没有得到某种东西的一种心理状态，它是研究消费者消费行为的出发点。效用是指消费者从某种商品或劳务的消费中得到的满足程度。效用有总效用和边际效用之分。偏好是消费者根据自己的喜好对可能消费的不同商品组合的效用大小的排列，它直接反映消费者个人的兴趣和嗜好。

基数效用论认为效用是可以计量并加总求和的，它采用边际效用来分析消费者行为。序数效用论认为效用只能用序数度量，而不能确切地说出各种商品的效用到底是多少。序数效用论采用无差异曲线来分析消费者行为。

边际效用递减规律是指当消费者连续增加同一商品消费时，他从增加的商品中所获得的边际效用越来越小。消费者剩余是指消费者对一件商品所付的价格，少于他为得到此物而愿意支付的价格的差额。

无差异曲线是用来表示两种商品的不同数量的组合对消费者产生的总满足程度是完全相同的一条曲线。它是一条向右下方倾斜的曲线；在同一平面上，任意两条无差异曲线是不能相交的。预算线又称消费可能线，是一条表明在消费者收入和价格水平既定的条件下，消费者所能购买到的两种商品数量最大组合的线。

在序数效用论中，无差异曲线与预算线的切点是消费者均衡点。预算线变化，消费者均衡点必变化，而预算线又是由消费者的收入和商品的价格决定的，所以消费者的收入和商品价格的变动曲线会对消费者均衡点产生影响。

练 习 题

一、名词解释

效用　总效用　边际效用　无差异曲线　边际替代率　预算线　消费者均衡

二、单项选择题

1.若某消费者消费了2单位某商品后，其边际效用为0，则此时（　　）。

A.消费者获得了最大平均效用　　B.消费者获得的总效用最大

C.消费者获得的总效用最小　　D.消费者获得的总效用为负

2.无差异曲线被用于说明（　　）。

A.消费者的偏好　　B.消费者的收入

C.商品价格　　D.以上答案都正确

3. 预算线的位置和斜率取决于 (　　　)。

A. 消费者的收入　　　　　　　B. 消费者的预期

C. 消费者的偏好　　　　　　　D. 消费者的收入和商品的价格

4. 预算线向右上方平行移动的原因是 (　　　)。

A. 商品 X 的价格下降

B. 商品 Y 的价格下降

C. 商品 X 和 Y 的价格按同样的比率下降

D. 商品 X 的价格上升

5. 消费者剩余是 (　　　)。

A. 消费者过剩的产品

B. 消费者得到的总效用

C. 消费者愿意支出的金额与实际支出的差额

D. 支出货币的总效用

三、简答题

1. 什么是边际效用递减规律？为什么存在边际效用递减规律？

2. 无差异曲线有何特点？

3. 怎样理解消费者均衡？

4. 简述基数效用论和序数效用论的关系。

第四章　　生产理论

【知识目标】

(1) 了解基本的生产函数；

(2) 掌握总产量、平均产量、边际产量等重要概念、相关关系及其计算；

(3) 掌握边际报酬递减规律；

(4) 掌握等产量线、等成本线、生产者均衡的含义、条件及其图示；

(5) 掌握经济学对各项成本的定义及其计算；

(6) 掌握各项成本之间的关系及在图形上的反映；

(7) 掌握利润最大化的条件。

【技能目标】

能够运用边际报酬递减规律解释现实中的经济现象。

【素质目标】

能够结合利润最大化的条件给出简单的经济学建议。

【引入案例】

银行的人工出纳、自动柜员机和电子银行

　　当技术的进步诞生出一种高生产率的新资本品时，若其边际产量与价格之比大于其他投入要素，如某类劳动力的边际产量与价格之比，且新资本品是劳动力的替代品而非互补品，那么企业将会用新资本品替代该类劳动力。在银行业，自动柜员机 (ATM) 取代了部分人工出纳，而移动支付则正在取代人工出纳和自动柜员机。

　　自动柜员机只有几十年的历史，在 20 世纪末迅速普及全球。自动柜员机的边际产量极高，一台机器每天可以处理几千笔交易。自动柜员机可以办理取款、存款和转账业务。尽管对银行来说，购买和安装自动柜员机很贵，但自动柜员机每天能工作 24 小时，便于消费者使用，且每笔交易成本大大低于人工成本，不会怠工，也不会辞职。与人工出纳不同，自动柜员机可以放在银行，也可以放在繁华的街角、大学和超市。

同一银行卡可在中国的自动柜员机上提取人民币，也可在美国的自动柜员机上提取美元；在东京的自动柜员机上提取日元；在德国的自动柜员机上提取欧元。

边际产量更高、相对价格更低的自动柜员机减少了银行对人工出纳的需求。随着电子银行的兴起及移动支付的井喷式发展，现金交易明显减少，银行对自动柜员机的采购量急剧放缓。自2017年起，国内自动柜员机新增装机量呈断崖式下降，有些区域甚至出现零增长。社会在得到更便捷的银行服务的同时，还得到了被取代的劳动要素所生产的更多其他产品。

思考：试用经济学理论解释自动柜员机替代人工出纳的现象；自动柜员机的边际产出有哪些？银行的人工出纳会被自动柜员机或移动支付完全取代吗？为什么？

第一节 企业概述

企业又可称作厂商，是指以盈利为目的，从事生产或经营活动，向社会提供商品或服务，并能自主做出经营决策的经济组织。企业是市场上资本、土地、劳动力、企业家才能等生产要素的提供者或购买者，又是各种消费品的生产者和消费者，是最重要的市场主体。

一、企业的主要组织形式

按照企业的组织形式和所承担的法律责任的不同，可将企业的组织形式划分为个人独资企业、合伙制企业和公司制企业。

1. 个人独资企业

个人独资企业也称个人业主制企业，是指只有一个所有者（业主）的企业。这种企业的所有者承担无限责任。无限责任是指企业要以自己的全部财产对企业的所有债务承担法律上的责任。如果一个单人业主无力偿还其债务，该企业的债权人就有权占有该单人业主的个人财产。

个人独资企业的优点是建立和歇业程序十分简单易行，产权能够自由转让，经营灵活、决策迅速，经营者与产权关系紧密。其缺点主要有：

(1) 企业本身财力有限，获得贷款的能力较差，难以从事需要大量投资的大规模工商业活动；

(2) 如果业主无意经营或者死亡，企业的业务就会中断。

2. 合伙制企业

合伙制企业是指两个或两个以上具有无限责任的所有者的企业。企业合伙人共同监督和管理，共同分享企业所得，并共同对企业债务承担无限责任。

合伙制企业的优点主要有：

(1) 可以有众多合伙人共同投资，其资本规模较个人独资企业大；

(2) 合伙人共负偿债责任，减少了向其提供贷款者的风险，筹资能力比个人独资企业强；

(3) 合伙人对企业的盈亏负有完全责任，这有助于增强合伙人的经营责任心，提高企业信誉。

合伙制企业难以克服的缺点主要有：

(1) 建立合伙制、接纳新合伙人的谈判程序和法律程序复杂，且筹资者限于少数合伙人，限制了资金的筹集；

(2) 合伙人在经营决策上容易产生意见分歧，在经营活动中容易发生道德风险；

(3) 当企业经营失败时，合伙人要负连带责任，会增加合伙人的风险。

3. 公司制企业

公司制企业是指按照法律规定设立和经营的具有法人资格的厂商组织，是现代企业最重要的组织形式。企业由股东所有，股东按出资额对企业债务承担有限责任，主要利用债券和股票来筹集资金。公司制企业有效地实现了出资者所有权和管理权的分离，具有筹资范围广泛、投资风险有限、组织制度科学、组织形式相对稳定、管理团队专业等突出优点。在我国，公司制企业主要包括有限责任公司和股份有限公司。但公司制企业尤其是股份有限公司设立程序相对复杂，所有权与管理权的分离会带来一系列的问题。

(1) 有限责任公司。有限责任公司是指由50人以下的股东共同出资，每个股东以其所认缴的出资额对公司承担有限责任，公司以其全部资产对其债务承担责任的经济组织。其优点是公司的设立和解散程序比较简单，内部管理机构设置灵活，不必向社会披露财务状况；缺点是不能公开发行股票，筹集资金范围和规模都较小，一般适合于中小企业。

(2) 股份有限公司。股份有限公司是指全部注册资本由等额股份构成并通过向公众发行股票筹集资本，公司以其全部资产对其债务承担有限责任的法人企业。股份有限公司的设立和解散有严格的法律程序，组织机构严密，筹资规模大，必须向公众披露经营状况，一般适合于大中型企业。

二、企业的本质

美国经济学家罗纳德·哈里·科斯在《企业的性质》一书中，对企业性质做了经济学解释，把企业的性质定义为不同于市场的资源配置机制。企业的本质是对市场机制的替代。

在市场经济活动中，交易关系是最基本的经济关系。市场配置资源的价格机制的运行是有成本的，市场运行也存在费用，即交易费用(成本)。交易费用是市场机制的运行成本，即利用市场的交换手段进行交易的费用，包括搜寻交易对象与了解交易价格的成本，讨价

还价及签订契约 (合同) 的成本，监督契约执行与制裁违约行为的成本等。企业的产生和存在，正是内部管理协调代替市场交换且能够降低交易费用的必然结果。也就是说，通过企业组织生产的交易费用低于通过市场组织生产的交易费用，企业才得以产生。

市场和企业是配置资源的两种可相互替代的手段，二者的不同表现在：市场上资源的配置由价格机制来调节，而企业内则是通过管理协调来完成。企业的边界由交易费用决定，当扩大企业规模，企业内的交易费用低于市场交易费用时，企业则得以扩展，直至两者的交易费用相等时为止。交易通过企业或市场的不同形式完成可导致不同的交易费用，这些交易费用的产生是由于信息的不对称 (或信息的不完全性) 和交易双方的利己性造成的。

概括言之，企业其实就是不同于市场的交易组织，企业作为市场的替代物，能够降低市场的交易费用，这既是企业产生的原因，亦是企业的性质。

此外，西方经济学现代企业性质理论认为，企业是由一系列契约关系所构成的联合体，企业的本质是各种生产要素所有者之间契约的集合，企业是所有这些契约的建立过程和执行过程的总和。

三、企业的目标

企业的生产经营活动具有一定的目的性，即生产经营的产品或供给的服务要符合市场的需求，销售产品或服务所取得的收入能补偿生产经营和销售过程的耗费支出，并且能使企业获得盈利。

营利是企业的基本目标，是市场经济中作为市场主体的企业进行生产经营活动的基本动力，是企业实现其他一系列目标的根本保证。根据市场经济竞争生存的原则，只有以营利为目标的企业才能得以生存和发展，否则最终将因亏损而被市场淘汰。

在市场经济中，营利既是企业的目标，也是企业生存、发展的基础。企业有了利润，才能不断发展壮大，也才能为国家缴纳税金、为企业股东分红、为员工提供就业机会。但是，营利不能成为企业的唯一追求。在中外企业发展史上，不乏规模巨大、盈利高速增长的企业，但是要成为一家伟大的企业，除了在商业上取得成功之外，其抱负还应超越简单的赚钱逻辑，要上升到使社会更美好的层面。

社会是企业持续健康发展的沃土，任何企业都不能脱离社会的发展而独善其身。企业的社会责任，就是企业在创造利润、对股东和员工承担法律责任的同时，还要承担对消费者、社区和环境的责任。企业因创造财富而成长，因承担责任而更具发展价值。企业履行其社会责任，不仅对生态环境保护、资源合理利用、地区经济发展具有积极的社会价值，也有助于提升企业的形象声誉、品牌竞争力和市场认可度，促进商业上的成功，进而实现良性循环。

因此，如何把商业成功和社会责任结合起来，平衡好追求利润与社会责任之间的关系，是每一家企业成长过程中不能回避的问题。

> ### 阅读与思考
>
> #### 企业的目标只有营利吗？
>
> 曹德旺于 1985 年创建了福耀玻璃，他改变了中国汽车玻璃行业的发展历程。以"为中国人做一片自己的玻璃"作为发展目标，福耀公司在 1985 年成为第一个进入汽车玻璃行业的中国企业，并彻底改变了中国汽车玻璃市场由国外品牌垄断的历史。如今，福耀公司生产的汽车玻璃占中国汽车玻璃市场 70% 的市场份额，同时挺进了竞争激烈的海外市场，成为世界第二大汽车玻璃厂商。曹德旺认为，企业家的责任有三条：国家因为有你而强大，社会因为有你而进步，人民因为有你而富足。做到这三点，才能无愧于企业家的称号。
>
> **问题：** 我们该如何理解企业经营的目标呢？

》》》 第二节 生产和生产函数 《《《

企业生产是把投入要素转变为市场需求的产出（产品或劳务）的过程。生产决策分析的首要任务就是研究如何用最少的投入取得最大的产出。了解实现这种高效转变过程所依据的经济学原理，有助于经济人员"建立理性的决策思路"。

与消费者选择相似，生产者选择也取决于两方面的因素：一是生产技术状况；二是生产要素成本。生产技术是生产者在进行生产活动中所具备的物质技术条件，而生产成本则是生产者从事这一活动所具备的社会经济条件。在消费者选择理论中，研究的是消费者如何在既定的收入下达到效用极大化；而在生产者选择理论中，讨论的是生产者（企业）如何在达到既定的产量时使成本最小化。

一、生产要素

通常，西方经济学把生产过程中的投入称为生产要素。生产要素一般可以划分为劳动、资本、土地和企业家才能这四种类型。劳动指人们在生产过程中以体力和脑力的形式提供的各种劳务。资本指生产过程中投入的物品和货币资金等，如厂房、机器设备、动力燃料和流动资金等。土地不仅指土地本身，还包括地上的河流、森林，地下的矿藏等，即土地泛指一切自然资源。企业家才能指企业家建立、组织和经营企业所表现出来的能力。厂商通过把这些要素组合在一起，从而生产出有形和无形的产品。

二、生产函数的定义

生产函数是指在一定时期和一定的技术水平条件下，各种生产要素投入量的组合与所能产出的最大产量之间的对应关系。生产函数的一般数学表达式为

$$Q = f(a, b, c, \cdots, n)$$

式中：Q 为产量；$a, b, c, \cdots, n$ 为诸投入要素（如原材料、资金、劳动量等）。

生产中使用的四种生产要素分别用以下符号表示：L 代表劳动，K 代表资本，N 代表土地，E 代表企业家才能。那么，生产函数的公式可以表示为

$$Q = f(L, K, N, E)$$

如果只考察劳动和资本对产出的影响，则生产函数的公式可以简写为

$$Q = f(L, K)$$

通过对生产函数的分析，寻找最优的投入与产出关系，以确定最优的投入要素的数量组合，使生产的成本最低或利润最大。这对当前企业深化改革中的盘活存量、资产重组等的顺利进展，提供了正确决策的理论依据。

三、生产函数的类型

生产函数分为短期生产函数与长期生产函数，这是由投入要素在一定时期内所显示的静态与动态的特性决定的。时期的长短不是时间的物理概念，而是相对于具体的生产过程中投入要素是否发生了变化而言的。对于不同性质的生产过程，时间长短的尺度可能是不一样的。

1. 短期生产函数

短期生产函数是指只有一种投入要素（如劳动力或原材料等）的数量是可变的，显示动态，其他投入要素（如厂房、机器设备等）的数量不变，显示静态，研究一种生产要素的连续增加对产量的影响的函数。所以，短期生产函数又称为单变量生产函数。短期生产函数主要研究产出量与投入的变动要素之间的关系，以确定单一可变要素的最佳投入量。

2. 长期生产函数

长期生产函数是指所有投入要素的数量都可能发生变化，不存在固定不变的要素，研究几种生产要素连续增加对产量的影响的函数。所以，长期生产函数又称为多变量生产函数。长期生产函数主要研究产出量与所有投入要素之间的关系，以确定多种要素之间的最优化组合，并对生产规模的大小进行经济性分析。

知识链接

常见的生产函数

1. 线性生产函数

线性生产函数形式为

$$Q = aL + bK$$

式中，Q 为产量，a、b 分别为大于零的常数，L 为劳动的投入量，K 为资本的投入量。

2. 柯布－道格拉斯生产函数

柯布－道格拉斯生产函数是由美国数学家柯布和经济学家道格拉斯于 20 世纪 30 年代根据美国 1899—1922 年的工业生产统计资料得出的这一时期美国的生产函数。该生产函数被认为是一种很有用的生产函数，因为其以简单的形式描述了经济学家所关心的一些性质，在经济理论分析和实证研究中都具有一定意义。该生产函数的形式为

$$Q = AL^{a}K^{\beta}$$

式中：Q 为产量；L 和 K 分别为劳动和资本的投入量；A、α 和 β 为三个参数，均为常数；A 被认为代表既定的技术水平，$0 < \alpha$、$\beta < 1$。

柯布－道格拉斯生产函数中的参数 α 和 β 的经济含义是：当 $\alpha + \beta = 1$ 时，α 和 β 分别表示劳动和资本在生产过程中的相对重要性，α 为劳动所得在总产量中所占的份额或劳动的产出弹性，β 为资本所得在总产量中所占的份额或资本的产出弹性。

根据柯布和道格拉斯对美国 1899—1922 年的工业生产统计资料的分析和估算，A 为 1.01，α 约为 0.75，β 约为 0.25。这表明，在这一期间的总产量中，劳动所得的相对份额为 75%，资本所得的相对份额为 25%。根据统计资料的验证，这个估算是符合实际情况的。

在这一生产函数中，当劳动量与资本量增加 λ 倍，产量也增加 λ 倍时，则有

$$A(\lambda L)^{a}(\lambda K)^{\beta} = \lambda AL^{a}K^{\beta} = \lambda Q$$

所以，柯布－道格拉斯生产函数为齐次方程。

>>> 第三节 短期生产函数 <<<

假定其他投入要素的投入量不变，只有一种投入要素的数量可变，那么研究这种投入要素的最优使用量（即这种使用量能使企业的利润最大）就属于短期中技术效率要研究的

问题，这类问题在短期决策中经常遇到。例如，在短期内，现有企业的厂房、设备都无法变更，若想要增加产量，则只有增加劳动力，那么增加多少劳动力才是最优的呢？为了探讨这个问题，需要先从总产量、平均产量和边际产量这三者的相互关系谈起。

一、短期生产函数的公式

由生产函数 $Q = f(L, K)$ 出发，假定资本投入量是固定的，用 $\overline{K}$ 表示；劳动投入量是可变的，用 L 表示，则短期生产函数的公式可以写成

$$Q = f(L, \overline{K})$$

或者

$$Q = f(L)$$

该公式表示：在资本投入量固定时，由劳动投入量变化所带来的最大产量的变化。

二、总产量、平均产量和边际产量的定义和公式

总产量是指与一定量的某种可变要素（劳动）的投入相对应的最大产量。总产量用 $\mathrm{TP_L}$ 或 Q 表示，其公式为

$$\mathrm{TP_L} = Q = f(L, \overline{K}) = f(L)$$

平均产量是指总产量与所使用的可变要素（劳动）的投入量之比。平均产量用 $\mathrm{AP_L}$ 表示，其公式为

$$\mathrm{AP_L} = \frac{\mathrm{TP_L}(L, \overline{K})}{L} = \frac{Q}{L}$$

边际产量是指每增加一单位可变要素（劳动）投入量所带来的总产量的增量。边际产量用 $\mathrm{MP_L}$ 表示，其公式为

$$\mathrm{MP_L} = \frac{\Delta \mathrm{TP_L}(L, \overline{K})}{\Delta L} = \frac{\Delta Q}{\Delta L}$$

或者

$$\mathrm{MP_L} = \lim_{\Delta L \to 0} \frac{\Delta \mathrm{TP_L}(L, \overline{K})}{\Delta L} = \frac{\mathrm{d}\mathrm{TP_L}(L, \overline{K})}{\mathrm{d}L} = \frac{\mathrm{d}Q}{\mathrm{d}L}$$

三、总产量、平均产量和边际产量之间的关系

总产量、平均产量和边际产量之间的关系如图 4-1 所示。图 4-1 中，横轴 L 代表劳动投入，纵轴 Q 代表产量。

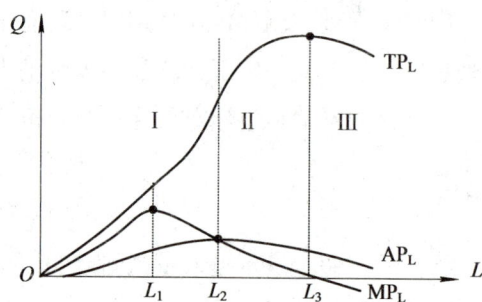

图4-1　总产量、平均产量和边际产量之间的关系

从图 4-1 可以看出，总产量、平均产量和边际产量之间的相互关系具体表现为：

(1) 随着劳动量的增加，最初总产量、平均产量和边际产量都递增，但各自增加到一定程度后就分别递减。边际产量 MP_L 最先达到最大，然后开始递减；接着平均产量 AP_L 达到最大，然后开始递减；最后总产量 TP_L 达到最大，然后开始递减。

(2) 边际产量曲线 (MP_L) 与平均产量曲线 (AP_L) 相交于 AP_L 的最高点。相交之前，$MP_L > AP_L$，AP_L 递增；相交之后，$MP_L < AP_L$，AP_L 递减；在相交点，$MP_L = AP_L$，AP_L 达到最大值。

(3) MP_L 到达最高点之前，由于边际产量递增，总产量 TP_L 以递增的速度在增加；MP_L 从最高点到等于零之前，TP_L 以递减的速度在增加；当 $MP_L = 0$ 时，总产量 TP_L 最大；当 $MP_L < 0$ 之后，总产量 TP_L 递减。

四、边际报酬递减规律

由图 4-1 可以看出，对一种可变生产要素的生产函数来说，边际产量表现出先上升而最终下降的特征，这一特征被称为边际报酬递减规律。

边际报酬递减规律是指在技术水平和其他生产要素投入固定不变的情况下，随着一种可变生产要素投入的增加，总产品的增量即边际产量在超过某一点之后将出现递减趋势。

边际报酬递减规律是短期生产中的一条基本规律。例如，对于给定的 10 公顷麦田来说，在技术水平和其他投入不变的前提下，只考虑使用化肥的效果，如果只使用 1 kg 化肥，这 1 kg 化肥所带来的总产量的增加量即边际产量是很小的。但随着化肥使用量的增加，其边际产量会逐步提高，直至达到最佳的效果即最大的边际产量。但若超过化肥的最佳使用量后，继续增加化肥使用量，就会对小麦生长带来不利影响，化肥的边际产量就会下降。过多的化肥甚至会烧坏庄稼，导致负的边际产量。

边际报酬递减规律成立的原因在于，对于任何产品的短期生产来说，可变要素投入和固定要素投入之间都存在一个最佳的数量组合比例，起初，由于不变要素投入量给定，而可变要素投入量为零，生产要素的投入量远远没有达到最佳的组合比例。随着可变要素投入量的逐渐增加，生产要素的投入量逐步接近最佳的组合比例，相应的可变要素的边际产量呈现出递增的趋势。当生产要素的投入量达到最佳的组合比例，可变要素的边际产量达到最大值。在边际产量达到最大值后，随着可变要素投入量继续增加，生产要素的投入量越来越偏离最佳的组合比例，相应的可变要素的边际产量便呈现出递减的趋势。

五、短期生产函数分析的应用

　　既然存在生产要素的边际报酬递减规律，企业在使用生产要素组织生产时该如何选择其最佳的投入区域呢？为了解决这个问题，可以根据总产量曲线、平均产量曲线以及边际产量曲线的变动，把生产过程的变化划分成三个区域（见图4-1），以决定一种可变生产要素的最佳投入。

　　(1) 第Ⅰ阶段，劳动平均产量递增阶段。产量曲线的特征为：劳动的平均产量始终是上升的，且达到最大值；劳动的边际产量上升达到最大值，且劳动的边际产量始终大于劳动的平均产量；劳动的总产量始终是增加的。在这一阶段，不变要素资本的投入量相对过多，生产者增加可变要素劳动的投入量是有利的，任何理性的生产者都不会在这一阶段停止生产，而是连续增加可变要素劳动的投入量。

　　(2) 第Ⅱ阶段，劳动平均产量递减阶段。产量曲线的特征为：劳动的平均产量开始不断减少；劳动的边际产量继续减少，而且总是小于劳动的平均产量但仍然大于零；劳动的总产量继续增加，并达到最高点。在这一阶段，可变要素劳动的投入量继续增加，边际产量介于劳动的最大平均产量与零之间，总产量上升到最大值，理性的生产者会继续增加劳动的投入量来增加总产量。

　　(3) 第Ⅲ阶段，劳动总产量递减阶段。产量曲线的特征为：劳动的边际产量继续减少降为负值，劳动的平均产量继续下降，劳动的总产量也呈现下降趋势。在这一阶段，可变要素劳动的投入量相对过多，生产者减少可变要素劳动的投入量是有利的。因此，这时即使劳动要素是免费供给的，理性的生产者也会通过减少劳动投入量来增加总产量，以摆脱劳动边际产量为负值和总产量下降的局面，因此，第三阶段被称为生产投入的禁区。

　　综上所述，第Ⅱ阶段是生产者在短期生产中对生产要素合理投入的区域。在该区域具体哪一点上的投入最合理，需视企业的目的和要求而定。如果企业不考虑单位产品的成本，只追求最大产量，则边际产量曲线 (MP_L) 与横轴交叉点是生产要素的合理投入点。因为，此时总产量达到最大。如果企业不求获得最大产量，只追求单位产品的劳动成本最低，则过边际产量曲线 (MP_L) 和平均产量曲线 (AP_L) 的交叉点，与横轴垂直相交点便是生产要素的合理投入点。因为此时平均产量最大，以至于单位产品的劳动成本最低。企业要获得最大利润的最佳投入量需结合成本、收益和利润来进行深入分析。

养鸡场生产的三个阶段

有个老板投资建设了一个养鸡场。经过几个月的辛苦劳动，鸡终于下蛋了。开始的时候，鸡下的蛋比较少，三天才下一个蛋。

养鸡场的老板想，如果多给鸡喂点食，那么它下的蛋肯定更多。于是他便加大了每天给鸡喂食的量，鸡下的蛋果然也比以前多了许多。很快就增加到了一天下一个蛋。"人心不足蛇吞象"，老板还不知足，希望鸡下的蛋越多越好，于是继续加大给鸡喂食的量。结果，母鸡越长越肥，蛋却越下越少，后来甚至都不下蛋了。

问题：通过不断增加鸡的喂食量，鸡蛋的产量经历了先增后减的情况，从经济学的角度该如何理解这种现象呢？

>>> 第四节　长期生产函数 <<<

一、长期生产函数的公式

假定厂商进行长期生产时，可以调整所有生产要素投入量。长期内，所有生产要素的投入量都是可变的。因此，多种可变生产要素的长期生产函数为

$$Q = f(X_1, X_2, \cdots, X_m)$$

式中，Q 为产量，$X_i(i=1, 2, \cdots, m)$ 为第 i 种可变要素的投入量。

该生产函数表示，长期内，在技术水平不变的情况下，由 m 种可变生产要素投入量的一定组合所能生产的一种产品的最大产量。

假定生产某种产品只投入两种可变生产要素，即劳动 L 和资本 K，则两种可变生产要素的长期生产函数为

$$Q = f(L, K)$$

如果需要，可以很方便地将两种可变生产要素的生产函数推广至多种可变生产要素。

二、等产量曲线

等产量曲线又称等产量线，指在技术水平不变的条件下，生产同一产量的两种生产要素投入量的各种不同组合点的轨迹。

假设有劳动 (L) 和资本 (K) 两种生产要素，它们有 A、B、C、D 四种组合方式，这四

种组合方式都能生产出相同的产量，如表 4-1 所示。

表4-1　劳动和资本的四种组合方式表

组合方式	劳动(L)	资本(K)
A	1	6
B	2	3
C	3	2
D	6	1

根据表 4-1，可以做出等产量曲线如图 4-2 所示。

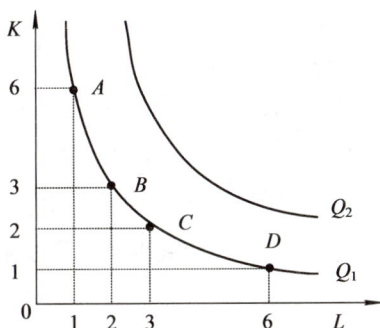

图4-2　等产量曲线

图 4-2 中，横坐标 L 代表劳动量，纵坐标 K 代表资本量，Q_1 和 Q_2 代表等产量曲线。由等产量曲线的含义可知，等产量曲线上任意一点所代表的 L 与 K 不同数量的组合都能生产出相等的产量。

在使用等产量曲线这一分析工具时，相互配合的两个可变投入和产出假定都为无限可分，因此，等产量曲线可以是无限的，图 4-2 中画出的 Q_1、Q_2 两条等产量曲线，不过是无数等产量曲线中的两条而已。

等产量曲线与无差异曲线具有类似的几何性质。它具有如下特点：

(1) 等产量曲线是一条向右下方倾斜的曲线，其斜率为负数。这表明，在总成本和要素价格既定的条件下，生产者要想得到相同的产量，在增加一种要素的投入时，就必须减少一定量的另一种要素的投入。两种要素的投入不能同时增加或减少。

(2) 在同一坐标平面上有无数条等产量曲线。不同的等产量曲线代表不同的产量，距离坐标原点越远的等产量曲线所代表的产量越多。

(3) 在同一坐标平面上任意两条不同的等产量曲线不能相交。因为在交点上的两条等产量曲线代表了相同的产量水平，这与第二个特征相矛盾。

(4) 等产量曲线是一条凸向坐标原点的曲线。等产量曲线之所以凸向坐标原点，是因为边际技术替代率的存在。

三、边际技术替代率

边际技术替代率是指在保持产量不变的情况下，一种生产要素投入的增加量与相应的另一种生产要素投入的减少量的比率。其公式为

$$MRTS_{LK} = -\frac{\Delta K}{\Delta L} = -\frac{dK}{dL}$$

边际技术替代率呈递减的趋势，这种趋势称为边际技术替代率递减规律，指在维持产量不变的前提下，当一种生产要素的投入量不断增加时，每一单位的这种生产要素所能替代的另一种生产要素的数量是递减的。

边际技术替代率递减的主要原因在于：任何一种产品的生产技术都要求各要素投入之间有适当的比例，这意味着要素之间的替代是有限的。以劳动和资本两种要素投入为例，在劳动投入量很少和资本投入量很多的情况下，减少一些资本投入量可以很容易地通过增加劳动投入量来弥补，以维持原有的产量水平，即劳动对资本的替代是很容易的。但是，在劳动投入增加到相当多的数量和资本投入量减少到相当少的数量的情况下，再用劳动替代资本就很困难。

由边际技术替代率的定义可知，等产量曲线上某一点的边际技术替代率就是等产量曲线在该点的斜率的绝对值，又由于边际技术替代率是递减的，所以，等产量曲线的斜率的绝对值是递减的，即等产量曲线是凸向原点的。

四、等成本线

等成本线是指既定的成本可以购买到的各种生产要素数量的最大组合。

例如，总成本 C 为 100 单位，劳动要素价格 P_L 为 20 单位 / 个，资本要素价格 P_K 为 10 单位 / 个。如果全部购买劳动要素 Q_L，可购买 5 个，如果全部购买资本要素 Q_K，可购买 10 个。根据这组数据，可以做出总成本 100 单位的等成本线 AB，如图4-3所示。

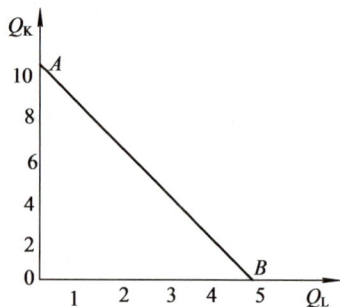

图4-3　等成本线

等成本线上的任何一点都代表了成本一定时生产要素的不同组合。在生产要素价格不变的条件下，同一成本所能购买到的生产要素的各种最大组合，必然在等成本线上。线内的任何一点虽然可以实现，但表示用既定的全部成本购买该点的劳动和资本的组合以后还有剩余，并不是生产要素的最大组合；线外的任何一点，表示用既定的全部成本购买该点的劳动与资本的组合是不够的；唯有等成本线上的任何一点，表示用既定的全部成本刚好购买到的劳动和资本的组合。

五、生产者均衡

企业在生产过程中总是追求成本既定条件下的产量最大化，或者产量既定条件下的成本最小化，所谓的生产者均衡就是企业所追求的最理想和最完美的生产状态。

1. 在成本既定的条件下如何实现产量最大化

如图4-4所示，横坐标轴表示劳动 (L) 投入量，纵坐标轴表示资本 (K) 投入量。等成本线 AB 与三条等产量曲线中的 Q_2 相切于 E 点，该点就是生产的均衡点。它表示：在成本既定的条件下，企业应该按照 E 点的生产要素组合进行生产，即劳动投入量和资本投入量分别为 OL_1 和 OK_1，这样，企业就能获得最大的产量。

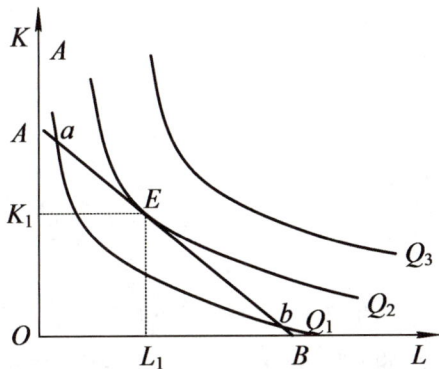

图4-4　成本既定产量最大的要素组合

2. 在产量既定的条件下如何实现成本最小化

如图4-5所示，横坐标轴表示劳动 (L) 投入量，纵坐标轴表示资本 (K) 投入量。等产量曲线 Q 与三条等成本线中的 A_2B_2 相切于 E 点，E 点是生产的均衡点或最优要素组合点。它表示：在既定的产量条件下，生产者只有选择 E 点的生产要素组合 (OK、OL) 才能实现最小的成本。这是因为，等成本线 A_3B_3 虽然代表的成本较低，但它与既定的等产量曲线 Q 既无交点又无切点，无法实现等产量曲线所代表的产量；等成本线 A_1B_1 虽然与既定的等产量曲线 Q 相交于 a、b 两点，但它代表的成本过高，通过沿着等产量曲线 Q 由 a 点向

E 点或者由 b 点向 E 点的移动，都可以获得相同的产量而使成本下降。所以，只有切点 E，才表示在既定的产量条件下实现最小成本的要素组合。

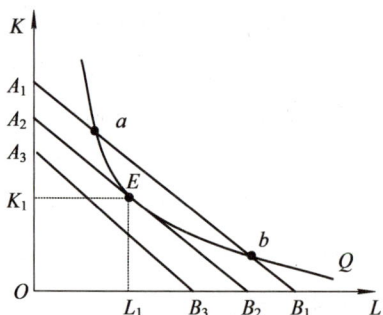

图4-5　产量既定成本最小的要素组合

知识链接

　　银行之所以会使用自动柜员机，是因为其边际产量与价格之比大于人工出纳的边际产量与价格之比。自动柜员机不会完全取代人工出纳，当自动柜员机的边际产量与价格之比小于人工出纳的边际产量与价格之比时，银行会减少使用自动柜员机而增加人工出纳，直到两者的边际产量与价格之比相等。

六、规模报酬与适度规模

1. 规模报酬

　　规模报酬是指在技术水平和生产要素价格不变的条件下，所有生产要素的投入量同时按同一比例增加或减少所引起的产量变动。比如，某酒店日接待顾客 500 人，需要投入资本 20 个单位，劳动 30 个单位。现因酒店规模扩大，需要投入资本 40 个单位，劳动 60 个单位，即资本和劳动都增加了一倍，这时接待顾客的情况有三种：一是每天接待的顾客不到 1000 人；二是每天接待的顾客也增加一倍，即 1000 人；三是每天接待的顾客超过 1000 人。这三种情况就是规模报酬变动的三个阶段。

2. 规模报酬变动的三个阶段

　　(1) 规模报酬递增阶段。当产量增加的比例大于各种生产要素投入量增加的比例时，称为规模报酬递增。例如，当全部的生产要素劳动和资本都增加 100% 时，产量的增加大于 100%。产生规模报酬递增的主要原因是企业生产规模扩大所带来的生产效率的提高和成本的节约。

(2) 规模报酬不变阶段。当产量增加的比例等于各种生产要素投入量增加的比例时，称为规模报酬不变。例如，当全部生产要素劳动和资本都增加100%时，产量也增加100%。产生规模报酬不变的主要原因是生产规模仅仅是单纯量的增加，而生产效率并未因此发生变化。

(3) 规模报酬递减阶段。当产量增加的比例小于各种生产要素投入量增加的比例时，称为规模报酬递减。例如，当全部生产要素劳动和资本都增加100%时，产量的增加小于100%。规模报酬递减的主要原因是企业生产规模过大所带来的生产效率的下降，具体表现为生产的各方面协调难度增加、管理复杂化，内部合理分工弱化、决策执行不力以及生产运转不灵等。

阅读与思考

"三个和尚没水喝"中的规模报酬问题

山上有座小庙，庙里有个小和尚。小庙的主持安排他每天挑水、念经、敲木鱼，给观音菩萨案桌上的净水瓶添水，夜里不让老鼠来偷东西。不久，又来了个和尚，水的需求量也增加了，小和尚心想一个人去挑水太吃亏了，便要新来的和尚和他一起去抬水，这样总算还有水喝。后来，又来了个胖和尚，大家都在打着自己的小算盘，虽然很渴，但谁也不愿意主动抬水。大家各念各的经，各敲各的木鱼，观音菩萨面前的净水瓶没人添水，花草也枯萎了。夜里老鼠出来偷东西，谁也不管。结果老鼠猖獗，打翻烛台，燃起大火，将他们赖以生存的寺庙焚毁了。

问题："一个和尚挑水喝，两个和尚抬水喝，三个和尚没水喝。"从开始的一个和尚到后来的三个和尚，随着人力投入的增加，而产出却为什么没有增加？

3. 适度规模

随着企业生产规模的扩大，最初往往呈现规模报酬递增的现象，然后可能有一个规模报酬不变的阶段；如果企业继续扩大生产规模，会出现规模报酬递减的现象。因此，企业发展必须选择一个适度的生产规模，这样才能保证取得最大利润。

企业选择适度规模的原则是尽可能使生产规模处在规模报酬不变阶段。这是因为，如果一个企业的规模报酬是递增的，说明该企业的生产规模过小，此时应扩大规模以取得规模报酬递增的收益，直到规模报酬不变为止；如果一个企业的规模报酬是递减的，则说明该企业的生产规模过大，此时应缩小生产规模以减少规模过大的损失，直到规模报酬不变为止。

拓 展 阅 读

工业明胶空心胶囊留给我们的反思

自央视《每周质量报告》报道将废旧皮革制工业明胶生产药用胶囊事件以来，受到社会各界的广泛关注与强烈谴责。全国各省、自治区、直辖市紧急开展药用胶囊大检查工作。针对铬超标药用胶囊事件，公安机关已立案7起，依法逮捕犯罪嫌疑人9名，刑事拘留45人，查封非法生产线80条，查扣用工业明胶生产的胶囊7700余万粒。此事件危害之大、影响之深，令人发指。

《中华人民共和国药典》对明胶空心胶囊有明确的标准。按照食用明胶行业标准，食用明胶应当使用动物的皮、骨等作为原料，严禁使用制革厂靴制后的任何工业废料。然而，被该报道叫停的明胶空心胶囊采用的正是工业明胶。

企业本应以高质量的产品造福社会，以不断提高人民群众的生活质量。若一个企业违背了基本的企业道德，以假冒伪劣来增加盈利，到头来只会搬起石头砸自己的脚。所以，企业盈利一定要以符合社会利益为前提。

本 章 小 结

生产是把土地、劳动、资本、企业家才能这四种生产要素变为产品的过程，生产理论就是要分析各种生产要素投入量与产量之间的关系，从而达到以最小生产要素投入获得最大产出的目的。

在生产理论中，假设投入的生产要素为劳动与资本，当一种要素不变，另一种可变时，可变要素的合理投入范围可根据要素的边际报酬递减规律推知。在技术水平不变的情况下，当把一种可变的生产要素投入到一种或几种不变的生产要素中时，最初这种生产要素的增加会使产量增加，但当它的增加超过一定限度时，增加的产量将要递减，最终还会使产量绝对减少。这一规律即要素的边际报酬递减规律。它推导出一种生产要素的投入最少应达到平均产量最高，最多达到边际产量为零。

等产量曲线是表示两种生产要素的不同数量的组合可以带来同等产量的一条曲线。等成本曲线是一条表明在生产者的成本与生产要素价格既定的条件下，生产者所能购买的两种生产要素数量的最大组合的线。如果把等产量曲线与等成本曲线重合在一个图上，那么，等成本曲线必定与无数等产量曲线中的一条相切于一点。在这个切点上，就实现了生产要素的最适组合。

生产要素的最适组合的原则是：在成本与生产要素价格既定的条件下，应该使所购买的各种生产要素的边际产量与价格比例相等，即要使每一个单位货币无论购买何种生产要素都能得到相等的边际产量。

练习题

一、名词解释

生产函数　生产要素　平均产量　边际收益递减规律　等产量曲线　边际技术替代率

二、单项选择题

1. 下列选项中，(　　) 反映生产要素投入量和产出水平的关系。

A. 无差异曲线　　　　　　　B. 生产可能性曲线

C. 等成本线　　　　　　　　D. 生产函数

2. 对于短期生产函数而言，当总产量为最大值时，(　　)。

A. 平均产量为最大值　　　　B. 平均产量等于 0

C. 边际产量为最大值　　　　D. 边际产量等于 0

3. 对于短期生产函数而言，如果企业的目标是总产量最大化，当边际产量发生递减时，应该 (　　)。

A. 增加可变生产要素投入量

B. 减少可变生产要素投入量

C. 停止增加可变生产要素投入量

D. 同比例增加各种生产要素投入量

4. 在一条等产量线的各点上，(　　)。

A. 要素的组合比例不变　　　B. 要素的价格不变

C. 产量相同　　　　　　　　D. 产量与要素投入量呈反向变化

5. 等产量线向右平移，表明 (　　)。

A. 产量提高了　　　　　　　B. 成本增加了

C. 要素价格降低了　　　　　D. 要素价格按不同比例提高了

三、简答题

1. 边际产量递减规律与边际效用递减规律有何区别？

2. 简述无差异曲线理论与等产量曲线理论的异同。

第五章　成本与收益

【知识目标】

(1) 理解经济学中对成本的认识；

(2) 理解短期成本的分类并掌握其变动规律；

(3) 熟悉各类短期成本的关系；

(4) 掌握长期成本分析的理论；

(5) 掌握总收益、平均收益和边际收益的关系；

(6) 理解利润最大化原则。

【技能目标】

(1) 能够运用成本理论对企业生产经营活动进行分析；

(2) 能够运用利润最大化原则分析企业成本和收益行为。

【素质目标】

(1) 能够从经济学的角度建立成本意识；

(2) 提升对于企业经营最优状态的认识。

引入案例

养猪的成本与收益

宁波市价格监测与成本监审局监测数据显示 2018 年 12 月，宁波市生猪平均出场价格为 16.52 元 /kg，平均每头猪的收益为 2126.46 元，饲养成本为 1745.21 元，利润为 381.25 元，成本利润率为 21.85%。

同月，玉米批发价格为 1.95 元 /kg，猪粮比价为 8.47:1，低于浙江省的猪粮比价 8.55:1，按照《缓解生猪市场价格周期性波动调控预案》的规定，宁波市猪粮比价处于绿色预警区域，生猪价格处于正常状态。

思考：

(1) 什么是成本？什么是收益？什么是利润？

(2) 成本、收益、利润三者之间有何关系？

(3) 在我国，猪粮比价有何现实意义？

企业的生产过程既是要素投入的过程，也是产品产出的过程。生产理论从物质技术角度研究投入与产出的关系及规律，成本与收益理论从经济角度揭示投入与产出的关系及规律，是企业进行经营决策的基本理论依据。

第一节　成本概述

一、成本的概念

成本也称生产费用，是指企业在生产与经营中使用的各种生产要素的价格，或生产要素的所有者必须得到的报酬或补偿。在现实的经济活动中，由于分析目的不同，不同的人对于成本的理解存在差异。

二、会计成本与机会成本

经济学中的成本概念与会计学中的成本概念是有区别的。会计成本是指企业生产与经营中的各种实际支出，包括各种生产要素的价格和生产经营中所付的费用，连同厂房设备的折旧费等，这些支出一般可以通过会计账目反映出来。

经济学中的成本比会计成本的内涵丰富，它是企业为从事生产所投入的全部要素的机会成本，即厂商把既定的资源用于生产某种商品时，所放弃的使用同量资源在其他生产用途中所能得到的最高收入，是一种隐含的代价。

三、机会成本在企业决策中的作用

影响企业决策的成本是机会成本。机会成本包括显性成本与隐性成本两个部分。

1. 显性成本

显性成本又称支出成本，指企业在要素市场上购买或租用生产要素的实际支出。例如，企业开始生产时，需要雇用一定数量的工人，从银行取得一定数量的贷款，并租用一定数量的土地，为此，这个企业就需要向工人支付工资，向银行支付利息，向土地出租者支付地租，这些支出便构成了该企业在生产中的显性成本，要记入企业的会计账本。

2. 隐性成本

隐性成本又称非支出成本，指企业本身所拥有的并被用于本企业生产过程的生产要素的总价格。例如，为了进行生产，企业主动用自己的资本和土地，并亲自管理企业。既然借用他人的资本须付利息，租用他人的土地须付地租，聘用他人来管理企业须付薪金，那么，当企业使用自有的生产要素时，也应该得到报酬。所不同的是，现在企业并没有支付利息、地租和薪金的现实支出。所以，这部分看似不存在的支出也应该计入成本之中。例如，使用自己土地并直接进行经营管理劳动的厂商，如果他为别人从事管理工作可以得到5万美元的年薪，将其土地出租给别人可以得到年租金1万美元，那么这6万美元就是该企业的隐性成本。

知识链接

显性成本和隐性成本

假如你家有一个铺面，你用它开了一家杂货店，一年赚了5万元人民币，你很高兴。可用经济成本分析后，你恐怕就高兴不起来了。因为，你没有把隐性成本算进去。假定铺面出租，按市场价一年是2万元，你原来有工作，年收入也是2万元。那么，这4万元就是你自己经营的隐性成本。从经济学分析来看，这应该是成本，是你提供了自有生产要素房子和劳动理应得到的正常报酬，而在会计账目上没有作为成本项目计入。这样算的结果是你一年没有赚5万元，而是赚了1万元。如果再加上自己经营需要1万元的资金进货，这1万元的银行存款利息也是隐性成本。这样一算，自己经营就非常不划算，应该将铺面出租。但是如果你下岗了，且找不到高于年薪3万元的工作，还是自己经营为上策。

显性成本和隐性成本之间的区别说明了经济学家与会计师分析经营活动的不同。经济学家关心和研究企业如何作出生产和定价决策，因此当他们衡量成本时就包括了隐性成本，而会计师的工作是记录流入和流出企业的货币，因此他们只衡量显性成本，忽略了隐性成本。

3. 经济成本与会计成本

经济成本是指企业生产产品或提供劳务时对使用的生产要素所应该支付的代价，包括显性成本和隐性成本。会计成本指的是显性成本。经济学中的成本概念与会计学中的成本概念之间的关系，可以用下列公式表示为

$$经济成本 = 显性成本 + 隐性成本$$

$$会计成本 = 显性成本 = 经济成本 - 隐性成本$$

》》》 第二节 短期成本 《《《

一、短期成本的分类

1. 短期总成本

固定成本 (FC) 是指企业在短期内必须支付的固定生产要素的费用。它不随产量的变动而变动。例如，厂房设备的投资利息、折旧费和维修费，各种保险费以及企业暂时停产期间也要继续雇用的管理人员的工资和薪金，都是固定成本。

可变成本 (VC) 是指企业在短期内必须支付的可变生产要素的费用。它随产量的变动而变动。例如，企业支付给工人的工资，购进原材料、燃料等发生的费用支出，以及电力费、营业税和短期借款的利息等，都是可变成本。

短期总成本 (STC) 是指企业在短期生产中的固定成本与可变成本之和，用公式可以表示为

$$短期总成本 = 固定成本 + 可变成本$$

即

$$STC = FC + VC$$

由于固定成本必定大于零，所以短期总成本也必定大于零。

2. 短期平均成本

平均固定成本 (AFC) 是指企业在短期生产中平均单位产品所消耗的固定成本，即

$$AFC = \frac{FC}{Q}$$

式中，Q 表示产品产量。

平均可变成本 (AVC) 是指企业在短期生产中平均每单位产品所消耗的可变成本，即

$$AVC = \frac{VC}{Q}$$

式中，Q 表示产品产量。

短期平均成本 (SAC) 是指企业在短期生产中平均每单位产品所消耗的总成本。它等于平均固定成本与平均可变成本之和，表示为

$$短期平均成本 = 平均固定成本 + 平均可变成本$$

即

$$SAC = \frac{STC}{Q} = \frac{FC}{Q} + \frac{VC}{Q} = AFC + AVC$$

式中，Q 表示产品产量。

3. 短期边际成本

短期边际成本 (SMC) 是指企业在短期生产中每增加一单位产量所增加的总成本量，即

$$SMC = \frac{\Delta STC}{\Delta Q} = \frac{\Delta VC}{\Delta Q}$$

二、短期成本之间的关系

短期成本之间的相互关系见表 5-1。

表5-1 短期成本之间的相互关系

产量 Q	固定成本 FC	可变成本 VC	短期总成本 STC = FC + VC	短期边际成本 SMC = ΔSTC/ΔQ	平均固定成本 AFC = FC/Q	平均可变成本 AVC = VC/Q	短期平均成本 SAC = STC/Q
0	200	0	200	—	—	—	—
1	200	41	241	41	200	41	241
2	200	68	268	27	100	34	134
3	200	87	287	19	66.7	29	95.7
4	200	104	304	17	50	26	76
5	200	125	325	21	40	25	65
6	200	150	350	25	33.3	25	58.3
7	200	185	385	35	28.6	26.4	55
8	200	240	440	55	25	30	55
9	200	320	520	80	22.2	35.6	57.8

表 5-1 中的数字虽然是假设的，却是依据边际报酬递减规律假设出来的，符合经济分析中的成本随产量的增加先递减然后又递增的规律。

三、短期成本的变动规律

1. 短期总成本与固定成本和可变成本的关系

根据表 5-1 中的短期总成本、固定成本和可变成本的数据，可以绘出短期总成本曲线、固定成本曲线和可变成本曲线，如图 5-1 所示。

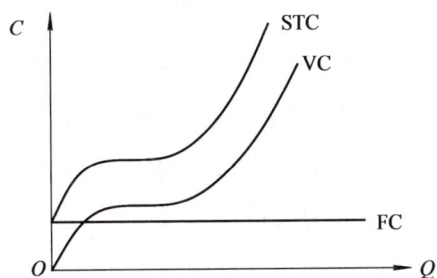

图5-1　短期总成本曲线、固定成本曲线和可变成本曲线

图 5-1 中，横轴 Q 表示产量，纵轴 C 表示成本。固定成本曲线 FC 是一条与横轴平行的线，说明固定成本不随产量的变动而变动，且总是大于零。

可变成本曲线 VC 是一条向右上方倾斜的曲线。因为可变要素的边际产量先递增后递减，所以可变成本随着产量的增加，先以递减的速度增加，而后以递增的速度增加，如图 5-1 所示。

短期总成本曲线 STC 是固定成本曲线和可变成本曲线的叠加。由此可见，短期总成本、固定成本、可变成本的变动规律是：固定成本不随产量的增加而增加，而短期总成本与可变成本都随产量的增加在开始时增加很快，然后增加较慢，最后又增加很快。

2. 短期边际成本与短期平均成本的关系

根据表 5-1 中的短期边际成本、平均固定成本、平均可变成本和短期平均成本的数据，可以绘制出短期边际成本曲线、平均固定成本曲线、平均可变成本曲线和短期平均成本曲线，如图 5-2 所示。

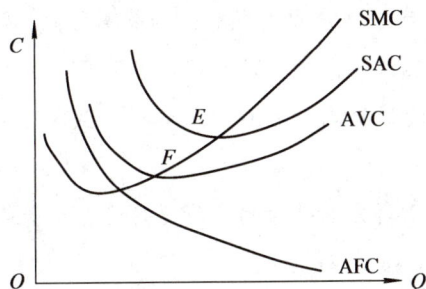

图5-2　各种平均成本与边际成本曲线

图 5-2 中，平均固定成本曲线 AFC 一直向右下方倾斜，开始比较陡峭，之后趋于平缓，这是因为 AFC = FC/Q，所以 AFC 与 Q 呈反比关系，与 FC 呈正比关系，而 FC 是个常数，因此当 Q 增加时，AFC 反而下降了。

平均可变成本曲线 AVC、短期平均成本曲线 SAC 和短期边际成本曲线 SMC 都是先下降而后上升，呈 U 字形。这表明该三种成本起初由于生产要素的效率逐渐得到发挥，使成本随产量的增加而减少，当它们各自减少到一定程度后，由于边际收益递减规律的作用，又使它们随产量的增加而增加。

短期边际成本曲线 SMC 与短期平均成本曲线 SAC 相交于 SAC 曲线的最低点 E。在相交之前，平均成本大于边际成本但不断减少；在相交之后，平均成本小于边际成本但不断增加；在相交的 E 点上，收益与短期平均成本相等。

短期边际成本曲线 SMC 与平均可变成本曲线 AVC 相交于 AVC 曲线的最低点 F。在相交之前，平均可变成本大于边际成本但不断减少；在相交之后，平均可变成本小于边际成本但不断增加；在相交的 F 点以下，收益不足以补偿平均可变成本。

图 5-2 中，AVC 随产量增加不断接近 SAC，是由于 SAC = AFC + AVC，即 SAC − AVC = AFC，而 AFC 是不断减少的。

阅读与思考

亏本的买卖还要做吗？

现实生活中，人们经常会看到一些厂商没有盈利甚至亏损，但依然在维持经营。如保龄球馆在淡季推出的优惠套餐，打保龄球的价格甚至低于成本。这是为什么呢？

从经济学角度来看，在短期，保龄球馆经营成本包括固定成本和可变成本。保龄球馆的场地、设备、管理人员的工资是短期内无法改变的固定投入；保龄球馆营业会支出一些可变成本，如电费、服务员的工资等。如果不营业，可变成本就不存在；如果营业量增加，可变成本也增加。保龄球馆在决定是否持续营业时，考虑的主要是可变成本。当打保龄球的价格高于平均可变成本时，保龄球馆仍会继续营业，因为除了可收回可变成本外，还可收回一部分固定成本；如果不营业，损失的将是全部固定成本。

有些行业，如旅游、餐饮等，经营的固定成本高而可变成本低，只要服务价格仍然高于平均可变成本，继续营业就会比不营业有利，至少可弥补部分固定成本，以实现损失最小化。

思考：从短期来看，厂商亏本经营的底线是什么？从长期来看，亏本的买卖厂商还要做吗？

第三节　长期成本

长期内，在企业控制下的所有投入要素都发生变动，所以不再有固定成本，要素投入组合选择的伸缩性只对没有按计划运作的企业有效。企业处于长期之中，但又在进行短期生产。一旦选定了工厂规模并调配了资源，企业就有了固定成本，便再度回到了短期。

每个规模的工厂都有不同的短期平均总成本曲线，不同规模工厂的短期平均总成本曲线又形成长期平均成本曲线。

长期成本都是可变的，没有固定成本和可变成本之分。具体而言，长期成本只有三种形式，即长期总成本、长期平均成本与长期边际成本。

一、长期总成本

1. 长期总成本的含义

长期总成本 (LTC) 是指企业在长期内改变生产规模以生产各种产量所需的最低成本。其中，最低成本是按最优要素组合进行生产所需要的成本。长期内，由于企业的生产规模处于经常性的调整、变化之中，因而长期总成本是各种支出组合的一个连续过程，也就是按扩展线所进行的支出，扩展线上的各点表示长期总成本。

长期总成本曲线分为三个阶段：先是以递增的增长率上升，然后再以递减的增长率上升，到达某点后，又开始以递增的增长率上升。长期总成本曲线如图 5-3 所示。

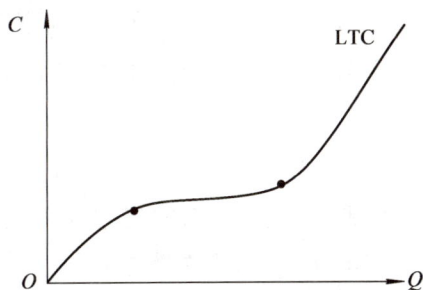

图5-3　长期总成本曲线

2. 长期总成本曲线与短期总成本曲线的关系

把无数条短期总成本曲线所表示的最优要素组合即最佳总成本点，用一条曲线连接起来，这条曲线就是长期总成本曲线。所以，长期总成本曲线也叫做短期总成本曲线的包络曲线。

长期总成本曲线和短期总成本曲线的区别主要表现为：长期总成本曲线是从原点开始，逐渐向右上方向延伸，表明产量为零时成本也为零，而不像短期总成本曲线那样，产量为零时仍有一定的固定成本。

二、长期平均成本

1. 长期平均成本的含义

长期平均成本 (LAC) 是指厂商在长期内按产量平均计算的总成本。其用公式可以表示为

$$LAC = \frac{LTC}{Q}$$

式中，Q 表示产品产量。

　　短期内，对不同的生产规模，厂商总会进行某种调整，使平均成本最低。从长期角度看，每一不同生产规模所具有的平均成本最低点，构成长期内厂商规模变动时选择的平均成本点。长期平均成本曲线表现为一条 U 形曲线，具体分为三个阶段，如图5-4 所示。

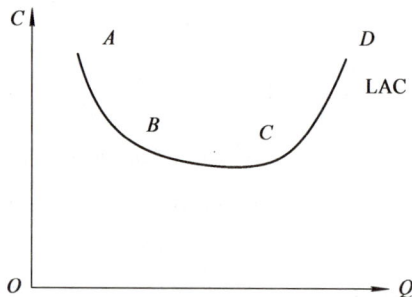

图5-4　长期平均成本曲线

　　第一阶段：成本递减阶段，即图中 AB 一段。在这一阶段，投入要素所获得的收益是递增的，把成本分摊给递增的收益，就使得平均成本表现为递减的趋势。故这一阶段又称为"报酬递增"阶段。

　　第二阶段：成本不变阶段，即图中 BC 一段。在这一阶段，产量增加的速度基本上与成本增加的速度相同，即产量与成本同比例增加，将成本分摊给同比例增长的产量，平均成本会保持不变。故这一阶段又称为"报酬不变"阶段。

　　第三阶段：成本递增阶段，即图中 CD 一段。在这一阶段，产量增加的速度小于成本增加的速度，将越来越少的产量分摊给越来越多的成本，就使得平均成本的数值表现为上升的趋势。故这一阶段又称为"报酬递减"阶段。

知 识 链 接

汽车公司的短期成本与长期成本

　　对于企业来说，短期总成本可分为固定成本和可变成本，而长期总成本则是可变的。当汽车需求发生变化时，汽车公司在几个月的时间里，不能调整其汽车工厂的数量与规模，这部分不能被改变投入量的要素形成固定成本；汽车公司只能改变劳动、原材料等可变要素的投入量，如延长现有工人的劳动时间及在现有工厂中多雇用工人或裁员、增加或减少生产汽车所需原材料的购进量等，这部分成本就是可变成本。而在几年的时间里，汽车公司根据市场需求的变化，既可改变劳动、原材料等可变要素的投入，也可调整其生产规模，建立新工厂或关闭旧工厂。因此，其成本在长期是可变的。

当某汽车公司把汽车日产量从 1000 辆增加到 1200 辆时，短期内只能采用延长现有工人的劳动时间或在现有工厂中多雇用工人的方法。由于边际产量递减，每辆汽车的平均成本从 8 万元增加到 9.6 万元。在长期，该汽车公司通过选择最优生产规模，可使平均成本保持在 8 万元的水平上，甚至低于 8 万元。

2. 长期平均成本曲线与短期平均成本曲线的关系

长期平均成本曲线来源于短期平均成本曲线，是把短期中平均成本最低点连接起来的一条曲线，也叫做短期平均成本曲线的包络曲线。

长期平均成本曲线与短期平均成本曲线的区别主要表现在以下两个方面：一是长期平均成本受规模报酬规律的约束，短期平均成本受边际报酬递减规律的约束；二是长期平均成本曲线比短期平均成本曲线更为平滑。

3. 长期平均成本的变动原因

为什么企业的报酬会递增或递减，进而导致长期平均成本递减或者递增呢？其根本原因在于规模经济和不规模经济、外在经济和外在不经济两个方面。

1) 规模经济和规模不经济

规模经济和规模不经济是长期平均成本曲线呈 U 形的原因。规模经济是指在企业生产扩张的开始阶段，由于扩大生产规模而使经济效益得到提高。规模不经济是指当生产扩张到一定的规模以后，企业继续扩大生产规模，会使经济效益下降。或者说，企业产量增加的倍数大于成本增加的倍数，为规模经济；相反，企业产量增加的倍数小于成本增加的倍数，为规模不经济。显然，规模经济和规模不经济都是由企业变动自己的生产规模所引起的，所以，也被称为内在经济和内在不经济。

在企业的生产规模由小到大的扩张过程中，往往会先后出现规模经济和规模不经济。这是因为在企业发展的初期，扩大规模有利于获得规模收益，但是如果企业达到了最适规模，依旧继续扩大企业规模，无疑会增加企业运作成本，导致企业收益增长的减缓，甚至造成负增长。正是由于规模经济和规模不经济的作用，决定了 LAC 曲线表现出先下降后上升的 U 形特征。

2) 外在经济和外在不经济

外在经济和外在不经济是由企业以外的因素所引起的，它影响企业的长期平均成本曲线的位置。企业外在经济是由于企业的生产活动所依赖的外界环境得到改善而产生的。例如，整个行业的发展可以使行业内的单个企业从中受益。相反，如果企业的生产活动所依赖的外界环境恶化，则是企业的外在不经济。例如，整个行业的发展使得生产要素的价格上升，交通运输紧张，从而给行业内单个企业的生产带来困难。如图 5-5 所示，企业的外

在经济使 LAC_1 曲线向下移至曲线 LAC_2 的位置；相反，企业的外在不经济可能使 LAC_2 曲线向上移至 LAC_1 曲线的位置。

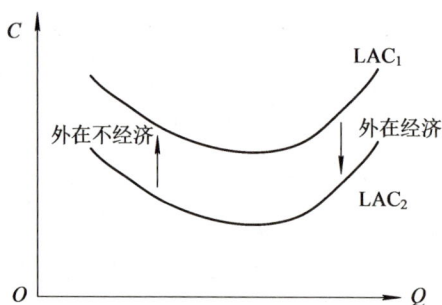

图5-5　长期平均成本曲线的移动

知识链接

台塑公司是王永庆成功经营的第一个大企业，主要生产聚氯乙烯 (PVC) 塑胶粉。开始时，该企业规模仅为月产量100吨。尽管产量低，但是仍然供大于求，中国台湾的需求仅为每月20吨。产量低，平均成本无法实现最低，因此价格降不下来，中国台湾仅有的20吨市场需求也被日本产品占领。如果扩大产量，产品销路又成问题。但王永庆知道，企业困难的关键在于产量上不去，平均成本降不下来。如果只考虑需求，减少产量，平均成本更高，更缺乏市场竞争力。因此，扩大产量使平均成本降到最低是转败为胜的关键。于是，他决定把产量扩大到平均成本最低的月产1200吨，这时平均成本达到最低。而且，由于当时中国台湾是世界烧碱的主要生产基地之一，生产烧碱中被弃之不用的氯气可用于生产PVC。这样，在实现了最低成本时，其货币成本还低于世界其他国家，可凭借这种优势打入世界市场。结果王永庆成功了。

王永庆的成功说明，在确定企业规模时一定要达到使平均成本最低的产量，即实现规模经济。其实我国汽车等行业价格较高就在于企业规模小，没有实现平均成本最低的产量。世界汽车公司的最低规模在年产400万辆以上，当我国汽车企业的产量达到这个规模时，平均成本才能最低。

三、长期边际成本

长期边际成本 (LMC) 表示企业在长期内增加一单位产量所引起的最低总成本的增量。其用公式可以表示为

$$LMC = \frac{\Delta LTC}{\Delta Q}$$

如图 5-6 所示，LMC 曲线程 U 形变化规律。LMC 曲线与 LAC 曲线相交于 LAC 的最低点 E。当 LMC＜LAC 时，LAC 呈下降趋势；当 LMC＞LAC 时，LAC 呈上升趋势；当 LMC＝LAC 时，长期平均成本曲线处于最低点。

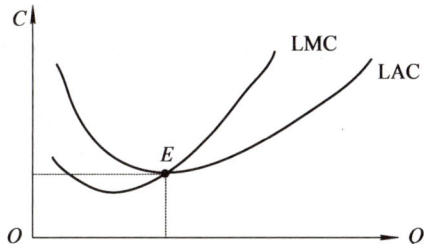

图5-6 长期边际成本与长期平均成本曲线

第四节 收益与利润最大化

企业的目标是为了使其自身的利润达到最大。为了获得最大利润，厂商除了要考察生产和成本外，还要把生产的产品拿到市场上去销售，以获取收入。收益是指企业销售其产品所获得的货币收入，包括总收益、平均收益和边际收益。

一、总收益、平均收益与边际收益

1. 总收益

总收益 (TR) 是指企业按一定价格出售一定数量的产品时所获得的全部收入。总收益等于产品价格和销售数量的乘积。如果用 P 表示价格，Q 表示销量，则总收益用公式可以表示为

$$TR = P \times Q$$

2. 平均收益

平均收益 (AR) 是指企业平均销售一单位产品所获得的收入，即平均收益是产品的销售价格。

平均收益用公式可以表示为

$$AR = \frac{TR}{Q} = \frac{P \times Q}{Q} = P$$

3. 边际收益

边际收益 (MR) 是指企业每增加一单位产品的销售所获得的总收益的增加量。边际收益用公式可以表示为

$$MR = \frac{\Delta TR}{\Delta Q}$$

4. 收益曲线

在完全竞争的条件下，商品的市场价格对于个别企业来说是既定的，因为该企业不可能改变市场价格，只能接受市场价格。例如，如果某企业提高其商品的价格，消费者将不购买其商品而购买其他企业的商品。所以，企业增加一单位产量所增加的收益，只能是这个单位产量的价格即平均收益。也就是说，平均收益和边际收益总是相等并且保持不变。

表5-2可以反映出在商品价格既定、产量增加时，平均收益与边际收益的关系。

表5-2　平均收益与边际收益的关系

销售量(Q)	价格(P)	总收益(TR)	平均收益(AR)	边际收益(MR)
1	10	10	10	10
2	10	20	10	10
3	10	30	10	10
4	10	40	10	10
5	10	50	10	10
6	10	60	10	10

根据表5-2可以绘制出平均收益曲线和边际收益曲线，如图5-7所示。在横轴 Q 表示数量、纵轴 C 表示价格或收益的坐标系中，作出平均收益和边际收益的图像，得到的 AR 曲线与 MR 曲线是水平的并且重合。

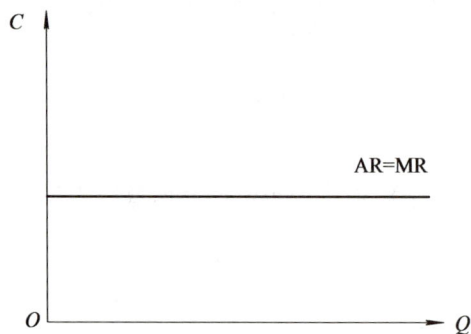

图5-7　平均收益曲线和边际收益曲线

二、经济利润的含义

经济利润等于总收入与总成本的差额。总成本既包括显性成本也包括隐性成本。

因此，经济学中的利润概念与会计学中的利润概念也不一样。

$$会计利润＝总收益－显性成本$$

$$经济利润＝总收益－经济成本＝总收益－（显性成本＋隐性成本）$$

会计成本不考虑隐性成本，而经济成本要考虑隐性成本，因此，会计利润大于经济利润。例如，某个体户利用自己门店开了一家商铺，他投入的货币资本为20万元，并且自己管理这家商铺。表5-3是该个体户的一份财务报表。

表5-3　个体户财务报表

收 支 项 目	金额/万元
总收入(销售额)	24
——销货成本	16.8
毛利	7.2
——营业费用	4.2
会计利润	3.0
——门店的机会成本(租金)	1.0
——时间的机会成本(工资)	1.2
——资金的机会成本(利息)	1.0
经济利润	−0.2

表5-3的上半部分为通常的会计账目，下半部分则核算了该个体户的机会成本。其中包括如下几项：一是个体户自己拥有的门店的机会成本，即如果向别的企业出租而可能获得的租金收入；二是个体户自己的时间机会成本，即假如他受雇于别人去经营同类企业或从事其他工作而可能赚得的工资；三是个体户所投入资金的机会成本，至少等于把20万元存入银行可能获得的利息收入。所有这些构成了该个体户自有资源的机会成本。因此，按会计成本计算，该业主获得了3万元的利润，但按经济成本计算，他损失了0.2万元的利润。

三、利润最大化原则

1. 利润最大化原则的内容

企业在决定提供多少商品时，总是会比较出售一个单位商品所得到的收益和生产一个单位商品所付出的成本，也就是边际收益和边际成本。如果边际收益大于边际成本，企业将增加产量。随着产量的增加，边际成本趋于上升，虽然在边际收益不变的条件下，增加一单位产量所增加的利润比以前少了，但是总利润却有所增加。

当企业把产量增加到边际收益等于边际成本的水平时，企业的利润达到最大化。如果企业继续增加产量，那么边际成本继续上升，边际收益将小于边际成本，即企业增加一单位产量所带来的收益不足以弥补生产这个单位产量所付出的成本。这时，企业的利润开始减少。因此，企业获得最大利润的原则是：边际收益等于边际成本，即 MR = MC。

由于在完全竞争条件下，平均收益(价格 P)和边际收益是一致的，所以最大利润原则也可以表述为价格等于边际成本，即 P = MC。

2. 利润最大化原则和供给曲线

利润最大化原则是支配供给函数的规律，说明为什么一种商品的供给量会随着价格的上升而增加，或随着价格的下降而减少。利润最大化原则可以通过企业的供给曲线予以反映，如图 5-8 所示。图中横轴 Q 表示某商品数量，纵轴 C 表示商品价格；MC 和 AVC 分别表示边际成本曲线和平均可变成本曲线；P 表示价格曲线，即平均收益曲线和边际收益曲线。边际成本曲线与平均可变成本曲线交于 D 点，这一点被称为停止营业点。

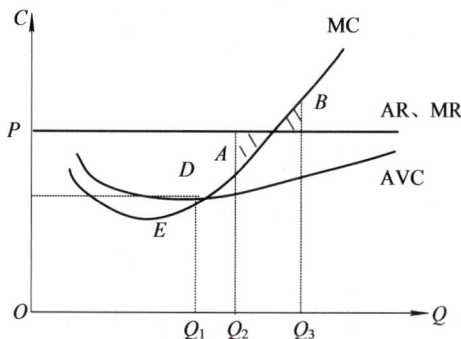

图5-8　企业的供给曲线

在短期内，企业的成本分为固定成本和可变成本。固定成本不因产量的变化而变化，可变成本则随着产量的变化而变化。当企业停止生产时，企业不需要支付可变成本，但必须支付固定成本。从理论上分析，当价格低于平均成本但高于平均可变成本时，虽然企业处于亏损状态，但为了弥补部分固定成本，企业将继续生产。但是当价格等于平均可变成本时，企业不论生产与否都不能补偿固定成本，因而到了停止营业的界限。当价格低于平均可变成本时，企业若继续生产，将不但不能弥补固定成本，而且连一部分可变成本也不能弥补。因为停止生产所受到的损失等于已经支付的固定成本，所以企业会停产。因此，要使企业继续生产，价格必须大于或等于 D 点(即停止营业点)所表示的最低的平均可变成本。

对停止营业点的分析是在全部固定成本均为沉没成本的假定下进行的。正因为固定成本为沉没成本而不能收回，所以企业在价格低于平均成本、高于平均可变成本时仍继续生产。实际上，固定成本不完全等向于沉没成本。如果固定成本完全等于沉没成本，企业将在价格等于平均成本时停止生产。

在停止营业点以上，企业将按照价格等于边际收益的利润最大化原则安排生产。例如，如果企业的产量是 Q_1，那么由于价格高于边际成本，企业没有生产足以取得最大利润的产量，因而将损失如阴影部分 A 所表示的利润；如果企业的产量是 Q_2，企业将发生如阴影部分 B 的亏损，因为企业总是按利润最大化原则决定其供给量。因此，在不同的价格下，都可以在边际成本曲线上找到相应的商品供给量。这就是说，边际成本曲线在停止营业点 D 以上的部分，便构成了表示商品的价格和供给量之间关系的企业的供给曲线。把各个企业的供给加总起来，就可以得到在市场上这种商品的供给曲线。

阅 读 与 思 考

利润最大化思想下的船舶降速

当前，在大家都追求快速高效的时候，有一家船舶公司却反其道而行之，要求公司的船舶降速航行。

提到船舶运输成本，就不得不先说燃料成本。一艘稍大的货船，进行远途航行都需要巨额的燃料成本。一般来说，对于主尺度一定的船舶，在一定的航速范围，船舶（主要指排水型船）所受的水阻力与其速度的平方成正比，而船舶主机所需的马力与航速的立方成正比。如果速度增加到原来的 2 倍，水阻力就增加到原来的 4 倍，主机的马力就要增加到原来的 8 倍。假设一艘设计航速为 16 节的万吨轮，它的主机功率是 1 万马力，那么一艘 32 节的万吨轮（同型船）的主机功率就会急剧增长到 8 万马力以上了。因此，适当降低设计航速，可使船舶所需的主机功率减少，达到降低成本、提高收益的目的。

基于这样的科学依据，这家船舶公司通过对其运输船只降低航行速度来提高收益。

问题：请用经济学的观点分析船舶降速中的利润最大化问题。

拓 展 阅 读

新经济是边际产出递增的经济

与传统经济"边际产出递减"的基本法则相反，"新经济"具有"边际产出递增"的性质。

在传统经济中，产出增长取决于人力和资本（实物资本和金融资本）等经济资源，而新经济则依赖于知识资源，它具有复制性和反复消费性。在新经济中，生产者将知识与技术直接投入生产过程，投入越多，新增的投入给生产者带来的报酬越高。一个极端的例子是，在软件开发过程中，某种大型软件开发成功以前，所有的投入都是"沉没成本"，没有任何收益；恰是导致软件开发得以成功的最后一单位要素的投入，决定了这一生产过程给生产者带来的所有报酬。例如，微软公司的每种软件开发会投入相当大的人力与研发经费，其固定成本非常高，但一旦开发成功，销量越大，获利越高。因为软件开发的固定成本是固定的，而复制成本却很低，随着发行量的增加，边际成本越来越低，而边际报酬也越来越高。

此外，IT产业随着向社会提供的新商品与服务量的不断增加，由此带来的报酬也在不断增加。比如，提供互联网接口服务的厂商，使用接口服务的消费者越多，即上其网站的人越多，软件产品使用人数也就越多，消费者对其网站的评价越高，也就越愿意出高价来购买其服务，使其边际报酬不断升高。而且，这种报酬随着使用产品与服务的人数的进一步增加而呈现出更稳定的增加趋势。因为与传统商品相比较，知识、信息与技术产品会导致消费者出现"锁定"现象。

本 章 小 结

成本是企业在一定时期内生产一定数量的产品所投入的各种生产要素的货币支出。它是产量的函数。经济学中所讲的成本是机会成本，由显性成本和隐性成本构成。成本可分为短期成本和长期成本两类。短期成本有固定成本（FC）、可变成本（VC）、短期总成本（STC）、平均固定成本（AFC）、平均可变成本（AVC）、短期平均成本（SAC）和短期边际成本（SMC）七种。长期成本有长期总成本（LTC）、长期平均成本（LAC）和长期边际成本（LMC）三种。短期平均成本曲线、平均可变成本曲线和短期边际成本曲线呈U形的变化形态是由边际产量递减规律决定的，而长期平均成本曲线呈U形的变化形态是由于受到规模经济和规模不经济的影响。

企业从事生产的目的是获得利润。企业实现利润最大化所要遵循的原则是：边际收益等于边际成本。

练习题

一、名词解释

总成本　平均成本　边际成本　固定成本　可变成本　显性成本　隐性成本　总收益　平均收益　边际收益　经济利润　会计利润

二、单项选择题

1. 下列项目中，（　　）是可变成本。

A. 管理人员的工资　　　　　　　B. 生产工人的工资

C. 机器设备的折旧　　　　　　　D. 房屋的租金

2. 随着产量的增加，固定成本（　　）。

A. 增加　　　　　　　　　　　　B. 不变

C. 减少　　　　　　　　　　　　D. 先增后减

3. 随着产量的增加，平均可变成本（　　）。

A. 先降后升　　　　　　　　　　B. 先升后降

C. 按固定比率上升　　　　　　　D. 按固定比率下降

4. 使用自有资金也应计算利息，这种利息被视为（　　）。

A. 显性成本　　　　　　　　　　B. 隐性成本

C. 会计成本　　　　　　　　　　D. 经济利润

5. 利润最大化原则是（　　）。

A. MC = AC　　　　　　　　　　B. MR = MC

C. AR = MR　　　　　　　　　　D. MR = AC

三、简答题

1. 边际成本曲线为什么与平均成本曲线的最低点相交？

2. 如何利用短期平均成本曲线来说明长期平均成本曲线的形成？

3. 利润最大化原则与供给函数有什么联系？

4. 如何利用边际成本曲线和边际收益曲线推导出竞争条件下的供给曲线？

第六章 市场结构理论

【知识目标】

(1) 了解市场的含义、构成要素和功能；

(2) 掌握完全竞争、完全垄断、垄断竞争和寡头垄断四种市场结构的含义及特征；

(3) 理解四种市场类型的均衡状态；

(4) 掌握价格歧视的含义和类型。

【技能目标】

(1) 能够运用市场理论对现实中的市场现象进行分析；

(2) 能够结合均衡理论对市场状态进行评价。

【素质目标】

(1) 加深对"市场经济在资源配置中起决定作用"的理解；

(2) 运用社会主义核心价值观客观看待市场的逐利行为。

引入案例

涉嫌"双 11"串通涨价，多家快递公司被监管部门点名警告

2019 年 11 月 6 日，浙江省市场监管局召开全省快递行业涉嫌垄断行为告诫会，通报了当前部分快递行业企业存在的协同涨价、限定交易等涉嫌垄断的违法行为。

2019 年 9 月份以来，圆通、中通、申通、百世、韵达等快递企业先后进行较大幅度提价，由原来的首重 2.6 元 /kg 上涨至 4 元 /kg，续重由 1 ~ 2 元 /kg 上涨至 4 元 /kg。更让人吃惊的是，商户反映，如果想更换合作快递公司，其他快递企业均无正当理由拒绝收货，商户只能被动接受原合作快递企业涨价。事实上，"双 11"前夕部分快递企业调整服务价格，已经是近三年来的惯例。在 2017 年以及 2018 年的"双 11"到来前，以中通快递为主的不少快递企业均发布过上调快递价格的公告。

浙江省市场监管局指出："双 11"促销即将来临，快递行业将迎来全年的业务高峰。快递行业要加强行业自律，不得相互串通、联手涨价，不得滥用市场支配地位拒绝交易，行业协会不得以协议、决议、协调和口头约定等方式串通定价、联合提价、合谋涨价。

2020 年 10 月 11 日及 10 月 15 日，中通、圆通先后表示，将从 2020 年 11 月 11 日起调整快递费用。两家企业给出的调价理由均是为了保持旺季期间快递服务的质量，应对旺季时期快递用人、用车、场地扩容等运营成本的上涨。

也有网友表示，"双 11"期间快递运营成本上涨，快递员要加班加点工作，快递费有所上调可以理解。也因此，在上述浙江省市监局的告诫会召开之后，不少网友不解而提问：快递价格上涨难道不是市场行为，为什么不行呢？

思考：从本例中，如何看待自由竞争的市场行为和寡头垄断的市场行为呢？

第一节　市场结构概述

一、市场的形成

"天下熙熙，皆为利来；天下攘攘，皆为利往。"利来利往，总要有一个媒介，这个媒介就是市场。市场这个媒介，一头连着供给，一头连着需求。没有市场这个媒介，便会有需求却没有供给，或者有供给却没有需求，人们的一切欲望都无法得到满足。

市场是如何形成的呢？首先，人有基本的生存需要，这些基本的生存需要就要求人们使用不同手段以满足自身需求。最初，受制于生产力水平低下以及人类社会所处的原始阶段，人们的生活通常是自给自足的，自给自足就不会产生交换行为，当然市场也就无从谈起。不过，随着人类各个方面技能水平的不断提高，开始出现了剩余产品，加上人类社会的进化，逐步就产生了交换，以及剩余产品的私有制。这样，人们就把暂时用不到的、各种各样的剩余产品交换为现实需要的产品，通过交换逐步改善了人类初级阶段的生活水平。

在体验到了交换的好处后，有些人逐渐地学会了充分利用自己的优质资源和娴熟的制作技能，于是他们开始出现生产上的某种偏好，并固定下来从事某种特定产品的生产。这样，导致了两个结果：一是生产某种剩余产品的数量逐步提高；二是剩余产品的种类变得多样化。这两个结果，为日益频繁的交换提供了客观物质基础，从而促进了原始市场逐步形成。

此过程不会停顿。相反，一旦交换变得频繁，便产生了一次飞跃，那就是分工的产生。也就是说，当一部分人在交换过程中发现只要自己专心做好一种产品，便可以通过这种产品去交换自己所需要的各种各样的产品时，便把自己的专业技能固定下来，也就是我们现在所称的"职业"。分工的产生，带来了良好的结果：生产效率提高了，生产成本下降了，产品质量越来越好。这些结果直接促成了市场的飞跃发展。人们发现，通过市场交换，完全没有必要自给自足，于是交易变得越来越频繁。交易的频繁发生又进一步刺激了分工，这种无限循环的结果，直接导致了市场的繁荣。由此，今天的市场一步一步走进了我们的现实生活，正在资源配置中起着决定性的作用。

阅读与思考

市场是如何形成的

在我们的日常生活中，有各种各样的市场，有水果市场、服装市场、婚庆市场、粮油市场等。这些市场既是专业市场，同时在市场内部又有着细致的分工。比如，婚庆市场既是专门服务婚庆的市场，同时在婚庆市场又存在各种专业厂商，提供婚庆礼品、婚庆道具、婚庆服饰、司仪等分项服务。

问题：如何从分工和交易的角度，理解这种市场的形成过程呢？

二、市场的概念

在生产理论中，影响企业决策的主要是技术因素，但是企业生产的产品价值要通过市场来实现，企业只有把产品卖出去，才能实现自己利润最大化的目的，才能把在企业内部实现的生产技术效率转化为实际的经济收益。因此，市场就成为影响企业决策的另一个重要因素。在不同的市场类型条件下，企业面对不同的产量与市场价格环境，企业的决策行为也不尽相同。

经济分析中的市场，指商品和劳务从生产领域向消费领域转移过程中所发生的一切交换和职能的总和，是各种错综复杂交换关系的总体。市场包括供给和需求两个方面，二者相互联系、相互制约。任何一种商品都有一个市场，有多少种商品，就有多少个市场，如花鸟市场、汽车市场等。

三、市场的构成要素

1. 市场主体

市场主体是指市场上从事交换活动的组织和个人。它既包括自然人，也包括以一定组织形式出现的法人；既包括为营利而进行交易的商品生产者，也包括提供非营利性产品和劳务的机构，还包括为生活需要而从事交易的消费者。

2. 市场客体

市场客体是指市场上交易的对象。产品之所以进入市场成为交易对象，一是因为被交换的商品的使用价值不同，二是因为市场主体有特殊的需要。由于交易对象不同，市场存在的形态可区分为消费品市场、生产资料市场、金融市场、劳动力市场、技术市场和信息市场等。

3. 市场媒介

市场媒介是指市场交易中起媒介作用的工具和机构，也称市场中介组织（机构）。交换媒介是作为解决交换中的矛盾的手段而出现的。它可以使交换专业化和简单化，并最终提高交换效率，节省交易费用。

四、市场的功能

1. 价值实现功能

任何商品都必须进入市场，接受市场的检验，在市场上卖出去，转化为货币，才能使商品的内在价值得到实现。因此，市场是商品价值得以实现的场所，市场状况决定着价值实现的程度。

阅读与思考

义乌小商品批发市场

义乌，本是浙江省一个名不见经传的小镇，因其小商品批发而在全世界都负有盛名。

义乌小商品批发市场创建于1982年，是我国最早创办的专业市场之一。从第一代"义乌小商品市场"发展到第五代"义乌国际商贸城"，中间经历了30多年的时间。这30多年来，义乌经历了5次搬迁和10次扩建，已形成以中国小商品城为核心，11个专业市场（义乌农贸城、家具市场、木材市场、义乌装饰城、物资市场、通信市场、家电市场、汽车城、二手车交易市场、房地产交易市场、出版物交易中心等）与14条专业街相支撑，运输、产权、劳动力等要素市场相配套的市场体系。

义乌小商品批发市场物流发达，是浙江省三大物流中心之一。市场拥有200余条联托运线路，直达国内200个大中城市；建有6条铁路专列；建有浙中地区唯一的民用机场；紧邻宁波港、上海港，海运发达，形成了公路、铁路、航空立体化的交通运输网络，日货物吞吐量达5000余吨，同时，开办了海关办事处，开通了"一关三检"，配套建设了国际物流中心和商城物流中心两个现代物流基地，现代物流基础设施先进，功能完善、高效。

发达的市场链和万商云集的火爆交易，使义乌小商品批发市场成为发布小商品价格、新产品动向的信息源头。市场信息传播渠道宽畅，拥有各种专业报刊、中国小商品招商网等多家小商品市场信息网站。

义乌小商品批发市场还是浙江省旅游局指定的购物旅游定点单位。其中，国际商贸城被浙江省工商局授予全省首个五星级市场，篁园市场和宾王市场被浙江省工商局授予三星级市场。2005年，国际商贸城被批准为国家4A级购物旅游区，是全国首个购物旅游景区。

半个多世纪以来，"鸡毛换糖"的精神内核从不因物换星移而变质，从不因时代变迁而消逝。艰苦创业、敢为人先的精气神依旧在一代代义乌人身上薪火相传。

问题：义乌小商品批发市场发挥了哪些重要的功能？

2. 信息传导功能

无论是商品生产经营者还是消费者，都是市场活动的参与者，他们不断输出有关生产、消费等方面的信息。这些信息经过市场转换显示为商品供应能力和需求能力，预示商品供求变动趋势，反映社会资源在各部门的配置比例。因此，市场通过信息传导对经济活动进行强烈而明确的调节，影响着不同市场参与者的决策。

3. 优劣评判功能

市场运用供求、价格等调节机制引导企业生产方向，企业也根据市场供求信息决定生产什么，生产多少。一切商品生产者、经营者凭借各自的经济技术实力参加市场竞争，谁优谁劣皆由市场来判定，并由市场来执行优胜劣汰的原则。

4. 资源配置功能

各种资源通过参与市场交换在全社会范围内自由流动，按照市场价格信号反映的供求比例流向最有利的部门和地区。企业作为资源配置的利益主体，通过市场竞争实现各项资源要素的最佳组合。在市场机制自动配置组合资源的基础上，产业结构和产品结构的合理化得以实现。

五、市场结构的类型及特征

根据市场竞争程度不同，可以把市场结构分为完全竞争市场、垄断竞争市场、寡头垄断市场和完全垄断市场四种类型。完全竞争市场和完全垄断市场是两个极端，垄断竞争市场和寡头垄断市场是介于这两个极端之间的状态，也是竞争与垄断不同程度的结合。各类市场的主要特征如表 6-1 所示。

表6-1　各类市场的主要特征

项目	完全竞争市场	垄断竞争市场	寡头垄断市场	完全垄断市场
厂商数量	很多	很多	几个	一个
产品差别	无差别	无差别	有差别或无差别	唯一产品，无替代品
价格控制能力	无	小	大	很大
进入和退出壁垒	无	无	高	很高
市场信息	完全信息	不完全信息	不完全信息	不完全信息
广告使用情况	无	普遍使用	普遍使用	不经常使用
常见实例	农产品、股票等	服装、食品等	汽车、电信等	公共事业、烟草专卖等

》》》 第二节　完全竞争市场 《《《

完全竞争市场是指充分自由、不受任何因素阻碍和干扰、不存在垄断因素的市场结构。在这种市场上，企业很多，每家企业规模都很小，无法通过调整产量来影响市场价格。

一、完全竞争市场的特征

完全竞争市场是所有市场类型中的一个特殊市场，需要同时具备以下四个特点：

(1) 市场上有无数的买者和卖者，且规模普遍较小。每一个消费者或生产企业的购买份额或销售份额，相对于整个市场的总购买量或总销售量来说是微不足道的，每个消费者或生产企业都是市场价格的被动接受者，而不是价格的决定者。

(2) 同一行业中的每一个企业生产的产品或劳务是完全无差别的。对消费者来说，购买任何一家企业的商品都是一样的。每个企业无须提价或降价，他们都按照既定市场价格实现自己的销售份额。市场上的任何一个经济主体都难以通过自己产品的特殊性来影响价格。

(3) 企业进入或退出一个行业是完全自由的。企业进出某一行业不存在任何障碍和摩擦，所有的资源都可以在各行业之间自由流动。企业总能及时进入获利行业，及时退出亏损行业。

(4) 市场中的每一个买者或卖者都能获得市场的完全信息。买者或卖者都能根据完全的市场信息，确定自己的最优购买量或最优生产量，从而获得最大的经济利益。

缺少上述四个条件中的任何一个，都不能称为完全竞争市场。显然，这只是一个抽象的理论模型，在现实生活中，通常人们只是将某些农产品市场大致看成这种市场类型。尽管如此，完全竞争市场仍然具有重要的理论意义。人们可以借助完全竞争市场模型考察资源配置的效率，预测和比较现实的经济行为，制定相关经济政策来管理市场。

二、完全竞争市场的需求曲线和收益曲线

完全竞争市场的需求曲线和收益曲线是完全竞争企业进行均衡分析的前提。

1. 完全竞争市场的需求曲线

在完全竞争市场上，由于企业的数目众多，每个企业的供给只占市场份额的很小部分，因而每个企业把市场价格视为既定。由此，对单个企业而言，其需求价格弹性是无限大的，某个企业如果使其产品价格略低于市场的价格，则市场对其产品的需求将无限增加；相反，需求将减少直至为零。因此，在完全竞争市场条件下，企业所面临的需求曲线为一条水平线，如图 6-1 所示。

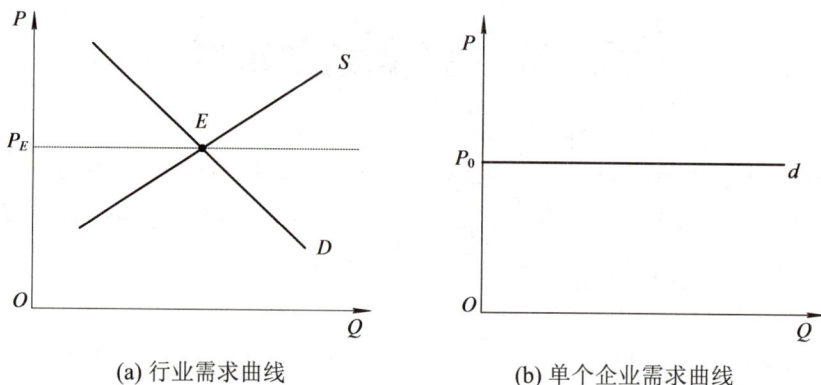

(a) 行业需求曲线　　　　　　(b) 单个企业需求曲线

图6-1　行业需求曲线和单个厂商需求曲线

如图 6-1(a) 所示，行业需求曲线与前面分析的市场需求曲线的形状和特征是一致的，即市场需求曲线 D 是一条向右下方倾斜的曲线。与此对应，消费者对行业内的单个企业所生产的产品或提供的服务的需求量称为企业所面临的需求量，相应的需求曲线称为企业需求曲线。由于单个企业是市场价格的接受者，因此单个企业面对的需求曲线就是一条起始于市场均衡价格的水平线，即如图 6-1(b) 所示的曲线 d。

在完全竞争市场上，众多买者的需求和众多卖者(行业)的供给相互作用，决定市场均衡价格 P。对于单个企业而言，它所看到的是市场上已有这一价格。单个企业只能按照这一既定的均衡价格决定产出水平。

2. 完全竞争市场的收益曲线

在完全竞争条件下，由于单个企业的供给只占市场份额的很小部分，价格 P 不会随

着企业销量的变化而变化，因而企业的平均收益 (AR) 不会随产销量的变化而变化，在既定的均衡价格下，AR 表现为一条与需求曲线 d 以及价格曲线 P 重合的直线。同时，由于新增销售商品的价格仍为均衡价格 P，因而每个企业增售一个单位产品的边际收益 (MR) 不会改变，仍与价格 P 及平均收益 (AR) 相等，即 AR = MR = P，三条曲线重合。对于总收益曲线，由于在公式

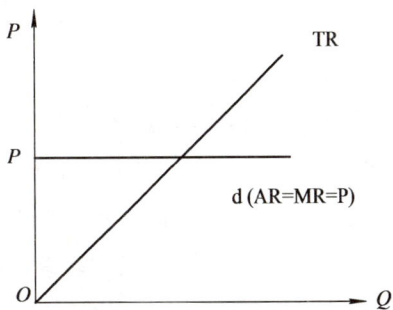

图6-2　完全竞争市场企业的收益曲线

TR = PQ 中，P 为价格，因此，总收益曲线 TR 表现为以价格 P 为斜率，由原点向上的一条直线，如图 6-2 所示。

三、完全竞争市场企业的短期均衡

在完全竞争条件下，短期内企业决策所依据的价格是现有的市场价格，企业根据 MC = MR = P 的条件选择利润最大化的产量。当企业获得最大利润时，企业将不改变它对产量的选择，此时企业处于短期均衡。

阅读与思考

手机市场的激烈竞争

近几年的手机市场可以说是风起云涌。先是锤子、美图易主，接着小米、华为、OPPO、vivo 新机接连发布，性价比一个比一个高。

回顾纵横十几年的中国手机史，2G 时代手机品牌众多，步步高、波导、长虹、天宇等品牌占据主导地位。进入 3G 时代，中兴、华为、酷派、联想凭借渠道优势风靡一时，其他小众品牌也能够在夹缝中生存。

进入 4G 时代，手机行业又进行了大洗牌，渠道已经不再是优势，运营商已不再分销手机，原来的"中华酷联"只剩华为，被新的组合"华米 OV"取代。4G 时代人人都可以做手机，做手机的门槛降得很低，零配件只需要提供需求就可以买到，系统只需要修改安卓 UI 就可以轻松适配。

转眼迎来 5G 时代。5G 意味着更高的带宽、更高的速度、更低的延迟、更稳定的传输，同时，5G 也意味着新的机遇。2019 年下半年开始，华为、三星、小米、OPPO 及 vivo 等厂商加速推出自家的 5G 手机。业内普遍预计，5G 换机高峰期将出现在 2020—2023 年，届时又将对手机市场进行一次洗牌。

问题：作为消费者，你从手机市场的激烈竞争中获得了哪些好处？

1. 企业盈亏平衡的短期均衡分析

根据企业的利润最大化原则，企业会把产量确定在 $MR = MC$ 之点。由于边际成本 (MC) 与平均成本 (AC) 在平均成本的最低点相交，所以当价格 P 恰好处于最低点 (如图 6-3 中 E 点所示) 时，企业处于均衡，此时企业的产量为 Q。当完全竞争企业在平均成本最低点处于均衡时，企业选择的产量对应的平均收益 (价格) 与平均成本相等，企业的总收益和总成本相等。因此，我们把平均成本最低点称为盈亏平衡点或收支相抵点。只有市场价格高于企业均衡的价格，企业才能获取利润。

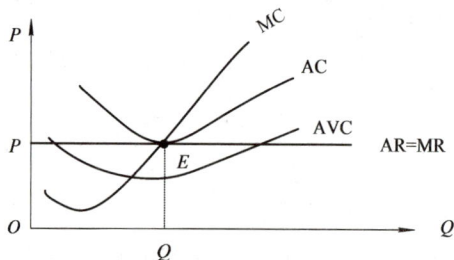

图6-3　盈亏平衡的企业短期均衡

2. 企业亏损的均衡分析

如果市场的均衡价格 P 低于平均成本的最低点，但高于平均可变成本最低点 (见图 6-4)，企业的利润最大化原则决定企业仍会按照边际收益等于边际成本选择产出，企业的平均收益等于边际收益，都等于价格 P_0。价格与边际成本曲线的交点 E 决定企业利润最大化的产量为 Q_1。当处于均衡状态时，企业的总收益 P_0Q_1 由长方形 OP_0EQ_1 的面积表示，企业的总成本由 OP_1FQ_1 的面积表示。由于价格低于平均成本，因而企业处于亏损状态，亏损额为 P_0EFP_1 所组成的长方形的面积。若企业停止生产，由于处于短期，而企业用于不变投入的支出已经付出，因而企业的亏损额等于固定成本。固定成本等于总成本减去可变成本，即 $FC = (AC - AVC)Q_1$，在图中表示为长方形 P_1FGP_2 的面积。如果企业生产，企业的亏损额由 P_1FEP_0 所组成的长方形的面积表示，那么很显然，它小于不生产时的亏损。也就是说，在价格水平位于平均成本最低点和平均可变成本最低点之间时，企业停止生产比继续生产亏损还要大。这时，企业会选择亏损最小的方式，即继续生产。

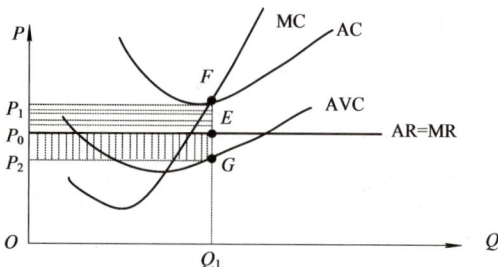

图6-4　亏损的企业短期均衡

但是，当市场均衡价格 P 低于平均可变成本的最低点时，与图 6-4 所示的情况类似，企业不仅处于亏损状态，而且其亏损额会大于不变成本。企业不仅损失掉不变成本，而且其收益连可变成本也无法弥补，因此，企业会停止生产。基于这一原因，平均变动成本的最低点被称为企业的停止营业点或关闭点。

综上所述，当市场价格处于平均成本曲线的最低点时，企业处于不盈不亏的均衡状态；当市场价格低于平均成本曲线但高于平均可变成本曲线最低点时，企业处于亏损的均衡状态；当市场价格低于平均可变成本曲线时，企业会停止生产。

因此，完全竞争市场企业短期均衡的条件是：在平均可变成本曲线最低点的上方，边际收益等于边际成本，且都等于市场价格，即 $AR = MR = P = MC$。

四、完全竞争市场企业的长期均衡

长期内，企业可以调整全部生产要素，既可根据市场价格扩大或缩小生产规模，也可根据盈亏与竞争情况自由进入或退出某个行业。这样，整个行业供给的变动就会影响市场价格，从而影响各个厂商的均衡。具体来说，当供给小于需求，价格高，存在超额利润时，企业会扩大生产，其他行业的企业也会涌入该行业，从而使整个行业的供给增加，导致价格水平下降，超额利润消失；当供给大于需求，价格低，存在亏损时，企业会缩减生产，有些甚至会退出该行业，从而使整个行业的供给减少，导致价格水平上升，亏损消失。这样最终会达到各个企业既无超额利润又无亏损的状态，这时整个行业的供求均衡，各个企业的产量也不再调整，实现长期均衡，如图 6-5 所示。

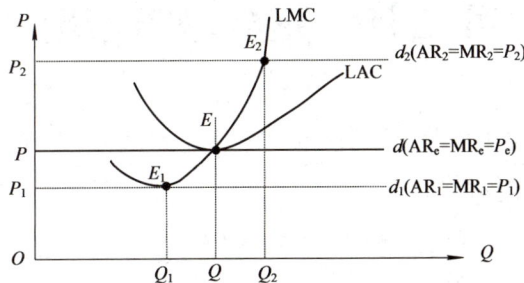

图6-5　完全竞争市场企业的长期均衡

在图 6-5 中，LMC 是长期边际成本曲线，LAC 是长期平均成本曲线，两者相交于均衡点 E，决定均衡产量 Q。d_2 为短期有超额利润的单个企业的需求曲线。当有超额利润时，其他企业会进入该行业而使整个行业的供给增加，导致价格下降，需求曲线 d_2 向下移动。当市场价格下降至使单个企业利润为零时，新企业会停止进入。d_1 为短期有亏损时单个企业的需求曲线，当有亏损时，企业减产或退出，使整个行业供给减少，导致价格上升，需

求曲线 d_1 向上移动。当市场价格上升至使单个厂商利润为零时，原有厂商停止退出。这种调整结果使需求曲线移至 d，最终实现长期均衡。

完全竞争市场企业的长期均衡条件是 $MR = LMC = LAC = AR = P$，长期均衡点是企业进入或退出一个行业的决策点。在长期均衡点上，企业的经济利润为零，只能得到正常利润；平均成本最低，产品价格低，社会福利大；供求相等，资源配置最优。

五、对完全竞争市场的评价

完全竞争市场通常被认为是经济效率最高的一种市场结构，其优越性主要表现在以下三个方面：

(1) 社会的供给与需求相等，从而资源得到最优配置，生产者的成本不会有不足或过剩，消费者的需求也将得到满足。

(2) 长期均衡时所达到的平均成本处于最低点，说明通过完全竞争与资源的自由流动，使生产要素的效率得到了最有效的发挥。

(3) 平均成本最低决定了产品的价格也是最低的，这对消费者是有利的。

完全竞争市场也有其缺点，具体包括：

(1) 产品无差别，消费者的多种需求无法得到满足。

(2) 完全竞争市场上的生产者的规模都很小，没有能力去实现重大的科学技术突破，从而不利于技术的发展。

>>> 第三节　完全垄断市场 <<<

完全垄断市场是指整个行业中有唯一一个企业的市场类型。完全垄断市场不存在竞争现象，是另一种极端的市场类型。

一、完全垄断市场的特征及企业的价格歧视

1. 完全垄断市场的特征

完全垄断市场具备以下三个特征：

(1) 市场上有唯一一个企业生产和销售商品。一种产品的价格、产销量等因素完全由一个企业来决定，企业完全可以按照利润最大化原则来进行生产决策，选择最有利于自我发展的产销量和价格。

(2) 企业生产和销售的商品没有任何相近的替代品，即需求的交叉弹性等于零。没有任何其他企业与之竞争。

(3) 其他任何企业进入该行业都极为困难或不可能。垄断者之所以能在其市场上保持垄断地位，是因为其他企业不能进入市场并与之竞争。

2. 完全垄断企业的价格歧视

在完全垄断市场中，垄断企业是价格的制定者。垄断企业往往会利用其所拥有的特殊的垄断地位实行差别价格，以获取更高的利润。差别价格又叫价格歧视，指在完全垄断市场条件下，垄断企业对同一种产品收取不同的价格的行为。价格歧视有以下三种类型：

(1) 一级价格歧视，又称完全价格，即企业对每一个单位产品都按消费者愿意支付的最高价格向消费者销售。在这种情况下，消费者剩余全部变为垄断企业的垄断利润。例如，一个医术高超的医生对每一个病人征收不同的医疗费，一个有丰富诉讼经验的律师向其每一个委托人收取不同的律师费等，均属于完全差别价格。

(2) 二级价格歧视，即企业对消费者不同消费数量规定不同的价格。在这种情况下，垄断企业可以把消费者部分剩余变为垄断利润。例如：某企业出售某品牌保温杯，购买数量为 2 ~ 49 个，单价 68 元；购买数量为 50 ~ 99 个，单价 66 元；购买数量 ≥ 100 个，单价 64 元。

(3) 三级价格歧视，即企业对同种产品在不同市场上实行不同的价格。这样，垄断企业可以在价格高的市场上获得垄断利润，把该市场上的消费者剩余变为垄断利润。例如：电力部门对工业用电和居民用电收取不同的价格；电信公司对晚间电话收费更低等。

知识链接

价格歧视也不是一无是处

价格歧视是厂商以不同价格销售相同的同一种产品。提起价格歧视，一般人会认为是负面的。不过，价格歧视有时也不见得一无是处。同样的一件羽绒服，小花买花了 1000 元，但是小红买却只用了 600 元，这是为什么呢？答案是时间不同，人们对羽绒服的需求就不一样。冬季，人们很需要羽绒服，而夏季，人们基本就不需要羽绒服。商家如何调节需求，降低库存呢？聪明的商家就想出了反季节促销的方法，同样是 200 元成本的新款羽绒服，在应季的冬天上市，定价 1000 元，先收割一部分利润，然后等到夏天，再利用人们图实惠的心理，将 1000 元的羽绒服六折销售。这样就成功将准备 600 元买衣服的群体拉拢过来。如果商家不采用这个办法就可能面临库存积压，获利少，甚至难以获利。但是，如果在冬季羽绒服上市不久就降价，原本花了 1000 元买衣服的群体心里会很难接受，就可能再不买你的衣服。但是，如果不降价，那么商家就抓不住愿意花 600 元买衣服的群体。此时，价格歧视很好地解决了这个矛盾。

同样地，旅馆、饭店在旺季定价高，在淡季定价低；电力公司对用电量的分时段计费也很好地解决了供给和需求不匹配的矛盾。

二、完全垄断市场的需求曲线和收益曲线

完全垄断市场上只有一家企业，因而垄断企业所面临的需求曲线即为整个市场的需求曲线。这说明企业是市场价格的制造者，消费者在不同的价格水平上购买不同数量的商品，或者出售不同数量的商品使消费者用不同的价格购买。

在完全垄断市场上，企业以什么样的价格售出商品就是平均每个商品获得相应的收益。因此，平均收益曲线与企业的需求曲线为同一条曲线，即 AR 曲线与 d 曲线重合。但边际收益 (MR) 曲线与需求曲线并不重合，尽管边际收益曲线与需求曲线、平均收益曲线一样，也是一条向右下方倾斜的曲线，但 MR 曲线始终位于 AR 曲线和 d 曲线的下方。这是因为，企业在增加销量后，最后增加的那个单位的产品价格必然低于其前一个单位的产品价格，同时，企业全部销售量的其他各单位产品价格也必然低于其前面销售量的单位产品价格。因此，每增加销售一单位产品所带来的总收益的边际增量，总是小于单位产品的售价，即 $MR < P(P = AR)$。

在完全垄断市场上，企业的需求曲线 d、边际收益 (MR) 曲线和平均收益 (AR) 曲线如图 6-6 所示。

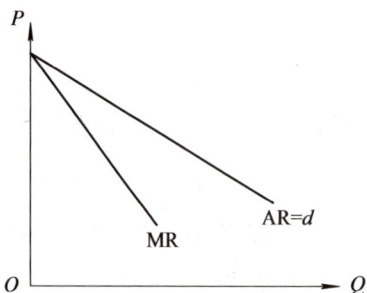

图6-6 完全垄断企业的需求曲线、边际收益曲线和平均收益曲线

三、完全垄断市场企业的短期均衡

短期内，垄断企业无法改变不变要素投入量，为了实现利润最大化，根据 $MC = MR$ 原则，垄断企业只能在既定的生产规模下调整产量和价格，以求得均衡。

如图 6-7 所示，A 点为 MR 曲线与 MC 曲线的交点，即为企业利润最大的均衡点。垄断企业由此决定产量为 Q_1。若产量小于 Q_1，边际收益大于边际成本，这时企业增加产量仍可以增加利润；反之，若产量大于 Q_1，边际收益小于边际成本，这时企业减少产量会增加利润。因此，Q_1 即为企业的均衡产量。

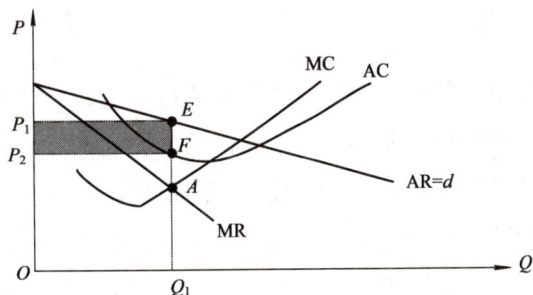

图6-7 盈利垄断企业的短期均衡

在决定产量 Q_1 之后，垄断企业还必须决定价格。由于企业在决定最优产量时，把消费者在某一数量下愿意支付的价格视为可以索要的最高价格，因此企业选择的价格由 Q_1 对应的需求曲线上的 E 点所决定，即 P_1，这一价格就是市场均衡价格。

对应于产量 Q_1 和相应的价格 P_1，垄断企业的收益为 $P_1 Q_1$，即图中 $OP_1 E Q_1$ 所围成的长方形的面积。企业生产这一产量花费的成本为 $AC \times Q_1$，即长方形 $OP_2 F Q_1$ 的面积。由于价格高于平均成本，因而在这种情况下，垄断企业获得最大利润，利润额为 $(P_1 - AC)Q_1$，即长方形 $P_1 E F P_2$ 的面积。这时，其利润额为正值，垄断企业获得超额利润。当然，在特殊情况下，短期内完全垄断企业也有可能无法盈利，甚至亏损。

四、完全垄断市场企业的长期均衡

长期内，垄断企业可以根据市场需求的水平调整生产规模，使得短期成本下降到长期成本的水平。根据 $MC = MR$ 原则，垄断企业选择产量 Q_1。对应于这一产量，企业在平均收益曲线上确定索要的价格 P_1，此时，企业获得最大利润为长方形 $P_1 E F P_2$ 的面积。

对应于既定的市场需求和长期成本，如果垄断企业处于亏损，那么它就会退出该行业。因此，一般地，完全垄断企业可以长期处于获得利润的均衡状态（见图6-8）。长期内，垄断企业的均衡条件是 $MR = LMC$。

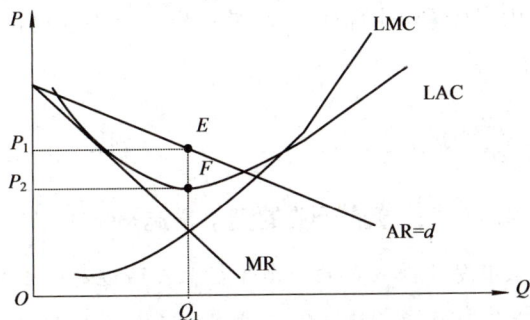

图6-8 垄断企业的长期均衡

五、对垄断市场的评价

垄断市场通常被认为是经济效率最低、资源浪费最严重的一种市场结构，这是因为：第一，生产资源的浪费，与完全竞争相比，垄断市场平均成本与价格高而产量低，即存在资源浪费和经济效率低下的情况；第二，社会福利的损失，垄断企业实行价格歧视，消费者所付出的价格较高，即消费者剩余减少，这种减少也是社会福利的损失。

但是，任何事物都有两面性，垄断也有其有利的一面。首先，垄断企业可以实现规模经济；其次，垄断企业可以以雄厚的资金与人才实力实现重大的技术突破，有利于技术进步；最后，尽管垄断企业在一国内是垄断的，存在效率损失，但在国际上有竞争力，有利于一国世界竞争力的提高。

》》》 第四节　垄断竞争市场 《《《

垄断竞争市场是指以竞争为主但又有垄断因素的市场。

一、垄断竞争市场的特征

在现实生活中，垄断竞争的市场组织在零售业和服务业中较为普遍。垄断竞争市场的特征有：

(1) 市场中存在大量的企业。每一个企业在市场中的份额很小，单个企业的行为对市场的影响和对其他企业的影响都极为有限。每一个企业各自依据自己的情况和市场需求行事，在市场上它们是各自独立的。

(2) 产品之间存在差异。这些差异使每一个企业对自己的产品的价格具有一定的垄断力量，从而使得市场中带有垄断的因素。但是有差异的产品相互之间又是很相似的替代品，或者说，每一种产品都会遇到大量的其他的相似产品的竞争，因此，市场又具有竞争的因素。

(3) 企业进入或退出一个行业是自由的。与完全竞争的情况相似，新的企业进入市场比较容易，原有的企业由于无利可图也比较容易退出，进入和退出基本不存在法律上的、资金上的和技术上的障碍。

阅 读 与 思 考

酱油行业的竞争格局

酱油是调味品行业中发展很成熟的一个子行业，通过对行业中主要品牌营业额的分析，会发现整个酱油行业的竞争格局恰好呈现出三个比较明显的群体，可以形象地将其称为"三个世界"。

第一世界：酱油营业额超过40亿元，只有海天一个品牌，其2018年的营业额为102亿元，销售区域覆盖全国各地市县。

第二世界：酱油营业额在10亿～40亿元，品牌包括李锦记、厨邦、欣和、东古、味事达五个，销售区域基本上覆盖全国，但不够全面，市场下沉的程度也不够深。

第三世界：酱油营业额在10亿元以下，主要包括加加、千禾、富氏好太太、巧媳妇、味苑园、珍极、灯塔、玉兔、金狮、老恒和、中坝、苏美、龙牌、鲁花、大王、致美斋、居易、民天、金冠园、绿佳、正阳河、三和四美等众多区域性品牌。上述这些品牌的营业额大多在5000万～5亿元，少数在5亿～10亿元，基本上都是在产地范围内进行销售。另外，还有大量营业额低于5000万元的区域品牌，在第三世界中基本上没有什么影响力。

酱油行业的"三个世界"刚好形成了一个金字塔形状，塔尖就是海天，一骑绝尘，遥遥领先，市场份额将近15%；塔身就是李锦记、厨邦、欣和、东古、味事达，各自都拥有一定的市场地位和行业影响力，其累计销售额接近117亿元，市场份额将近17%；塔基则是众多区域品牌，少部分在当地具有一定市场基础，共同分享行业中剩余68%的市场份额。

问题： 酱油行业的市场类型属于哪个类型？

二、垄断竞争市场上的均衡

短期内，每一个垄断竞争市场上的企业都是一个垄断者。每一个垄断竞争市场上的企业凭借自己的产品差别在一部分消费者中形成垄断地位，其他企业生产不出与之竞争的有差别产品。这样，垄断竞争企业就可以像一个垄断者那样行事，高价少销，低价多销，或歧视定价，以获得利润最大化。因此，短期内，垄断竞争企业短期均衡的条件与完全垄断市场一样，即 MR = MC。

长期内，垄断竞争的市场上也存在着激烈的竞争。各个企业可以仿制别人有特色的产品，可以创造自己更有特色的产品，也可以通过广告来创造消费者的需求，形成自己产品的垄断地位。短期可能存在超额利润，长期竞争的结果是获得超额利润的有差别产品的价格下降。所以，垄断竞争市场企业长期均衡的条件是 MR = MC，AR = AC。

三、对垄断竞争市场的评价

在垄断竞争企业处于长期均衡时，市场价格高于企业的边际成本，等于企业的平均成本但高于平均成本最低点。这就决定了垄断竞争市场的经济效率低于完全竞争市场，高于完全垄断市场。

1. 对于消费者而言

对于消费者而言，垄断竞争市场的利弊同时存在。

垄断竞争市场的好处在于：第一，由于垄断竞争市场的产品有差别，因而可以满足多样化的市场需求，充分体现消费者的消费个性；第二，由于产品的差别包含了销售条件如品牌、售后服务等，所以企业会不断地提高品牌质量，改善售后服务，从而对消费者有利。

垄断竞争市场的弊端在于：价格高于边际成本，与完全竞争市场相比，消费者会被迫支付较高的价格。

2. 对于生产者而言

对于生产者而言，垄断竞争市场的利弊同时存在。

垄断竞争市场的好处在于：垄断竞争市场最有利于技术进步。在完全竞争市场上，缺乏对技术创新的保护；而在垄断市场上，缺乏技术创新的压力。对比来说，在垄断竞争市场上，既存在对技术创新的保护（如专利），又存在着同类产品的竞争，使企业面临较大的外在压力。

垄断竞争市场的弊端在于：由于长期内不可能在平均成本的最低点实现最大利润，因而其资源利用效率比完全竞争市场要低，存在着一定的资源浪费。

四、垄断竞争条件下的企业竞争策略

1. 产品差异化

企业应用心研究消费者的心理和偏好，发现消费者未被满足的需求，通过不断地对产品质量、功能、包装、服务等加以改进，创造出与竞争对手不一样的产品。因为企业在产品差异方面做得越成功，垄断权力也就越大。

2. 广告

在完全竞争市场结构中，企业销售的产品与该行业中其他企业销售的产品是完全一样的，所以企业不必搞促销。垄断竞争市场是一种同时存在垄断成分和竞争成分的市场结构。垄断竞争因素来自于企业的品牌和产品的差异。因此，企业通过广告改善消费者对本企业产品的看法，使本企业的产品在消费者头脑中与其他企业的产品区别开来。

》》》 第五节　寡头垄断市场 《《《

寡头垄断市场又称寡头市场，指某种商品的绝大部分由少数几家大企业生产和销售。寡头市场上，每家企业在该行业的总产量中都占有相当大的份额，以至于其中任何一家企

业的产量或价格的变动，都会对市场的价格和供给量产生重大影响。寡头垄断市场是介于完全垄断市场与垄断竞争市场之间的一种市场结构。

一、寡头垄断市场的特征

1. 寡头垄断企业之间的相互依存性

行业中只有少数几家大企业，它们的供给量均占有市场的较大份额。这些垄断企业各自在生产决策中的变化都会影响整个市场以及其他企业的行为，因而企业之间形成了一种密切联系，任何一家企业在做出决策时都必须考虑竞争对手对其行为所做出的反应。

2. 寡头垄断市场的产量和价格相对稳定

由于市场中各企业之间相互依存，因而如果一方想以降价来夺取更高的市场占有率，就必然引致同行业中其他企业的强烈抵制，其结果是所有企业竞相降价，一损俱损。因此，在寡头垄断市场上，各企业一般不以价格竞争为手段。

3. 进入行业的限制极大

寡头行业通常存在规模经济，使得大企业具有很强的成本优势和产量优势，在竞争过程中，大企业逐渐发展壮大，而小企业无力与之竞争，最终形成行业中只有几家大企业存在的局面；有时寡头企业为了减少竞争，也会采用收购或兼并小企业的方式减少企业数目，或通过相互勾结，形成进入壁垒，阻止其他企业进入，因而造成了其他企业进入该行业的障碍。

二、寡头垄断市场形成的原因

寡头垄断市场形成的原因主要有规模经济和政府管制。

一些行业的生产具有明显的规模经济，如钢铁、汽车、石油、飞机制造、通信等。这些行业初始投资时需要兴建大量的基础设施，花费巨额资金，固定费用极高，只有在产量达到一定规模后平均成本才会下降，从而有利可获。由于行业中的每个企业产量都很大，因而只需要几家厂商即可满足市场需求。另外，建厂时所需的巨额投资，也使其他厂商很难进入这一行业。大企业会凭借自身的竞争优势阻止新厂商进入而形成垄断，如微软对操作系统软件领域的垄断。

政府管制是寡头垄断市场形成的另一主要原因。政府通过立法给予企业排他性地生产某种产品的权利，或给予某些寡头扶持性政策。

三、寡头垄断市场企业的相互勾结

在寡头垄断市场上，寡头企业为避免因竞争而导致的两败俱伤，往往会采取种种方式相互勾结、协调行动，以谋求最大利益。以下介绍两种主要的相互勾结形式。

1. 公开勾结方式——卡特尔

卡特尔 (Cartel) 是寡头企业之间以公开或正式协议的方式相互勾结的一种形式，它往往是一个寡头垄断市场中的各独立企业就产品价格、产量分配、市场划分及其他相关事项达成明确协议并承诺共同遵守而形成的垄断性组织。

卡特尔一旦形成，原本各自独立的寡头企业就联合成为一个垄断集团，形成对市场的完全垄断。通过计算卡特尔的边际收益和边际成本，并按照利润最大原则确定卡特尔的总产量及统一价格，再根据一定的原则在卡特尔内部所有成员间进行产量的分配。

2. 非公开勾结方式——暗中默契

公开勾结或卡特尔在不少国家被认为是非法的，于是寡头企业之间就会寻求较隐蔽的非公开勾结方式——暗中默契，价格领先制是其中的主要形式之一。价格领先制又称价格领袖制，指在某一行业中，由一个或少数几个寡头率先制定或调整产品价格，其他寡头企业紧随其后确定各自价格的一种定价模式。

四、对寡头垄断市场的评价

寡头垄断市场在经济中是十分重要的，对经济的发展具有推动作用。

寡头垄断市场具有以下三个明显的优点：

(1) 可以实现规模经济，从而降低成本，提高经济效益。

(2) 有利于促进科学技术进步。寡头企业为了在竞争中取胜，就要提高生产率，创造新产品，这成为寡头企业进行技术创新的动力。寡头企业具有强大的财力，可以投入巨额资金来进行科学研究。例如，著名的贝尔实验室，对电子、物理等科学技术的发展作出了许多突破性贡献，而这一实验室的强大后盾正是经济力量雄厚的美国电话电报公司。

(3) 寡头企业实力雄厚，抗风险能力强。

寡头垄断市场的主要缺点是各寡头企业往往会相互勾结，抬高价格，损害消费者利益和社会经济福利。

拓 展 阅 读

企业经营要关注反垄断法

《中华人民共和国反垄断法》(以下简称《反垄断法》) 是一部为了预防和制止垄断行为，保护市场公平竞争，提高经济运行效率，维护消费者利益和社会公共利益，促进社会主义市场经济健康发展而制定的法律。

2007 年 8 月 30 日，全国人大常委会讨论通过了《反垄断法》。这部法律从 1994 年开始起草至 2007 年，历时 13 年。《反垄断法》既坚持了国际上反垄断法制度设计的基本共识，也强调了中国初步市场经济的国情特征，是适合当前中国市场经济发展阶段的一部法律。

《反垄断法》自2008年8月1日起施行，共八章五十七条，包括总则，垄断协议，滥用市场支配地位，经营者集中，滥用行政权力排除、限制竞争，对涉嫌垄断行为的调查，法律责任和附则。

《反垄断法》框架坚持了国际上反垄断的通常做法，建立了反垄断的三大基本制度，即禁止经营者之间或者与交易人之间达成排除、限制竞争的协议；禁止具有市场支配地位的经营者从事滥用市场支配地位的行为；禁止具有或者可能具有排除、限制竞争效果的经营者集中。

本 章 小 结

完全竞争条件下，价格可以充分发挥其"看不见的手"的作用，调节整个经济的运行。但完全竞争市场也有其缺点，竞争最终也必然引起垄断。垄断对经济是不利的，但是任何事物都有两面性，垄断也具有有利的一面，垄断可以实现规模经济，垄断企业可以以雄厚的资金与人才实力实现重大的技术突破，有利于技术进步，还有利于一国的世界竞争力的提高。所以辩证地看待竞争与垄断问题，有利于我们较好地理解经济学中企业均衡的问题。

练 习 题

一、名词解释

完全竞争市场　完全垄断市场　价格歧视　垄断竞争市场　寡头垄断市场

二、单项选择题

1. 下列选项中，（　　）最接近完全竞争市场。

A. 汽车行业　　　　　　　B. 玉米种植行业

C. 糖果行业　　　　　　　D. 服装行业

2. 在完全竞争市场上，企业短期均衡条件是（　　）。

A. $P = AR$　　　　　　　B. $P = MC$

C. $P = MR$　　　　　　　D. $P = AC$

3. 下列选项中，（　　）不是垄断竞争行业的特点。

A. 企业众多　　　　　　　B. 产品同质

C. 价格竞争　　　　　　　D. 广告促销

4.寡头垄断企业是价格的 (　　)。

A. 接受者　　　　　　　　B. 影响者

C. 寻求者　　　　　　　　D. 制定者

5.完全垄断企业的产品是 (　　)。

A. 相近的　　　　　　　　B. 有差异的

C. 可替代的　　　　　　　D. 唯一的

三、简答题

1.什么是完全竞争市场？完全竞争市场的条件有哪些？

2.完全竞争市场、完全垄断市场、垄断竞争市场和寡头垄断市场各自的特征有什么不同？

第七章　收入分配理论

第七章　收入分配理论

【知识目标】

(1) 了解生产要素的供求及其价格的决定；

(2) 熟悉劳动与工资、资本与利率、土地与地租、企业家才能与正常利润各自的相互关系；

(3) 熟悉洛伦茨曲线和基尼系数，能够据此判断现实的收入分配状况。

【技能目标】

能够对现实中的工资、利率、地租、企业家报酬等现象做出简单分析。

【素质目标】

(1) 能够用经济学的角度去分析判断现实的收入分配情况；

(2) 从现阶段国情出发，结合实际分析我国经济发展现状。

引入案例

分　粥

经济生活中有这样一个故事：在肯定人的利己性的前提下，要把一桶粥平等地分给五个人，方法之一是选其中一人来分，结果是一人喝饱四人挨饿；方法之二是选一人分，另一人监督，结果二人喝饱三人挨饿；方法之三是一人分粥，四人到场监督，结果粥还没分完就抢起来了……

问题：依照该思路似乎永远无法做到公平，有没有一种方法可以保证让每人都平等地分到粥呢？这个故事从分配上给了我们什么启示？

收入分配理论研究的是生产成果如何在社会成员之间进行分配，解决"为谁生产"的问题。作为资源配置的问题之一，收入分配问题也由价格来解决。由于各种生产要素的价格即各种生产要素所得报酬或收入。因此，收入分配理论应归结为生产要素价格问题，是均衡价格理论问题上的应用。

第一节　收入分配的原理

为说明生产要素价格的决定，首先要了解生产要素需求与供给的决定。

一、生产要素的需求

1. 生产要素的需求的性质

生产要素的需求是指企业在一定的时期内，在一定的价格水平下，愿意而且能够购买的生产要素量。它是购买欲望和支付能力的统一，两者缺一不可。

1) 生产要素的需求是一种派生需求

派生需求，即由于消费者对最终产品的需求而引起的企业对生产要素的需求。

企业对生产要素的需求是从消费者对产品的直接需求中派生出来的，是间接需求。如果不存在消费者对产品的需求，则企业就无法从生产和销售产品中获得收益，从而也不会去购买生产资料和生产产品。例如，如果没有人购买电动车，就不会有企业对生产工人的需求；旅游景区对管理人员和工作人员的需求，则受游客对旅游需求的影响。

2) 生产要素的需求是一种联合需求

联合需求，即任何产品的生产都需要多种生产要素相互结合、相互补充、共同合作。企业对生产要素的需求是共同的、相互依赖的需求，具有"联合性"或"共同性"的特点。在一定的技术范围内，生产某种产品可以使用劳动要素多一些而资本要素少一些的方式进行，也可以使用资本要素多一些而劳动要素少一些的形式，具体采取何种组合方式，则主要取决于几种要素的相对成本的高低。这说明由于生产要素联合需求的特点，企业必须权衡使用哪种要素组合能够带来较高的利润。企业从事生产，至少需要两种以上的要素。因此，企业对生产要素的需求是一种联合的需求。

生产要素的需求受多种因素的影响，如消费者对产品的需求数量及产品的价格；生产技术水平；生产要素的价格等。

2. 影响生产要素的需求的因素

影响生产要素的需求的因素包括以下三点：

(1) 市场对产品的需求及产品价格。这两个因素影响产品的生产与企业的利润，从而也会影响生产要素的需求。一般而言，市场对某种产品的需求越大，该产品的价格越高，则生产这种产品所用的各种生产要素的需求也就越大。

(2) 生产的技术状况。生产的技术决定对某种生产要素需求的大小。如果技术是资本密集型的，则对资本的需求大；如果技术是劳动密集型的，则对劳动的需求大。

(3) 生产要素的价格。各种生产要素之间有一定程度的替代性，如何进行替代，在一定范围内取决于各种生产要素本身的价格。企业一般用价格低的生产要素替代价格高的生产要素，从而生产要素的价格本身对其需求就有重要的影响。

3. 完全竞争企业的生产要素的需求

在完全竞争市场上，要想实现利润最大化，企业必须使购买最后一单位生产要素所支出的边际成本与其所带来的边际收益相等，即边际收益等于边际成本，又等于生产要素价格。

在完全竞争市场上，对一家企业来说，要素价格是不变的。由此可见，企业对生产要素的需求取决于生产要素的边际收益。生产要素的边际收益取决于该生产要素的边际生产力。在其他条件不变的情况下，增加一单位某种生产要素所增加的产量（或者这种产量所带来的收益）就是该生产要素的边际生产力。如果以实物来表示生产要素的边际生产力，则称为边际产品。如果以货币来表示生产要素的边际生产力，则称为边际产品收益或边际产品价值。根据边际收益递减规律，在其他条件不变的情况下，生产要素的边际生产力是递减的。因此，生产要素的边际收益曲线是一条向右下方倾斜的曲线。这条曲线也是生产要素的需求曲线。整个行业的生产要素的需求是各个企业需求之和，也是一条向右下方倾斜的线。

4. 不完全竞争企业的生产要素的需求

在不完全竞争（即垄断竞争、完全垄断、寡头垄断）市场上，对于一个企业来说，价格是可变的。因此，边际收益不等于价格。边际收益取决于生产要素的边际生产力与价格水平。因此，生产要素的需求曲线仍然是一条向右下方倾斜的线。

二、生产要素的供给

社会上有各种各样的生产要素，不同种类的生产要素各有自己的特点。一般来说，可以把生产要素分为以下三类：

(1) 自然资源，主要指土地。在经济分析中，一般假定这类资源的供给是固定的。

(2) 资本。资本是利用其他资源生产出来的，也是和其他产品一样的产品。通常一个行业的产品往往就是另一行业的生产要素。因此，这种生产要素的供给与一般产品的供给一样，与价格同方向变动，供给曲线向右上方倾斜。

(3) 劳动。劳动的供给量先是随着价格的增加而增加，随后则随着价格的增加而转变为不变或者减少。

三、生产要素价格的决定

生产要素的价格，与商品均衡价格的形成一样，是由生产要素的需求和供给共同决定的，即生产要素的需求曲线与供给曲线的交点决定生产要素的价格。

当然，生产要素的价格决定具有不同于一般商品价格的特殊性。商品市场上，消费者按价付款，购买的是商品本身。但在生产要素市场，生产要素的价格并非是指它自身的价格，而是指它在生产中提供的某种形式服务的价格。例如，某员工月工资 3000 元，不是指对该员工本身买卖的价格，而是指他 1 个月为企业提供服务的价格；1 万元存入银行，1 年可获利息 300 元，那么 3% 的年利息率作为货币资本的价格，显然不是 1 万元所有权转让的价格，而是指该 1 万元在为时 1 年的生产中提供服务的报酬。其他生产要素的价格亦如此。

阅 读 与 思 考

拼多多打造农货上行"超短链"，缩短中国城乡贫富差距

拼多多构建的农货上行"超短链"，让生产者分享流通环节利润，开创了电商扶贫助农的新模式。2020 年 4 月 22 日，中国人民大学中国扶贫研究院发布《中国互联网普惠与减贫研究报告》(下称"报告")，详细分析了拼多多的农货上行"超短链"与"多多农园"等减贫实践。

据中国人民大学课题组分析，中国政府以及中国提供互联网基础设施的电信企业、大量互联网领域勃兴的民营科技企业携手构建了完善的互联网生态，有效缩小了城乡数字鸿沟，为消除贫困提供了数字商业基础设施，而新电商平台拼多多更是其中扎根农村、反哺农业、带动农人、促进农产品上行的企业代表。想要有效帮助农民脱贫，关键在于缩短产业链，实现农民与消费者的直接对接。

报告显示，与工业品相比，农产品通常具有非标化、季节性强、易腐等特征，小农户对接大市场的矛盾在电商时代转化为农产品上行难的困境。仅仅将农产品从实体摊位挪到线上卖，只是农产品电商的初级阶段，无法克服上行难的问题。报告认为，拼多多农货上行"超短链"，有效打破了农产品上行瓶颈。具体来看，在数字化"应用性赋能"方面，拼多多依据"人才本地化、产业本地化、利益本地化"策略，通过"多多大学"开展农产品电商运营培训。2019 年，"多多大学"的线下课程累计课时达到 1400 小时，线上专业课程累计触达 49 万名农业经营者。

在推广渠道上，手机已成为广大农民的"新农具"。农产品商家只需一部手机，就能便捷地进行店铺管理。而随着短视频、直播等内容形式的扩展，智能手机成为乡村内容数字化转化、传播、销售的新工具。

报告认为，拼多多将时间、空间上分散的农产品需求，汇聚成为短期内的同质化需求，推动农产品标准化，突破农产品成熟周期短和地理销售半径短的限制，实践出新型的集约化、规模化的农产品上行路径。

在此背景下，中国农产品电商发展迅速。以拼多多为例，截至 2019 年年底，在平台中国家级贫困县商户的年订单总额达 372.6 亿元，较上年同比增长 130%，其中，大部分为农产品订单注册地址为"三区三州"深度贫困地区的商家数量达 157 152 家，较上年同比增长 540%；年订单总额达 47.97 亿元，较上年同比增长 413%。

课题组对"多多农园"云南保山小粒咖啡项目进行了实地调研，观察到该项目支持当地贫困户成立合作社，并为之配套了供应链管理、品牌设计等全产业链的扶持。其主要目标是通过人才培养、合作社建设、电商平台优势资源匹配，进行产业链改造和价值链重建。

报告总结，整个项目致力于"产业健康发展、生产者获得全产业链利益"，"多多农园"正在改变"上游种植者几乎处于零利或者亏本状态"，把更多的产业链利益真正留给贫困户。

据悉，拼多多扎根中国乡村，2019 年农产品销售额达到 1364 亿元，成为中国最大的农产品上行平台。其在农产品上行链路构建过程中，通过消费端的变革推动生产端变革，侧重生产端利益分配，从而最大程度地维护农民利益，带动中国贫困乡村发展。

问题：通过拼多多打造农货上行"超短链"对我国社会收入分配将造成怎样的影响？给予我们哪些启示？

四、工资理论

工资是劳动的价格，是劳动者在单位时间内提供劳务所得的报酬。从不同的角度，可以把工资分为不同的种类。从计算方式上，可以分为按劳动时间计算的计时工资与按劳动成果计算的计件工资；从支付手段上，可以分为以货币支付的货币工资与以实物支付的实物工资；从购买力上，可以分为用货币单位衡量的名义工资与用实际购买力衡量的实际工资。名义工资即货币工资，指劳动者出卖劳动所得到的货币数量；实际工资是指劳动者用货币工资实际购买到的各类生活资料和服务的数量，是扣除个税和通胀影响后的货币工资。工资理论分析货币工资的决定与变动，认为工资是由劳动的供求关系决定的，并受劳动市场结构及政府政策等多种因素的影响。

1. 劳动的需求曲线

在完全竞争市场上，劳动的需求曲线取决于劳动的边际产品价值，劳动的需求曲线就是劳动的市场边际产品价值曲线，如图 7-1 所示，完全竞争市场的劳动需求曲线是一条向右下方倾斜的曲线 D，横坐标代表劳动数量 L，纵坐标代表工资水平 W，表明劳动的需求量与工资呈反方向变动的关系。

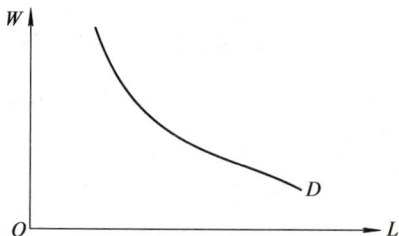

图7-1　完全竞争市场的劳动需求曲线

2. 劳动的供给曲线

劳动的供给不仅取决于劳动的价格，而且也取决于既定时间资源的分配，或闲暇时间的多少，当然也受到其他因素的影响，如劳动者拥有的财富状态、社会习俗、人口总量及其构成情况等。

劳动的供给曲线主要由工资率和闲暇的效用两者决定。工资率的提高刺激了劳动供给量的增加，即工资率与劳动的供给量呈同方向变动。闲暇的效用与劳动供给量呈反方向变动，即闲暇的效用越大，人们便越愿意放弃工作而去享受闲暇。其中闲暇的效用取决于工资率，工资率是闲暇的机会成本，工资率越高，闲暇的机会成本越高，闲暇的效用越大。

因此，劳动的供给曲线 S 是一条向后弯曲的曲线，如图 7-2 所示。这是因为在工资率较低时，闲暇的效用较小，工资率的提高对人们的诱惑很大，人们愿意放弃闲暇去工作，以提高生活水平，在这一阶段，劳动的供给量会随着工资率的上升而增加。但是，当工资率提高到一定程度后，工资率的连续增加导致工资率的诱惑不断下降，工资率的增加会使得劳动者放弃部分工作时间以维持原有生活水平而去享受闲暇，在这一阶段，劳动的供给量会随着工资率的上升而减少。

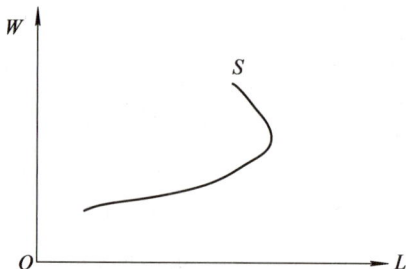

图7-2　劳动的供给曲线

3. 工资的决定

完全竞争市场上的工资水平是由所有的劳动供给者和需求共同决定的。如图 7-3 所示，

劳动的需求曲线 D 与劳动的供给曲线 S 相交于 E 点，决定了均衡工资水平为 W_0、均衡劳动数量为 L_0。

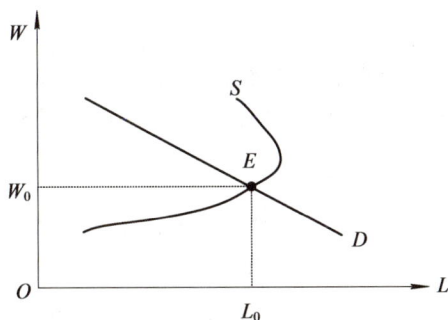

图7-3 工资的决定

五、利息理论

利息是资本这种生产要素的价格。资本家提供资本，得到利息。资本的供给和资本的需求决定了资本的价格——利息或利率。

利息与工资计算的方式不同，它不是用货币的绝对量来表示，而是用利率来表示，利率是利息在每一单位时间内（如一年内）在货币资本中所占的比率。

1. 利息的产生

1）时间偏好与利息

一些经济学家认为，人们具有一种时间偏好，即在未来的消费和现期消费中，人们更偏好现期消费。因为人们认为生命是有限的，未来的情况不可预测。在人们眼中，同一种物品未来的效用总是低于现期的效用。因此，人们对于目前所拥有的财物的估价要比对将来拥有这些财物的估价高，那么利息就产生了。利息的高低取决于人们对时间的偏好。如果对时间的偏好越大，利息就越高；如果对时间的偏好越小，利息就越低。

2）节欲论与利息

持"节欲论"观点的经济学家认为，资本所有者把资本借出去，是牺牲了当前的消费。而当人们牺牲当前消费时，就相当于是牺牲了当前欲望的满足。当人们欲望得不到满足的时候便会产生痛苦，而利息就是对节制欲望所产生痛苦的补偿。在节制欲望的过程中，产生的痛苦越大，利息越高；产生的痛苦越小，利息也就越低。

3）迂回生产与利息

一些经济学家认为，现代生产方式的基本特点就在于迂回生产，即人们先生产机器设备和生产工具等资本品，然后再利用这些资本品去生产消费品。比如，以前人们都是手工纺纱，后来发明了纺织机器设备，于是人们就用这些设备制作各种织物。迂回生产使得生产效率极大地提高，而资本使得迂回生产成为可能。在迂回生产中，由于资本而提高的生产效率就是资本的净生产力，而资本的净生产力是资本能带来利息的根源。

2. 利率的决定

利率取决于对资本的需求与供给。资本的需求主要是企业投资的需求，因此，可以用投资来代表资本的需求。资本的供给主要是储蓄，因此，可以用储蓄来代表资本的供给。这样就可以用投资与储蓄来说明利率的决定。

企业借入资本进行投资，是为了实现利润最大化，这样投资就取决于利润率与利率之间的差额。利润率与利率的差额越大，即利润率越是高于利率，纯利润就越大，企业也就越愿意投资。反之，利润率与利率的差额越小，即利润率越接近于利率，纯利润就越小，企业也就越不愿意投资。这样，在利润率既定时，利率就与投资呈反方向变动，从而资本的需求曲线 D 是一条向右下方倾斜的曲线，如图 7-4 所示。

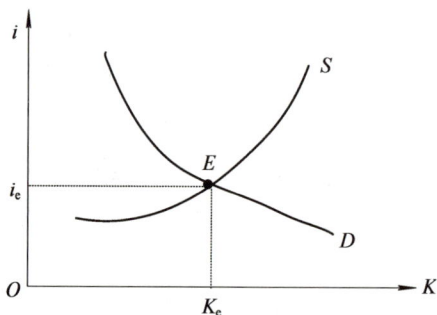

图7-4　利息的供给与需求曲线

人们进行储蓄，放弃现期消费是为了获得利息。利率越高，人们越愿意增加储蓄；利率越低，人们就越要减少储蓄。这样，利率与储蓄呈同方向变动，从而资本的供给曲线 S 是一条向右上方倾斜的曲线，如图 7-4 所示，其中，横轴坐标 K 代表资本数量，纵轴坐标 i 代表利率。

六、地租理论

土地可以泛指生产中使用的自然资源，地租也可以理解为使用这些自然资源的租金。地租的产生首先在于土地本身具有生产力，其次，土地作为一种自然资源具有数量有限、位置不变以及不能再生的特点。这些特点与资本和劳动不同，因此，地租的决定就有自己的特点。

地租由土地的需求与供给决定。土地的需求取决于土地的边际生产力，土地的边际生产力也是递减的。所以，土地的需求曲线 D 是一条向右下方倾斜的曲线，如图 7-5 所示，其中，横轴坐标 N 代表土地数量，纵轴坐标 P 代表地租。但土地的供给是固定的，因为在每个地区，可以利用的土地总有一定的限度。所以，土地的供给曲线 S 就是一条与横轴垂直的线。

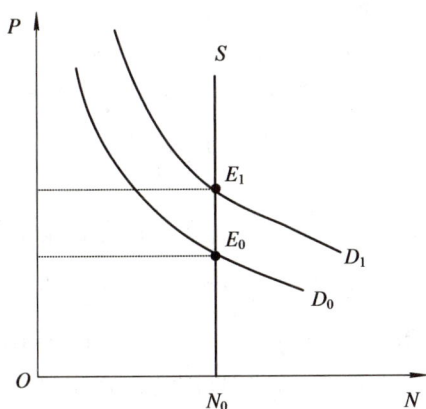

图7-5 地租的供给与需求曲线

知识链接

经济地租

生产要素的所有者所得到的实际收入高于他们期望得到的收入，超过他们期望的部分收入称为经济地租。

经济地租是准地租的一种特殊形式。一般，准地租是指边际生产力较高，素质较好的生产要素，在短期内由需求方面的因素所引起的一种超额收入。而经济地租则相反，指素质较差的生产要素，在长期内由于需求增加而获得的一种超额收入。准地租与经济地租的共同点是都由需求决定，而与供给无关。例如，劳动力市场上有甲、乙两类工人，乙类工人技术高于甲类，甲类工人每月工资1000元，乙类工人每月工资1200元，如果某种工作甲、乙两类工人都能担任，企业在雇用工人时，首先雇用乙类工人，在乙类工人数量不足时雇用甲类工人，在社会工资水平已提高到乙类工人的工资水平时，企业必须按乙类工人的要求支付1200元的工资。这样，甲类工人得到的1200元工资中，有200元是高于他们期望，高出的200元收入即经济地租。

经济地租，是生产要素所有者所得到的超过他愿意接受的收入部分，故称为生产者剩余。它类似消费者剩余。生产者剩余和消费者剩余都是由实际发生的数额与自己所想象的数额之差形成的。因此，都认为自己得到了一种"剩余"。它们的区别是：消费者剩余是产品的消费者购买时得到的一种额外福利，是一种心理上的感受，并非实际收入的增加；生产者剩余则是由生产要素的供给者得到的一种额外收入，是一种实际收入的增加。

其他生产要素（如土地、资本及企业家才能）的供给者，也可以得到这种相类似的经济地租或生产者剩余。

七、利润理论

利润是企业家才能这种生产要素的报酬。企业家不仅从事企业生产经营中的管理工作，而且要进行创新和承担风险。利润一般可分为正常利润与超额利润。

1. 正常利润

正常利润是企业家才能的价格，也是企业家才能这种生产要素所得到的收入。正常利润包括在成本之中，其性质与工资相类似，由企业家才能的需求与供给所决定的。如前所述，企业对企业家才能的需求是很大的，因为企业家才能是生产好坏的关键，使劳动、资本与土地结合在一起生产出更多产品的决定性因素是企业家才能，而企业家才能的供给又是很少的，培养企业家才能所耗费的成本也是很高的。企业家才能的需求与供给的特点，决定了企业家才能的收入——正常利润必然是很高的。可以说，正常利润是一种特殊的工资，其特殊性就在于其数额远远高于一般劳动所得到的工资。

2. 超额利润

超额利润是指超过正常利润的那部分利润，又称为纯粹利润或经济利润。在完全竞争的条件下和静态社会里，不会有这种利润产生。只有在不完全竞争条件下和动态社会中，才会产生这种利润。动态的社会涉及创新和风险，不完全竞争则意味着存在垄断。

1) 创新产生的超额利润

创新是指企业家对生产要素实行新的组合。它包括五种情况：第一，引入一种新产品；第二，采用一种新的生产方法；第三，开辟一个新市场；第四，获得一种原料的新来源；第五，采用一种新的企业组织形式。这五种形式的创新都可以产生超额利润。创新是社会进步的动力。因此，由创新所获得的超额利润是合理的，是社会进步必须付出的代价，也是社会对创新者的奖励。

2) 风险产生的超额利润

风险是从事某项事业时失败的可能性。由于未来具有不确定性，人们对未来的预测有可能发生错误，于是风险是普遍存在的。在生产中，由于供求关系发生难以预料的变动，自然灾害、政治动乱以及其他偶然事件的影响，也存在着风险，而且并不是所有的风险都可以用保险的方法加以弥补。这样，从事具有风险的生产就应该以超额利润的形式得到补偿。

3) 垄断产生的超额利润

由垄断而产生的超额利润称为垄断利润。垄断的形式可以分为卖方垄断与买方垄断两种。

卖方垄断也称垄断或专卖，指对某种产品出售权的垄断。垄断者可以抬高销售价格以损害消费者的利益而获得超额利润。在企业理论中分析的垄断竞争的短期均衡、完全垄断的短期与长期均衡，以及寡头垄断下的超额利润，均是这种情况。

买方垄断也称专买，指对某种产品或生产要素购买权的垄断。在这种情况下，垄断者可以压低收购价格，以损害生产者或生产要素供给者的利益而获得超额利润。

知识链接

马云谈企业家

马云在公开演讲时说过："生意人是有钱就要干，商人是有所为，而有所不为。企业家却要以家国利益为重，以未来利益为重，以社会利益为重。"回顾中国企业家群体的发展历程，马云对企业家、商人、生意人做了区分。

在新的竞争环境下，马云提出了企业家的"新三观"。他认为，新时代的企业家，光会赚钱肯定是不够的，必须担当起对这个国家、这个时代的责任，必须要有家国情怀。企业家应具备全局观、未来观和全球观，这是新时代企业家要有的"新三观"。与此同时，马云还认为新时代的企业家应追求"三性"：可持续性、包容性和绿色性，以此积极参与风险控制、精准脱贫与污染防治三大攻坚战。此外，在一次公司年会上，马云表示："大企业要有大担当，在核心技术上争高下，是大企业当仁不让的责任。"

>>> 第二节　社会收入分配 <<<

在市场经济中，按生产要素在生产中所做出的贡献大小，由市场决定的收入分配被称为第一次分配或初始分配。由于每个人拥有的生产要素数量与质量不同，市场经济中的分配必然引起收入不平等，甚至两极分化。

一、衡量社会收入分配状态的标准

1. 洛伦兹曲线

洛伦兹曲线是由美国统计学家 M.O. 洛伦兹于 1905 年提出来的。洛伦兹首先将一国总人口按收入由低到高的顺序排列；然后计算出收入最低的任意百分比人口所得到的收入百分比，例如，第 1 组收入最低的 20% 人口所得到的收入比例为 6%，第 2 组收入较低 20% 人口所得到的收入比例为 13%，等等（如表 7-1 所示）；最后将得到的人口累计百分比和收入累计百分比的对应关系在图中描绘出来，即得到洛伦兹曲线，如图 7-6 所示。

表7-1 某国的收入分配数据

组别	人口百分比 /%	人口累计百分比 /%	收入百分比 /%	收入累计百分比 /%
1	20	20	6	6
2	20	40	13	17
3	20	60	18	29
4	20	80	25	48
5	20	100	45	100

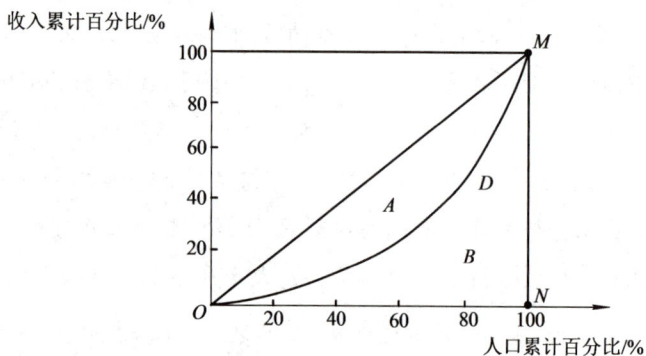

图7-6 洛伦兹曲线

在图 7-6 中，横轴表示人口累计百分比 (按收入由低到高分组)，纵轴表示收入累计百分比，OM 为绝对平等线，ODM 为该图的洛伦兹曲线。由该曲线 (或表 7-1) 可知，在这个国家中，收入最低的 20% 人口所得到的收入仅占总收入的大约 6%；而收入最高的，20% 人口所得到的收入占总收入的大约 45%。

显而易见，洛伦兹曲线的弯曲程度反映了收入分配的不平等程度，其弯曲程度越大，收入分配越不平等。

2. 基尼系数

由图 7-6 可知，收入分配越不平等，洛伦兹曲线就越是凸向横轴，从而它与绝对平等线 OM 之间的面积就越大。因此，可以将洛伦兹曲线与 45° 线 OM 之间的部分力叫作 "不平等面积"；当收入分配达到完全不平等时，洛伦兹曲线成为折线 ONM，ONM 与 OM 之间的面积 $A + B$ 是 "完全不平等面积"。不平等面积与完全不平等面积之比，称为基尼系数。用 G 表示基尼系数，则

$$G = \frac{A}{A + B}$$

显然，基尼系数不会大于 1，也不会小于 0。基尼系数越大，说明一个国家收入分配

越不平等，即贫富差距越大；基尼系数越小，说明一个国家的收入分配越平等。按国际上通用的标准，基尼系数小于 0.2 表示绝对平均，0.2 ~ 0.3 表示比较平均，0.3 ~ 0.4 表示基本合理，0.4 为临界点，0.4 ~ 0.5 表示差距较大，0.5 以上表示收入差距悬殊，即存在两极分化。

二、引起收入分配不平等的原因

任何一个社会都存在不同程度的收入分配不平等，在市场经济社会中这一问题更突出。各个社会引起收入分配不平等的原因既有共同之处，又有不同之处。研究引起收入分配不平等的原因，对解决这一问题是十分必要的。

首先，收入分配不平等的状况与一个社会的经济发展状况相关。根据美国经济学家库兹涅茨的研究，一个社会收入分配状况变动的规律是：在经济开始发展时，收入分配不平等随经济发展而加剧，只有发展到一定程度之后，收入分配才会随经济发展而较为平等。他根据一些国家的资料做出了反映这种收入分配变动规律的库兹涅茨曲线。库兹涅茨曲线是表示随经济发展收入分配不平等程度加剧，但经济发展到一定程度时，随经济发展收入分配逐渐平等的一条曲线。经济发展程度的确与收入分配状况相关，但是否能成为收入分配平等或不平等的原因还要具体分析。

其次，各国收入分配不平等也与制度上存在的问题相关。比如，一些国家存在的户籍制度、一些国家受教育权利的不平等；由于制度或社会习俗，一部分人对另一部分人的歧视等。

最后，引起收入分配不平等的还有个人原因。这就是说，收入分配不平等与人的个体差异是相关的。每个人的能力、勤奋程度、机遇并不相同。就能力而言，既有先天的才能（即天赋大小不一样），也有后天受教育程度的不同。经济学家认为，个人的受教育程度与个人收入之间有强烈的相关性，个人受教育程度越高，能力越强，收入水平越高。总之，收入分配差距拉大，既有社会原因，又有个人原因，对不同社会、不同阶层人的收入差别及原因要进行具体分析。

知识链接

基尼系数疑团

基尼系数可以完全准确反映出我国的社会贫富差距吗？具有哪些局限性？如何客观评价基尼系数？

按照联合国有关组织规定，基尼系数若低于 0.2 则表示收入绝对平均，在 0.2 ~ 0.3 表示比较平均，0.3 ~ 0.4 表示相对合理，0.4 ~ 0.5 表示收入差距过大，0.5 以上表示收入差距悬殊。因此，经济学家们通常把 0.4 作为收入分配差距的警戒线。

2000 年，国家统计局曾公布中国的基尼系数为 0.412，之后的 10 年间，再未见官方数据发布，近年来各种版本自说自话，出现严重分歧。国家统计局回应称中国居民收入的调查是分开进行的，对城镇居民调查可支配收入，对农村居民调查纯收入，指标不完全一样，基础数据是分开的，没有办法计算全国统一的基尼系数。

》》》 第三节　收入再分配 《《《

收入分配不平等是合理的，但需有一定限度。如果收入分配差距过大，甚至出现贫富两极分化，既有损于社会公正的目的，又成为社会动乱的根源。因此，各国都采用收入再分配政策纠正收入分配中较为严重的不平等问题。

一、收入再分配理论

任何一个社会都应该实现公平，公平是人类的理想。在收入分配问题上有过程公平论和结果公平论两种理论。

1. 过程公平论

过程公平论是根据分配的机制或手段来判断是否公平。换而言之，无论结果如何，只要机制是公平的，就实现了公平。在收入分配问题上，这种观点强调的是决定收入的机制是否公平。在市场经济中，重要的是制度上的公平，而这种公平要以私有产权和自愿交易为基础。人们通过交易来实现私有财产的转移。只要交易是公平的，产生的结果就是公平的。在生产中，私有产权制度保证了每个人的要素由个人所拥有，各自交换自己的要素，这种交易的自愿性与平等性决定了分配的公平性。根据这种观点，只要分配机制保证了私有权，保证了自愿交易，每个人都以平等的权利参与市场交易，无论分配的结果如何，分配都是公平的。

2. 结果公平论

结果公平论根据分配的结果来判断收入分配是否公平。换而言之，只有结果的平等才实现了公平。按这个标准，最公平的分配应该是完全平等的分配。但实际上并非如此，因为这种分配会引起效率损失，使所有人的福利减少。所以，结果公平论并不是主张完全平等的分配，而是关注最穷的人的状况，通过收入再分配来增加他们的收入。这两种观点反映了人们对收入分配的不同看法。

在现实中，无论持什么观点，都认为需要某种形式的收入再分配政策来保证社会的某种程度的公平与社会稳定。

二、收入再分配政策

1. 税收政策

税收是国家为了满足社会公共需要，凭借公共权力，按照法律所规定的标准和程序，参与国民收入分配，强制取得财政收入的一种特定分配方式。在宏观经济政策中，政府运用税收来调节宏观经济。在收入分配中，政府运用税收来实现收入分配的公平，其主要手段是征收个人所得税，此外还有征收遗产税、财产税和赠予税等。

个人所得税是税收的一项重要内容，它通过累进所得税制度来调节社会成员收入分配的不平等状况。累进所得税制度是根据收入的高低确定不同的税率，对高收入者按高税率征税，对低收入者按低税率征税。累进所得税制度有利于纠正社会成员之间收入分配不平等的状况，从而有助于实现收入的平等化。但累进所得税制度不利于有能力的人充分发挥自己的才干，对社会来说也是一种损失。此外，在个人所得税方面，还区分了劳动收入税与非劳动收入税。对劳动收入按低税率征税，而对非劳动收入（股息、利息等收入）按高税率征收。除了个人所得税之外，还有遗产税和赠予税等，征收这些税也有利于收入分配的平等化。

2. 社会福利政策

如果说税收政策是要通过对富人征收重税来实现收入分配平等化的话，那么，社会福利政策则是要通过给穷人补助来实现收入分配平等化。因此，社会福利政策是收入分配平等化的一项重要内容。

从当前西方各国的情况看，社会福利政策主要有以下内容：

(1) 各种形式的社会保障与社会保险。其主要包括失业救济金制度、老年人年金制度、残疾人保险制度，对有未成年子女家庭的补助，对收入低于一定标准（即贫困线）的家庭与个人的补助。这些补助金主要是货币形式，也有发放食品券等实物形式的。其资金来源或者是个人或企业交纳的保险金，或者是政府的税收。

(2) 向贫困者提供就业机会与培训。收入不平等的根源在于贡献的大小，而贡献的大小与个人的机遇和能力相关。由此，政府可以通过改善穷人就业的能力与条件，来实现收入分配的平等化。

(3) 医疗保险。医疗保险包括住院费用保险、医疗费用保险以及出院后部分护理费用的保险，主要由保险金支付。

(4) 对教育事业的资助。其主要包括兴办国立学校，设立奖学金和大学生贷款制度，帮助学校改善教学条件，资助学校的科研项目等。从社会福利的角度来看，对教育事业的资助有助于提高公众的文化水平与素质，也有利于收入分配平等化。

(5) 各种保护劳动者的立法。其主要包括最低工资法、最高工时法。这些都有利于增进劳动者的收入，改善他们的工作与生活条件，从而也有利于降低收入分配不平等的程度。

(6) 改善住房条件。其主要包括以低房租向穷人出租国家兴建的住宅；对私人出租的房屋实行房租限制；资助无房者建房，如提供低利息率的长期贷款，或低价出售国家建造的住宅；实行住房房租补贴等等。这种政策有利于改善穷人的住房条件，也有利于实现收入分配平等化。

三、平等与效率

收入分配要兼顾平等与效率，平等是指各社会成员收入分配平均；效率是指资源配置有效并得到充分利用。

经济学家认为，收入分配有三种标准：第一个是贡献标准，即按社会成员的贡献分配国民收入，即按生产要素的价格进行分配，这种分配标准能保证经济效率，但由于各成员能力、机遇的差别，又会引起收入分配的不平等；第二个是需要标准，即按社会成员对生活必需品的需要分配国民收入；第三个是平等标准，即按公平的准则来分配国民收入。后两个标准有利于收入分配的平等化，但不利于经济效率的提高。有利于经济效率则会不利于平等，有利于平等则会有损于经济效率，这就是经济学中所说的平等与效率的矛盾。

收入分配要有利于经济效率的提高，就要按贡献来分配，这样有利于鼓励每个社会成员充分发挥自己的能力，在竞争中取胜。这就是效率优先的分配原则。但这种分配方式会使不平等加剧，甚至会出现严重的贫富两极分化。因此，在收入分配中，不仅要效率优先，而且要兼顾公平。

效率优先、兼顾公平是许多国家收入分配的原则。应该承认，各种收入平等化政策对于缩小贫富之间的差距，对改善穷人的地位和生活条件，提高他们的实际收入水平，确实起到了相当大的作用，对于社会的安定和经济发展也是有利的。但是，这些政策有两个严重的后果，一是降低了社会生产效率，增加了个人所得税和各种各样的社会保障，使人们生产的积极性下降，导致社会生产效率下降；二是增加了政府的负担。

本 章 小 结

工资是劳动的价格，是劳动者在单位时间内提供劳务所得的报酬。工资是由劳动的供求关系决定的，并受劳动市场结构及政府政策等多种因素的影响。

利息是资本这种生产要素的价格。资本的供给和资本的需求决定了资本的价格——利息或利率。

地租是土地这种生产要素的价格，由土地的需求与供给决定。

收入分配要有利于经济效率的提高，在收入分配中，不仅要效率优先，而且要兼顾公平。效率优先、兼顾公平是许多国家收入分配的原则。

练 习 题

一、名词解释

工资　地租　洛伦兹曲线　基尼系数

二、单项选择题

1. 生产要素的需求是一种（　　）。

A. 派生的需求 　　　　　　　　B. 联合的需求

C. 最终产品的需求 　　　　　　D. A 与 B

2. 随着工资水平的提高，（　　）。

A. 劳动的供给量会一直增加

B. 劳动的供给量先增加，但工资提高到一定水平后，劳动的供给不仅不会增加反而减少

C. 劳动的供给量增加到一定程度后既不会增加也不会减少

D. 以上均不正确

3. 土地的供给曲线是一条（　　）。

A. 向右上方倾斜的线 　　　　　B. 向左下方倾斜的线

C. 与横轴平行的线 　　　　　　D. 与横轴垂直的线

4. 根据基尼系数大小，下列三国的分配最平均的是（　　）。

A. 甲国基尼系数 0.1 　　　　　B. 乙国基尼系数 0.15

C. 丙国基尼系数 0.2 　　　　　D. 都不正确

5. 如果收入是平均分配的，则洛伦兹曲线将会（　　）。

A. 与纵轴重合 　　　　　　　　B. 与横轴重合

C. 与 45°线重合 　　　　　　　D. 无法判断其位置

三、简答题

1. 影响劳动的供给因素有哪些？个人劳动供给曲线为何会向右弯曲？

2. 土地的供给曲线为什么垂直？你认为地租会有何变化趋势，对经济发展有怎样的影响？

第八章　市场失灵与政府干预

【知识目标】

(1) 了解市场失灵的概念；

(2) 熟悉垄断导致低效率及其反垄断政策；

(3) 掌握外部性及其矫正政策；

(4) 熟悉公共物品导致市场失灵及其矫正方法；

(5) 掌握信息不对称及其应对方法。

【技能目标】

(1) 能够理解公共产品、外部性、垄断及信息不对称如何导致市场失灵；

(2) 能够分析现实生活中市场失灵的具体原因。

【素质目标】

(1) 能够从经济学的角度正确认识市场调节的不足；

(2) 提升对于纠正市场失灵应当采取的政策干预的认知。

引入案例

河水污染谁该赔偿

一日，广西某村庄附近的河水突然变黑，导致近日村里11户农民在河中网箱内养的鱼接连大量死亡，损失惨重。据查，河水变黑是上游几家工厂偷排污水所致。为此村民们多次找到工厂，要求赔偿损失，并且要求停止向河流中排放污水，但几家工厂却说如果向河流中少排放或不排放污水，会增加工厂的生产成本，造成企业损失。如果答应村民们的要求，那么应首先赔偿企业的相应损失。

思考：你认为谁的要求有道理？

》》》 第一节　市场失灵与垄断 《《《

一、市场失灵的概念

经济学中的市场失灵有狭义和广义之分。狭义的市场失灵是指由于完全竞争市场所假定的条件得不到满足，从而导致市场配置资源的能力不足，市场表现缺乏效率。换句话说，就是实际市场具有不完全竞争性，市场机制不能充分发挥作用。广义的市场失灵则还包括市场机制在配置资源过程中所出现的经济波动以及按市场分配原则而导致的收入分配不公平现象。换句话说，市场是完全竞争的，市场机制能充分发挥作用，但市场机制本身具有缺陷。市场失灵的原因是多方面的，包括垄断、外部性、公共物品和信息不对称等。

二、垄断的含义及形成原因

垄断的一般含义是指对市场的直接控制或操纵。市场存在垄断的情况下，市场机制不能完全发挥作用。垄断的原因有很多方面，主要包括边际成本降低、专利造成垄断和财政补贴或特许经营造成垄断。

1. 边际成本降低

关于市场垄断的形成，一个很重要的原因是因为边际成本降低，也就是说，用户越多、产量越大、成本越低。例如，电网公司建好一个电网，增加的用户越多，它的平均成本越低。一个生产企业的边际成本即每增加一单位产品企业要支付的成本，这个成本的高低会直接决定企业的收益。当电网或者移动公司的网络搭建好以后，它的成本并不会因为多一个客户或多一张 SIM 卡就增加很多。随着规模效应发挥作用，企业的边际成本会不断减少，直到最后几乎接近于零。这样现有的企业就形成了垄断，新企业进入就变得十分困难。

2. 专利造成垄断

专利也可能造成垄断。目前很多产品（如汽车、液晶电视、电脑等这些产品）的核心技术都申请了专利。专利一方面保证了技术开发者的利益，但另一方面在客观上也造成了拥有这些专利的企业在从事生产、销售活动中的独有性，从而使其他企业或新进入者无法从事相关生产活动，造成垄断。

3. 财政补贴或特许经营造成垄断

政府的财政补贴或者特许经营也会造成垄断。例如，在我国，伐木、开矿都需要取得政府主管部门的特许；还有餐饮业、食品零售领域都存在不同程度的特许经营。这些特许制度从积极意义上来说，是为了规范企业的经营行为，然而在客观上由于特许总是掌握在少数企业的手中，势必会导致这些企业在取得特许经营权之后，就有其他企业不具备的优势，从而导致垄断。

三、垄断的表现形式

垄断的表现形式有很多，主要包括：

(1) 滥用市场优势地位限制竞争。例如，中移动、中石油、中石化等企业在某种程度上具有对其产品的定价权，并且限制其他相关企业的进入。

(2) 经营者与经营者之间以垄断协议限制竞争。寡头垄断行业的寡头之间通常会成立战略联盟，对产品价格等达成协议，从而使消费者无从选择。

(3) 行政垄断限制竞争。例如，政府特许经营、政府补贴等方式，造成一些企业在经营中成本低于其他新进入的企业，从而达到垄断的目的。

四、垄断所造成的危害

垄断会给整个社会带来危害，其根本原因是垄断会导致社会竞争成本增加。

垄断性行业从事的一般都是与绝大多数人息息相关的公共事业，如电信、邮政、自来水、电力、煤气、铁路和航空等。因为这些行业渗透到社会的方方面面，所以这些行业的服务价格的高低便关系到整个社会的成本，而这些行业的整体效率直接关系到其他产业参与国际竞争的能力。

上述关于垄断情况的分析也适用于垄断竞争或寡头垄断等其他非完全竞争的情况。实际上，只要市场不是完全竞争的，只要厂商面临的需求曲线不是一条水平线，而是向右下方倾斜，则企业的利润最大化原则就是边际收益等于边际成本，而不是价格等于边际成本。当价格大于边际成本时，就出现了低效率的资源配置状态。由于达成协议的各种困难，潜在的帕累托改进难以得到实现，于是整个经济便偏离了帕累托最优状态，均衡于低效率之中。

知识链接

意大利经济学家维尔弗雷多·帕累托提出了最优资源配置状态这个概念，后来被人们称之为"帕累托最优"，也叫帕累托效率或帕累托改善。

帕累托最优是指资源实现最优配置时，任意改变都不可能使至少有一个人的状况变好而又不使任何人的状况变坏的情况。结合具体情况来说，帕累托最优就是在市场上，如果产品在消费者之间重新分配，都会至少降低一个消费者的满足水平。

在经济学中，我们常常把帕累托最优作为判断资源配置状态变好或是变坏的标准。例如，如果既定的资源配置状态的改变使得至少有一个人的状况变好，而没有使任何人的状况变坏，那么，我们就认为这种资源配置状态的变化是"好"的；否则认为是"坏"的。我们还把这种"好"的状态改变称为帕累托改进。所以说，没有达到帕累托最优的资源配置状态均存在帕累托改进的可能。

五、垄断的矫正措施

1. 对一般垄断的矫正措施

政府可以采取行政命令、经济处罚或者法律制裁手段把原有的垄断企业分解成多个企业，或者扫除进入垄断行业障碍的手段和措施来矫正垄断。如制定并实施反垄断法进行反垄断或反垄断行为。

2. 对自然垄断的矫正措施

在具有自然垄断特性的行业中，任何低于市场需求量的产量所需要的生产成本都较高，这意味着试图通过增加竞争企业来消除自然垄断是不现实的，这就需要政府采取其他措施来实施管制。管制的措施主要包括价格控制、价格和产量双重控制、税收、补贴以及国家经营等。

一般来说，管制价格低于垄断价格，而产量大于垄断产量。如果导致企业亏损，则给予补贴，以便企业获取正常利润。如果价格控制后企业还能获取超额利润，那么政府应征收一定的特殊税收，使企业获取正常利润，便于收入的公平分配。

>>> 第二节　外部性 <<<

一、外部性的定义及种类

外部性是指在实际经济活动中，生产者或消费者对其他生产者或消费者带来的非市场性影响。换句话说，外部性是一个经济单位的行为对另一经济单位的福利所产生的效果，而这种效果并没有从货币关系或市场贸易中反映出来。

外部性主要有两种类型，分别是外部经济和外部不经济。

1. 外部经济

外部经济是指某个人（生产者或消费者）的一项经济活动能给其他人带来收益，而其他人却不必进行支付的情况。此时，这个人从其活动中得到的私人利益就小于该活动所带来的社会利益。例如，私人花园的美景给路人带来美的享受，但路人不用付费，可以说，私人花园的主人就给路人带来了外部经济效应。

1) 生产的外部经济

生产的外部经济是指一个生产者所采取的行为给社会中其他成员带来了利益，而该生产者自己却不能从中得到补偿。例如，一个企业对其所雇用的工人进行培训，而这些工人可能转到其他单位去工作，该企业并不能从其他单位索回培训费用或得到其他形式的补偿。因此，该企业从培训工人中得到的私人利益就小于该活动的社会利益。

2) 消费的外部经济

消费的外部经济是指一个消费者所采取的行为给社会中其他成员带来了利益，而该生产者自己却不能从中得到补偿。例如，当某个人对自己的房屋和草坪进行保养时，他的隔壁邻居也从中得到了好处。再如，一个人对自己的孩子进行教育，把他们培养成更值得信赖的公民，这显然也使其隔壁邻居甚至整个社会都得到了好处。

2. 外部不经济

外部不经济是指某个人（生产者或消费者）的一项经济活动给其他人造成损失，而其他人却不能得到补偿的情况。此时，这个人为其活动所付出的私人成本就小于该活动所造成的社会成本。例如，隔壁邻居音响的音量开得太大影响了周围居民的休息，可以说，隔壁居民给周围居民带来的就是外部不经济效应；一个人吸烟有害于另一个人的健康，但吸烟者却不必为其他受害者提供任何补偿。

1) 生产的外部不经济

生产的外部不经济是指一个生产者采取的行动使社会中的其他成员付出了代价却又未给社会其他成员以补偿。例如，一个企业可能因为排放脏水而污染了河流，或者因为排放烟尘而污染了空气，这种行为使附近的居民和整个社会都遭受损失。再如，企业生产的扩大可能造成交通拥挤及对风景的破坏等。

2) 消费的外部不经济

消费的外部不经济是指一个消费者采取的行动使社会中的其他成员付出了代价却又未给社会其他成员以补偿。和生产者造成污染的情况类似，消费者也可能造成污染而损害他人利益。比如吸烟，吸烟者的行为危害了被动吸烟者的身体健康，但并未为此而出任何补偿。此外，在公共场所随意丢弃果皮、瓜子壳等也可能带来外部不经济效应。

上述各种外部性可以说是无处不在、无时不在。尽管就每一个单个生产者或消费者来说，他造成的外部经济或外部不经济对整个社会也许微不足道，但是，所有这些生产者或消费者加总起来所造成的外部经济或外部不经济的总的效果将是巨大的。例如，由于扩大生产而引起的污染问题已经严重危及人类自身的生存环境。

二、外部性对资源配置的影响

为什么外部影响会导致资源配置的失当？一般而言，在存在外部经济的条件下，私人活动的水平常常要低于社会所要求的最低水平；在存在外部不经济的情况下，私人活动的水平常常要高于社会所要求的最优水平。

各种形式的外部影响的存在造成了一个严重后果：完全竞争条件下的资源配置将偏离帕累托最优状态。换句话说，即使假定整个经济仍然是完全竞争的，但由于存在着外部影响，整个经济的资源配置也不可能达到帕累托最优状态。"看不见的手"在外部影响面前失去了作用。

三、外部性的矫正措施

1. 税收和补贴政策

政府采取税收和补贴政策迫使企业考虑外部成本或外部利益，即向施加负的外部效应影响的企业征收恰好等于外部边际成本的税收，而给予产生正的外部效应影响的企业等于外部边际收益的补贴，以便使得企业的私人边际成本与社会边际成本相等，从而诱使企业提供社会最优的产量。

税收和补贴政策对促使企业提供社会最优的产量起到直接的作用。但是，这种方法遇到的最大问题是如何准确地以货币的形式衡量外部影响的成本或利益。此外，征税不可能消除外部损害，因为企业的最优决策是减少产量而不一定是减少损害。

2. 企业合并

通过企业合并，企业的外部成本被内在化，企业能获取正的外部效应，或者可以消除负的外部效应。例如，上游造纸厂与下游养鱼场合并，合并的企业会把纸的产量下降到上游造纸厂的边际收益等于下游养鱼场的边际损失时为止；一个占地面积较大的度假村，兼并周围的服务企业后，服务企业可因此得到较多的顾客，度假村则因服务企业的加盟而改善其整个经营环境，从而使双方受益。

3. 明晰产权

产权是通过法律界定和维护的人们对财产的权利。产权不明确是导致外部性的根本原因。科斯认为，政府只需界定并保护产权就可以，并非一定要用干预的方法来试图消除私人收益与社会收益或私人成本与社会成本之间的差异。只要产权是明确的，并可以自由交易或协商，且交易成本为零，那么无论初始产权怎样界定，市场机制都能使资源实现合理配置。这就是著名的科斯定理。

例如，假设一个企业有利用河流排污的权利（产权），而渔民对河流没有产权，即无权在清澈的水中捕鱼。结果是企业就不会将外部效应纳入企业成本中。换句话说，企业外生了由于污物引起的成本（可以污染河流，而不用付费）。如果渔民希望在清澈的河水中捕鱼（河水污染可以导致鱼死亡），可以向企业付费，以要求企业减少对河水的污染。假如渔民拥有这条河流的产权，那么他们就有权要求河水清澈，或者要求企业付费来购买向水中倾倒污物的权利。企业将停止生产或付费，这些成本将被看作内生的而不再是外生的，最终的结果是企业将减少污物对河水的污染，这样资源配置将可能达到最优。

但是，由于交易费用的广泛存在，通过市场机制解决外部性影响的效果不如其他行政手段。

知 识 链 接

科斯定理

假定一个工厂周围有 5 户居民户，工厂的烟囱排放的烟尘因为使居民晒在户外的衣物受到污染而使每户损失 75 美元，5 户居民总共损失 375 美元。解决此问题的办法有三种：一是在工厂的烟囱上安装一个防尘罩，费用为 150 美元；二是每户有一台除尘机，除尘机价格为 50 美元，总费用是 250 美元；三是每户居民户有 75 美元的损失补偿。补偿方是工厂或者是居民户自身。假定 5 户居民之间，以及居民户与工厂之间达到某种约定的成本为零，即交易成本为零，在这种情况下，如果法律规定工厂享有排污权（这就是一种产权规定），那么，居民户会选择每户出资 30 美元去共同购买一个防尘罩安装在工厂的烟囱上，因为相对于每户拿出 50 美元买除尘机，或者自认 75 美元的损失来说，这是一种最经济的办法。如果法律规定居民户享有清洁权（这也是一种产权规定），那么，工厂也会选择出资 150 美元购买一个防尘罩安装在工厂的烟囱上，因为相对于出资 250 美元给每户居民户配备一个除尘机，或者拿出 375 美元给每户居民户赔偿 75 美元的损失，购买防尘罩也是最经济的办法。因此，在交易成本为零时，无论法律是规定工厂享有排污权，还是规定居民户享有清洁权，最后解决烟尘污染衣物导致375 美元损失的成本都是最低的，即 150 美元，这样的解决办法的效率最高。

以上例子说明，在交易成本为零时，无论产权如何规定，资源配置的效率总能达到最优。这就是"科斯定理"。以出生于英国的美国经济学家科斯为代表的产权经济学家指出，只要明确了产权界定，经济行为主体之间的交易行为就可以有效地解决外部性问题。科斯定理强调，政府首要应当做的就是明晰产权，减少"公地的悲剧"。一旦产权明晰，若交易费用为零，市场交易可以确保有效率的结果，产权分配方式不影响经济效率，仅影响收入分配。

科斯定理的魅力在于它将政府的作用限定在最小范围之内。政府只不过是使产权明晰，然后是交由私人市场去取得有效率的结果。然而运用该定理的机会极其有限，因为达成和实施一项市场交易协议的成本可能非常高，特别是当涉及很多人时，尤其如此。于是，"一体化"和政府干预两种解决外部性问题的替代市场的方式便繁荣了起来。

第三节　公共物品

一、公共物品的定义

在提出公共物品的概念之前，不得不先介绍与之相对的私人物品。私人物品是指具有排他性和竞争性的物品。排他性是指只有对物品支付价格的人才能够使用该物品；竞用性是指如果某人已经使用了某个物品（如某一火车座位），则其他人就不能再同时使用该物品。

公共物品是与私人物品是相对的概念，指具有非竞争性和非排他性的商品。

公共物品具有非排他性和非竞争性两个特征。非排他性是指一旦某项特定的物品被提供出来，便不太可能排除任何人对它的消费。严格地说，这有三层含义：

(1) 任何人都不可能不让其他人消费该产品，即使有些人有独占消费的想法，但在操作中或者技术方面不可行，或者虽然技术上可行，但成本却过高，因而是不值得的。

(2) 任何人即使不情愿，也无法拒绝对该产品的消费。

(3) 任何人都可以在相同数量上，或在相同程度上消费该物品。

非竞争性是指消费者对公共物品的消费不会影响其他消费者的消费，即存在公共物品的边际生产成本为零和边际拥挤成本为零。边际生产成本为零，指增加一个消费者不会引起公共物品供给者总成本增加。边际拥挤成本为零，指增加一个消费者的消费不会影响其他消费者的消费数量和质量。如国防、警察服务、洁净的空气等。

二、公共物品的分类

1. 纯公共物品

纯公共物品是指同时具有非排他性和非竞争性的物品，如国防、公平的收入分配、有效率的政府或制度、环境保护、基础科学研究，反贫穷措施等。这类物品通常需要由政府提供。

2. 准公共物品

准公共物品是指不同时具有非排他性和非竞争性的物品，可分为俱乐部物品和公共资源物品。俱乐部物品，指在消费上具有排他性，但不具备竞争性。如公共游泳池、公共电影院等，只有购买票的消费者才能进入消费。俱乐部物品可由私人提供并通过收费补偿成本。公共资源物品，即在消费上具有竞争性，但是无法有效地排他，如公共渔场、公共牧场等。当增加一个人捕鱼时，留给其他人捕的鱼就少了，因而具有竞争性。

准公共物品具有拥挤性的特点，即当消费者的数目增加到某一个值后，就会出现边际成本为正的情况，即每增加一个人，将减少原有消费者的效用。

三、公共物品导致市场失灵及其矫正

1. 非排他性特征导致市场失灵

由于公共物品的非排他性，任何个人即使在消费公共物品时不付费，也能同样享用，这样每个人就有成为"免费搭车者"的激励。这样的结果导致提供公共物品的企业可能得不到抵补生产成本的收益，长期看企业就不会继续提供这种物品，导致供给不足。这种情况下，市场提供的公共物品的数量通常低于社会需求的最优数量，出现市场失灵。

2. 非竞争性特征导致市场失灵

非竞争性是指某人对某一物品的消费并不影响其他人对该物品的消费。如国防，一个居民享受国防的服务并不影响其他居民同时享受国防的服务。当人们享受公共物品时，在不拥挤的条件下，多一人享用，不会因此而增加成本；少一人享用，也不会因此而节约生产成本，即其边际成本为零。有效的资源配置要求价格等于边际成本，边际成本为零，所以价格也是零。但提供公共产品是需要成本的，而这种成本却不能通过市场交易来收回，市场机制就失去了作用，存在市场失灵。

公共物品所具有的上述特征，决定了通过市场机制提供公共物品的方式不能准确反映资源的有效配置，从而形成效率损失。

由于公共物品存在效率损失，那么公共物品只能由政府来提供。政府应当在提供这类物品上发挥基础性作用，否则就会出现供给不足的问题。由于企业提供公共物品的社会利益超过了私人利益，无法从公共物品的提供中获得足够的回报，所以企业提供公共物品的激励不足，难以达到社会最优水平，除非政府利用税收、补贴以及其他形式的干预手段鼓励私人投资，否则公共物品的供应将很少。因此，大多数公共物品不能完全由市场供给，而需要政府直接提供或补贴生产。

但在现实生活中，需要区分政府供给与政府生产问题，政府可以通过招标、制定竞争规则等方式鼓励市场或第三部门提供公共物品，以提高供给效率。

知 识 链 接

"搭便车"行为是否值得提倡

既然公共物品具有非排他性和非竞争性，那么"搭便车"行为是否有违公共物品的属性？是否值得提倡？给我们带来什么启示？

> "搭便车"理论首先由美国经济学家曼柯·奥尔逊于 1965 年发表的《集体行动的逻辑：公共利益和团体理论》一书中提出。"搭便车"问题是一种发生在公共财产上的问题，是指经济中某个体消费的资源超出他的公允份额，或承担的生产成本少于他应承担的公允份额，即一些人需要某种公共财产，但事先宣称自己并无需要，在别人付出代价去取得后，他们就可不劳而获地享受成果。

》》》 第四节　信息不对称 《《《

一、信息不对称的含义

信息不对称是指参与经济活动的当事人一方比另一方拥有更多的相关信息。一般而言，卖方比买方拥有更多关于交易物品的信息，但相反的情况也可能存在。前者例子可见于二手车的买卖，卖方对该卖出的车辆比买方了解。后者例子比如医疗保险，买方通常拥有更多信息，买方也就是消费者对于自身的健康状况肯定比保险公司清楚。

信息不对称也称不完全信息问题。现实经济中，信息常常是不完全的。在这里，信息不完全不是指绝对意义上的不完全，即由于认识能力的限制，人们不可能知道在什么时候、任何地方发生的或将要发生的任何情况，而且是指"相对"意义上的不完全，即信息不对称。在很多情况下，市场的价格机制并不能有效地解决不完全信息问题，从而出现市场失灵。

二、信息不对称导致的市场低效率

1. 逆向选择导致的市场低效率

逆向选择又称事前机会主义，指在签约之前，信息的非对称性已经存在，契约的签订方利用自身的信息优势使契约的签订更有益于自己。如在旧车市场上，有好车，也有坏车，由于买主不了解旧车的质量，所有卖主都说自己的车是好车。但对于买主而言，他们无法区分谁在说真话，谁在说假话，只能根据对整个市场的估计决定支付的价格。在好车和坏车被买主同等对待时，坏车在成本上具有优势，从而容易被卖出。当顾客发现所购产品并非如原先估计的那样好时，他们会进一步降低对旧车质量的平均估价，此时，可能将成本高的好车淘汰出市场。市场交易的结果违背了优胜劣汰的原则，好车在竞争中失败，而坏车则容易成交，这就是市场中的"逆向选择"。

在逆向选择中，伴随着旧车价格和质量不断下降，消费者的购买量也迅速下降，最终结果是导致市场萎缩甚至消失，市场并没有把好车从卖主手里转移到买主手中，无法实现有效的资源配置。这种逆向选择也普遍存在于其他市场，如劳动力市场、保险市场、信贷市场等。

2. 道德风险导致的市场低效率

道德风险，指在签约之后，代理人利用自身拥有而不被委托人观察到的私人信息，改变签订合同前的行为模式，从中获取更大的预期收益，与此同时却损害了委托人的利益。如在劳动力市场上，雇主一旦雇用了雇员，此时雇员成为信息的优势方，雇员可能出现偷懒、装糊涂和其他危害雇主利益等行为；在保险市场上，保险合同一旦签订，投保人便为信息优势方，此时可能出现对投保财物的关注不够而被盗和毁损，甚至骗保的现象；在信贷市场上，债务人会在追求自身利润最大化时，从事高风险的行业，可能造成无法预料的风险。这些现象均是道德风险的表现形式。

道德风险的存在，使得保险公司理赔支出增多。保险公司为了保持正常利润，将采用提高投保费标准和加强监管的办法。如果提高投保费标准，则会使部分正常的投保人退出保险市场，市场上所留下来的是愿意支付较高投保费的并可能存在道德风险的投保人。这种恶性循环将导致保险市场萎缩。如果保险公司加强对投保人的监管，则会出现交易费用增加，降低保险公司利益。

三、应对信息不对称的方法

1. 市场手段

1) 信息优势方的信号传递

如果市场上信息优势方通过某种方式将信号传递给信息劣势方，即发送市场信号，这有助于消除因信息不对称而产生的问题。如企业对商品做出包退包换承诺、邀请专家对旧车进行鉴定、在求职时提供学历证明等，通过传递市场信号，解决信息不对称问题。

2) 信息劣势方的过滤筛选

在信息不对称的市场中，信息劣势方可以通过调整合同的格式内容来筛选信息优势方提供的信息，这有助于消除因信息不对称而产生的问题。如人寿保险公司在与申请人签订保险合同前，要求申请人提供指定医院的体检证明。

2. 政府管制

如果信息不对称所产生的问题很严重，以至于破坏市场的运作时，政府有必要进行干预，或通过法律解决问题。如政府规定强制性信息公开制度，要求上市公司的信息披露；政府对虚假广告、虚假信息的惩罚制度等。

拓展阅读

瑞幸咖啡造假带来的教训和启示

2020 年 4 月 2 日，瑞幸咖啡发布公告，承认虚假交易 22 亿元，股价暴跌 80%，盘中数次暂停交易。4 月 5 日，瑞幸咖啡发布道歉声明。于是，全球最快 IPO 公司——瑞幸咖啡的神话破灭，股价闪崩、盘中熔断 8 次，退市风险迎面而来。

4 月 15 日，国务院金融委员会议上特别强调，最近一段时间，一些上市企业无视法律和规则，涉及财务造假等侵害投资者利益的恶劣行为。监管部门要依法加强投资者保护，提高上市公司质量，确保真实、准确、完整、及时的信息披露，压实中介机构责任，对造假、欺诈等行为从重处理，坚决维护良好的市场环境，更好发挥资本市场服务实体经济和投资者的功能。随后，在 4 月 22 日举行的国新办新闻发布会上，银保监会副主席曹宇也就此表态称：银保监会认为，瑞幸咖啡财务造假事件，性质恶劣、教训深刻，银保监会将坚决支持、积极配合主管部门，依法严厉惩处，对财务造假行为始终保持零容忍的态度，共同维护良好的市场环境。

瑞幸咖啡财务造假风波，引起了市场高度关注。在境内，中国证监会也对首发企业展开了打假风暴。近日，证监会通报了对 84 家首发企业开展现场检查工作的情况，有 30 家已撤回 IPO 申请终止审查。

4 月 24 日，证监会发文称，财务造假严重挑战信息披露制度的严肃性，严重毁坏市场诚信基础，严重破坏市场信心，严重损害投资者利益，是证券市场毒瘤，必须坚决从严从重打击。2019 年以来，已累计对 22 家上市公司财务造假行为立案调查，对 18 起典型案件做出行政处罚，向公安机关移送财务造假涉嫌犯罪案件 6 起，并点名了索菱股份、藏格控股、龙力生物和东方金钱恶劣的造假手段。

分析人士称，从对瑞幸咖啡财务造假事件强烈谴责到严打境内上市公司财务造假，证监会从严从重从快惩治相关主体，目的就是提高上市公司质量，规范上市公司信息披露，压实中介责任，加大对大股东、实际控制人和高管人员的约束。上市公司的信息披露和处罚力度将加大，尤其是新证券法实施后将很好地解决我国资本市场长期违法违规成本低的痛点。

在《中华人民共和国证券法》（简称《证券法》）修订以前，最高惩罚金额只有 60 万元的规定一直被市场诟病。2020 年 3 月 1 日实施的新《证券法》大幅提高了财务造假的违法成本，最高惩罚金额现提高到了 1000 万元。同时，新《证券法》还创设了证券集体诉讼制度，因财务造假受损失的投资者可通过投资者保护机构参加证券民事赔偿诉讼。

2020年3月1日起施行的经修订的《证券法》规定,在中华人民共和国境外的证券发行和交易活动,扰乱中华人民共和国境内市场秩序,损害境内投资者合法权益的,依照本法有关规定处理并追究法律责任。其中,"损害境内投资者合法权益"可以适用于瑞幸咖啡现在的情况,赋予证监会"长臂管辖"权。从监管层近日的措施和多次声明来看,严厉打击上市公司财务造假将成为执法常态化,可以预期,造假公司"自罚三杯"将逐渐成为历史,"重罚+高额赔偿"将大幅提高造假成本。

本 章 小 结

市场失灵是指市场机制不能有效配置资源的情形。市场失灵的情形主要表现为垄断、外部性、公共物品、信息不对称等。

外部性是指人们的经济活动对他人造成的非市场化影响。政府治理外部性的主要措施有政府管制、补贴和征税、企业合并与界定产权等。

公共物品是指在消费和使用上不具有竞争性和排他性的物品。公共物品可分为纯公共物品和准公共物品。通常情况下,公共物品由政府直接生产或间接生产提供。

信息不对称是指参与经济活动的当事人一方比另一方拥有更多的相关信息。信息不对称会导致逆向选择和道德风险等市场失灵的情形。

练 习 题

一、名词解释

市场失灵 外部性 公共物品 信息不对称 逆向选择 道德风险

二、单项选择题

1. 市场机制不能有效配置资源的情形称为(   )。

A. 垄断　　　　　　　　　　B. 市场失灵

C. 政府失灵　　　　　　　　D. 政府干预

2. 某学生在课堂上接听手机,产生(   )。

A. 正的消费外部性　　　　　B. 负的消费外部性

C. 正的生产外部性　　　　　D. 负的生产外部性

3. 某人的吸烟行为属于(   )。

A. 生产的外部经济　　　　　B. 消费的外部经济

C. 生产的外部不经济 　　　　　　　　D. 消费的外部不经济

4. 公共物品的一个特征是 (　　)。

A. 未付费者不能被排除使用 　　　　　B. 收益自然流向生产者

C. 付费者能被排除使用 　　　　　　　D. 付费者不能被排除使用

5. 次品市场中，价格下降，不仅上市出售的产品数量减少了，而且留在市场上的产品的平均质量也降低了，这种现象被称为 (　　)。

A. 自然选择 　　　　　　　　　　　　B. 道德陷阱

C. 逆向选择 　　　　　　　　　　　　D. "搭便车" 问题

三、简答题

1. 简述垄断的效率和政府的对策。

2. 简述外部性对经济效率的影响及其对策。

3. 公共产品的特征是什么？

4. 信息不对称如何影响经济效率？应当采取哪些措施？

5. 举例说明什么是逆向选择和道德风险。

第九章　国民收入的衡量与决定理论

【知识目标】

(1) 掌握国内生产总值国内生产总值的概念与构成；

(2) 掌握核算国内生产总值的支出法和收入法。

【技能目标】

(1) 能够运用支出法和收入法核算国内生产总值；

(2) 能够运用乘数原理分析投资对国民收入的作用。

【素质目标】

(1) 能够运用国民收入决定的基本原理分析现实问题；

(2) 能够运用总需求—总供给模型分析现实经济形势。

引入案例

GDP——20世纪最伟大的发现之一

美国著名的经济学家保罗·萨缪尔森说："GDP是20世纪最伟大的发现之一。"没有GDP（国内生产总值）这个发现，我们就无法进行国与国之间经济实力的比较。没有GDP这个总量指标，我们无法了解我国的经济增长速度是快还是慢，是需要刺激还是需要控制。

GDP就像一把尺子、一面镜子，是衡量一国经济发展和生活富裕程度的重要指标。对于个人而言，要判断其在经济上是否成功，首选要看其收入；对于一个国家的整体经济而言，这种逻辑同样可以适用，即判断一个国家富裕还是贫穷时，首先要看人们口袋里有多少钱。这就是GDP的作用。

GDP同时衡量着两件事：经济中所有人的总收入和用于经济中物品与劳务产量的总支出。GDP既衡量总收入又衡量总支出的秘诀在于，这两件事实际上是相同的。

对于一个整体经济而言，收入必定等于支出。其原因就是一次交易都有两方：买者和卖者。如果你雇一个小时工为你做卫生，每小时 10 元，那么这种情况下的小时工是劳务的卖者，而你就是劳务的买者。小时工赚了 10 元，而你支出了 10 元。因此，无论使用总收入来衡量 GDP，还是用总支出来衡量 GDP，所得到的结果是相同的。

　　思考： GDP 怎样核算？

　　微观经济学研究单个经济单位，宏观经济学研究整个经济。整个经济是单个经济单位的集合，一国经济的整体状况深刻影响着每个经济单位。正如人们常用收入来衡量单个家庭的贫富程度、用利润来衡量单个企业的经济实力一样，一个国家的整体经济状况也需要借助一系列宏观经济指标进行描述。其中，国内生产总值是最基本的宏观经济总量指标。

第一节　国内生产总值

　　国内生产总值能够反映一国经济的整体水平，是衡量一国经济发展和生活富裕程度的重要指标。它既是政府制定经济政策及考察经济政策效果的重要依据，也是单个经济单位分析经济形势、判断商业周期、进行经济决策的重要参考依据。

一、国内生产总值概述

1. 国内生产总值的概念

　　国内生产总值 (GDP) 是指一个国家或地区一定时期内在其领土范围内生产的所有最终产品和劳务的市场价值总和。

　　从概念中可以看出，国内生产总值具有如下特点：

　　(1) 国内生产总值的表现形态是市场价值，是以货币为计量单位、以市场价格计算的交换价值，不包括自产自用的部分。

　　(2) 国内生产总值包括在市场上合法出售的一切产品和劳务，不包括非法部分。

　　(3) 国内生产总值只计算最终产品，不包括中间产品，以避免重复计算。最终产品是指当期生产的被用于最终消费、积累或出口等最终用途的产品；中间产品是指在一个生产过程中生产出来后又在另一个生产过程中被完全消耗或形态被改变的产品，即被其他生产单位作为中间投入的产品。当然，两者的划分是相对的。以棉花为例，被棉纺厂纺纱消耗的棉花是中间产品，而居民作为消费者使用的棉花、各生产单位用于增加原材料储备的棉花及用于出口的棉花则为最终产品。

(4) 国内生产总值既包括食品、服装、家用电器等有形的产品，也包括艺术表演、家政服务、医疗诊断、法律咨询等无形的产品。

(5) 国内生产总值是一定时期内的生产成果，不包括在过去生产而在本期出售的产品。国内生产总值的计算常以一年或季度为时间单位。

(6) 国内生产总值的计算遵从国土原则，即计算在本国领土上的生产成果，而不论生产者是谁，如外国人暂时在中国工作或开办企业，其生产价值应计入中国的国内生产总值。

2. 名义 GDP 和实际 GDP

由于 GDP 是用货币计算，因此一国 GDP 的变动由两个因素造成：一是所生产的产品和劳务的数量变动；二是产品和劳务价格的变动。当然，二者经常会同时变动。要搞清国内生产总值变动究竟是由产量变动还是由价格变动引起，需要区分名义 GDP 和实际 GDP。

名义 GDP 是用当年价格计算当年生产的产品和劳务的全部最终产品价值。实际 GDP 是用从前某一年的价格水平作为基期价格计算出来的全部最终产品的价值。

将名义 GDP 折算为实际 GDP，需要用到 GDP 折算指数。GDP 的折算指数是名义 GDP 和实际 GDP 的比率，即

$$实际GDP = \frac{名义GDP}{GDP折算指数}$$

通常作为 GDP 折算指数的是价格总水平，一般可以直接把通货膨胀水平看作价格总水平。

由于价格变动，名义 GDP 并不能正确反映实际产出的变动。比较各年份某国或某地区的经济增长率，常以某一年为基期，计算出实际 GDP，然后进行比较。

3. GDP 与国民生产总值

与 GDP 有关的另一总量指标是国民生产总值 (GNP)，它是指一国国民在一定时期内所生产的全部最终产品的市场价值的总和。

与 GDP 不同，GNP 的一部分可以来自国外。例如，一个在中国工作的美国人的收入是美国 GNP 的一部分，但不是美国 GDP 的一部分，因为它不是在美国国内生产的，但它是中国 GDP 的一部分。

当某国的 GNP 超过 GDP 时，说明该国公民从外国获得的收入超过了外国公民从该国获得的收入；当 GDP 超过 GNP 时，则情况相反。也就是说，GDP 不考虑从国外获得的以及支付给国外的收入，它是一个国家在国内实际生产的产品和劳务的测量值。GDP 与 GNP 在国际资本与劳动等要素流动占较大比重的情况下差别很大。换言之，如果本国的 GDP 远大于本国的 GNP，表明外国公民从本国的经济发展中分享了更多的收益。

实际上，GDP 概念中的国家是从地域的意义上理解的，故称为国内生产总值，而

GNP 概念中的国家的含义是从国民的意义上理解的，二者的唯一区别是它们空间范围的确定原则不同。GNP 是按"国民原则"计算的，而 GDP 是按"国土原则"计算的。

二者的关系可以用公式表示，即

$$GNP = GDP + 国外净要素收入$$

$$国外净要素收入 = 本国国民在国外的收入 - 外国国民在本国的收入$$

例如：

$$中国的 GNP = 中国的 GDP + （中国公民在外国的资本和劳务收入 -$$

$$外国公民在中国的资本和劳务收入）$$

$$= 中国的 GDP + 中国国外净要素收入$$

4. GDP 指标的缺陷

GDP 指标的缺陷具体表现为：

(1) GDP 反映经济的量，不反映经济的质。例如，伪劣产品、劣质工程、投资失误以及经济主体的各种短期行为，经济指标是 GDP 的增加，经济效果是社会资源的损失。

(2) GDP 无法反映环境的损失。工业化导致生态环境破坏，但 GDP 反映的是只有产出导致的经济总量增加，没有环境损失导致经济总量的减少。

(3) GDP 无法反映闲暇的损失。闲暇是近现代社会以来衡量生活质量的重要标准之一，也是个体自我调适、自我发展、自我完善的基本条件，闲暇的增加同时也会成为很多第三产业繁荣的基础。发展中国家 GDP 的增加常常以巨大的闲暇损失为代价。

知 识 链 接

绿色 GDP——可持续发展指标

绿色 GDP 是指一个国家或地区在考虑了自然资源（主要包括土地、森林、矿产、水和海洋等）与环境因素（包括生态环境、自然环境、人文环境等）影响之后经济活动的最终成果，即将经济活动中所付出的资源耗减成本和环境降级成本从 GDP 中予以扣除。简单地说，绿色 GDP 就是传统 GDP 扣减掉资源消耗成本和环境损失成本以后的 GDP。绿色 GDP 是衡量一个国家或地区可持续发展能力的重要指标。

人类赖以生存所需要的财富有两种：自然财富和社会财富。地球的生态环境等是自然财富，这是人类生存的第一财富。人类的劳动产品等是社会财富，这是人类生存的第二财富。生产创造了社会财富，而对环境的治理和生态的修复则创造了自然财富。如果一个企业只生产产品，那它就只创造社会财富；如果它也参与资源节约、污染治理和生态修复，那它也就创造了自然财富。所谓绿色 GDP 就是既考虑社会财富的创造，又考虑自然财富的创造，它等于社会财富的增量和自然财富的增量之和。也就是说，生产有两个目的：创造社会财富，修复自然财富。考虑绿色GDP，就要考虑创造自然财富的三个新增生产成本：一是资源节约的成本；二是污染治理的成本；三是生态修复的成本。

绿色GDP与现行GDP指标的关系可以表示为

$$绿色GDP = GDP - 环境损失成本 - 资源消耗成本$$

从20世纪70年代开始，联合国和世界银行等国际组织在绿色GDP核算的研究和推广方面做了大量的工作。可是，由于扣除项的货币量化问题在技术上存在很大的困难，所以，将绿色GDP指标直接用于计量国民收入一直是一个世界性的难题。虽经各方多年的努力，一个在国际上被世界各国共同采用的标准迟迟不能确定，使得这一指标的使用受到了很大的限制。尽管如此，走绿色生产的发展之路已是当今人类社会的共识。

二、国内生产总值的核算方法

企业产出是企业创造的价值增值，最终产品的销售收入实际等于最终产品购买者的支出。由此可以得出，在经济社会中，总产出等于总收入，也等于总支出。由此，得到核算GDP的两种方法：一是支出法，即通过核算整个社会在一定时期内购买最终产品的支出总和来求得GDP；二是收入法，即通过核算整个社会在一定时期内获得的收入总和来求得GDP。

1. 支出法

支出法又称最终产品法或产品流量法，指通过核算在一定时期内整个社会购买各项最终产品的总支出(即最终产品的总卖价)来计量GDP的方法。

在现实生活中，产品和劳务的最终使用包括居民消费、企业投资、政府购买及净出口。因此，用支出法核算GDP，就是核算经济社会(一国家或一个地区)在一定时期内消费、投资、政府购买以及净出口这几方面的总和。

1) 消费

消费(用C表示)指居民个人消费的支出，包括购买耐用消费品(如汽车、电视机、洗衣机等)、非耐用消费品(如食物、衣服等)和劳务(如医疗、旅游等)的支出。建造住宅的支出不包括在内。

2) 投资

投资(用I表示)指增加或更换资本资产的支出。它包括固定资产投资和存货投资两个部分。

固定资产投资包括厂房投资、居民住房投资和机器设备投资。需要指出的是，购买当年新生产的固定资产算投资，而购买二手固定资产不能算投资，如消费者购买当年建成的新房算投资，而购买二手房不算投资。

存货投资是指企业存货的增加量，例如，制衣厂 2010 年生产价值 100 万元的成衣，当年卖掉价值 80 万元的成衣，则该厂 2010 年的 GDP 为 100 万元，剩下的 20 万元成衣算作存货投资。这种存货投资作为企业所有者的支出来计算。因此，生产存货就是生产最终产品，计入 GDP，而出售存货相当于消费者支出增加和企业支出减少，两者相抵，出售存货并不影响 GDP。

3) 政府购买

政府购买 (用 G 表示) 是指政府在商品和劳务上的支出，包括政府在科学研究、教育、卫生、国防、警察、公益事业及其他领域的经常性支出。这些政府购买都作为最终产品计入 GDP。

4) 净出口

净出口 (用 X − M 表示) 是商品和劳务的出口额 (用 X 表示) 与进口额 (用 M 表示) 之间的差额。净出口反映的是国外对本国商品和劳务的净购买情况。

综上所述，按支出法核算 GDP 的公式为

$$GDP = C + I + G + (X - M)$$

2. 收入法

收入法又称要素收入法或成本流量法，它是从收入的角度出发，把生产要素报酬 (工资、地租、利息和利润) 进行加总计算国内生产总值。严格来讲，最终产品市场价值除了生产要素收入之外，还包括一些非要素收入，如间接税、折旧、公司未分配利润等。因此，用收入法核算的国内生产总值应包括以下项目。

1) 工资、利息和租金等生产要素的报酬

工资包括工作报酬、个人所得税和社会保险费等；利息实质上是货币资金的增值，如银行存款利息、企业债券利息等；租金包括出租土地、房屋等获得的租赁收入和转让专利、版权等获得的收入。

2) 利润

利润包括公司利润和非公司利润，均指税前利润。公司利润包括企业所得税、社会保险税费、股东红利及公司未分配利润等；非公司利润指医生、律师、农民和小店店主的收入。

3) 企业间接税及企业转移支付

企业间接税包括货物税、销售税和周转税；企业转移支付包括对非营利组织的捐款和消费者坏账。企业间接税和企业转移支付不是要素收入，但往往都会转嫁给消费者，也就是说，两者都是最终产品价格的组成部分，故计入 GDP。

4) 折旧

折旧是资本的损耗，企业为维持原有资本存量，必须支出这部分成本，可以看作对最终产品的消费，故也计入 GDP。

综上所述，按收入法核算 GDP 的公式为

GDP= 工资 + 利息 + 租金 + 利润 + 企业间接税及企业转移支付 + 折旧

三、国内生产总值核算中的恒等关系

使用支出法和收入法所核算的国内生产总值是一致的，这说明国民经济中存在一个基本恒等关系，即总支出等于总收入，或者总需求等于总供给，由此可以引出投资——储蓄的恒等式。

1. 两部门经济中的恒等关系

两部门经济，即假设一个经济社会里只有消费者和企业两个部门。消费者是生产要素的所有者；企业是生产要素的使用者。在两部门经济中，不存在税收、政府支出及国际贸易。

从支出的角度看，由于把企业库存的变动作为存货投资，因此，国内生产总值等于消费加投资。若用 Y 表示国内生产总值，用 C 表示消费，用 I 表示投资，则有

$$Y = C + I$$

从收入的角度看，由于把利润看作是最终产品卖价超过工资、利息和租金的余额，因此，国内生产总值就等于总收入，总收入的一部分用作消费，其余部分则当作储蓄。若用 Y 表示国内生产总值，用 C 表示消费，用 S 表示储蓄，则有

$$Y = C + S$$

由 $Y = C + I$ 与 $Y = C + S$ 结合可得

$$C + I = C + S$$

由此可得

$$I = S$$

2. 三部门经济中的恒等关系

在三部门经济中，把政府部门引了进来。一方面，政府向企业与消费者征税，形成政府收入 T；另一方面，政府购买商品和劳务，并对居民和企业进行转移支付等，形成政府支出 G。

从支出角度看，国内生产总值等于消费、投资和政府购买的总和，即

$$Y = C + I + G$$

从收入方面看，国内生产总值等于消费、储蓄和政府收入的总和，即

$$Y = C + S + T$$

由此可得

$$I = S + (T - G)$$

在这里，$(T-G)$ 可看作政府储蓄，由此，$I=S+(T-G)$ 表示三部门经济中储蓄 (私人储蓄和政府储蓄之和) 和投资恒等。

3. 四部门经济中的恒等关系

在开放的经济环境中，一个国家有四个部门：消费者、企业、政府和国外部门。四部门经济中有了对外贸易，本国从其他国家购买商品和劳务，形成国家收入 (M，即进口)。另一方面，其他国家从本国购买商品和劳务，形成国家支出 (X，即出口)。

从支出角度看，国内生产总值等于消费、投资、政府购买和净出口的总和，即 $Y=C+I+G+(X-M)$。

从收入方面看，国内生产总值 $Y=C+S+T+Kr$。其中，$C=S=T$ 的意义与三部门经济中的意义一样，Kr 代表本国居民对外国人的转移支付。

由此可得

$$C+I+G+(X-M)=C+S+T+Kr$$

进一步得到

$$I=S+(T-G)+(M-X+Kr)$$

在这里，$(M-X+Kr)$ 可看作外国对本国的储蓄，由此，$I=S+(T-G)+(M-X+Kr)$ 表示四部门经济中总储蓄 (私人储蓄、政府储蓄和国外对本国的储蓄之和) 和投资恒等。

在市场经济运行中，商品、劳务、货币要连续不断地循环流动，好像 "水" 在环型管道里流动一样。假设家庭将取得的要素收入 1000 亿元不全部用于消费，而是拿出 900 亿用于储蓄，向政府交税 100 亿元，在这种情况下，只有当居民储蓄全部转化为投资，政府税收中的 90 亿元用于政府购买，10 亿元转化为政府投资，整个经济社会才能达到 "总产出 = 总收入 = 总支出"，或者说 "总供给 = 总需求"。

第二节　国民收入决定理论

一、消费函数和储蓄函数

1. 消费函数

决定消费支出的因素包括收入、财富、商品价格、个人偏好、社会风尚、利率以及收入分配状况等，其中收入是最重要的因素。假设在影响人们消费的众多因素中，收入以外的因素给定不变，则消费函数可以记为

$$c=c(y)$$

为论述方便，假设消费函数是线性函数，其形式为

$$c = \alpha + \beta y$$

式中：α 为常数，是收入为零时的基本最低消费支出，称为自发消费；β 是指收入变动一个单位所引起的消费量的变动，即边际消费倾向；βy 是指消费中受收入水平影响的部分，称为引致消费。

例如，$c = 100 + 0.75y$，表 9-1 为该消费函数的消费与收入的关系。

表9-1　消费与收入的关系

y	c	$\Delta c/\Delta y$(MPC)	c/y(APC)
0	100		
300	325	0.75	1.08
400	400	0.75	1
500	475	0.75	0.95
600	550	0.75	0.92
800	700	0.75	0.88

根据表 9-1 可以画出消费曲线，如图 9-1 所示。

在消费函数 $c = \alpha + \beta y$ 中，α 表示全部消费支出中不随收入的变化而变化的消费支出。或者在数学含义上设想为收入为零时会有的消费支出，它在图 9-1 中表现为纵轴（消费）的截距。β 为边际消费倾向，是消费曲线的斜率，由于在消费函数式中，β 是固定不变的常数，故消费曲线是一条直线（见图 9-l）。

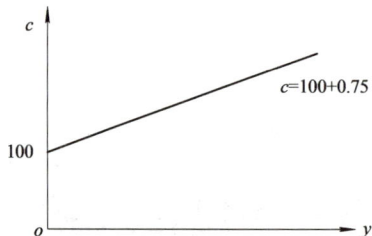

图9-1　消费曲线

边际消费倾向是用来测度收入增加（Δy）引起的消费增量（Δc）大小的一个概念，记为 $\Delta c/\Delta y$。在表 9-1 中，当收入为 300 时，消费为 325；当收入增加为 400 时，消费增加为 400，即收入增量 $\Delta y = 400 - 300 = 100$，消费增量 $\Delta c = 400 - 325 = 75$，故 $\Delta c/\Delta y = 0.75$，当收入从 600 增为 800 时，消费从 550 增为 700，故 $\Delta c/\Delta y = 0.75$。

平均消费倾向是指人们的消费支出在其收入中所占的比例，可记为 c/y。

在凯恩斯宏观经济模型中，消费支出取决于收入。但两者的具体关系如何呢？换言之，消费函数的正常形状如何呢？凯恩斯指出："无论从先验的人性看，或从具体事实看，有一个基本心理法则，我们可以确信不疑。一般而论，当所得增加时，人们将增加其消费，但消费的增加要小于其收入增加的幅度。"也就是说，人们的消费支出与其收入之间有一种稳定的函数关系：收入增加时消费支出也会增加，但消费的增量 Δc 小于支出的增量 Δy，即 $0 < \Delta c/\Delta y < 1$。假如 $\Delta c/\Delta y = 1$，则意味着无论生产怎样增加，总有相应的消费需求，有效需求不足的情况不会出现，生产总可以扩大到充分就业的水平。另一方面，假如 $\Delta c/\Delta y$ 有着随收入的增加而递减的趋向，这意味着社会越富裕，收入中用于消费的部分越少，从而收入中用于储蓄的部分越多，假如没有相应的投资吸纳储蓄，则会导致有效需求不足。

2. 储蓄函数

在凯恩斯宏观经济模型中，储蓄被视为收入的函数，即

$$s = s(y)$$

又

$$y = c + s$$

则

$$s = y - c$$
$$s = y - c = y - (\alpha + \beta y) = -\alpha + (1 - \beta)y$$

边际储蓄倾向是用来测度收入增加 (Δy) 引起储蓄增加 (Δs) 的程度的一个概念，记为 $\Delta s/\Delta y$。因为 $\Delta y = \Delta c + \Delta s$，故 $\Delta c/\Delta y + \Delta s/\Delta y = 1$。

平均储蓄倾向是指人们的储蓄金额在其收入中所占的比例，记为 s/y。因为 $y = c + s$，故 $c/y + s/y = 1$。

二、均衡国民收入的决定

由于在国民经济均衡条件下总供给等于总需求，即 $C + S = C + I$，所以，国民经济趋于均衡的条件可以表达为人们意愿的储蓄等于企业意愿的投资，即 $S = I$。假设储蓄函数为 $s = -100 + 0.25y$，它表示收入为零时，储蓄是负数。因此，我们对消费函数作这样的假定，收入为零时的消费支出为 100，收入为 400 时的消费支出为 400，储蓄为零，这在图 9-2 中表现为储蓄曲线与横轴相交。以后，收入增加，储蓄量相应增加。平行于横轴的投资曲线 $i_1 = s_1 = 50$ 与储蓄线相交于 E_1 点，相应的 $y = 600$，它表示投资吸纳全部储蓄，从而国民经济趋于均衡时的国民收入的均衡值。由图 9-2 可见，若 $i_2 = s_2 = 70$，即投资从 50 增加为 70，即 $\Delta i = 20$，则国民收入的均衡值由 600 增加为 680。

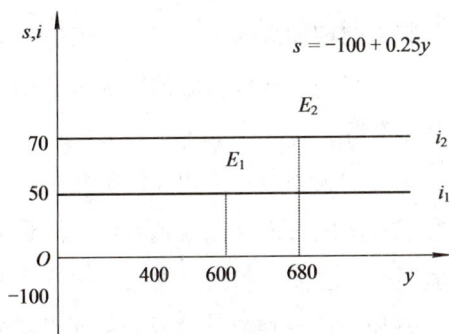

图9-2　均衡国民收入的决定

三、乘数原理

乘数是指自发总需求增加所引起的均衡国民收入增加的倍数，是均衡国民收入增量与引起这种增加的自发总需求增量的比率。乘数的计算公式为

$$K = \frac{\Delta Y}{\Delta A}$$

式中，K 为乘数，ΔY 为均衡国民收入增量，ΔA 为自发总需求增量。

自发总需求是指不随国民收入变化的总需求，即国民收入 Y 为零时的总需求，为总需求线在纵轴上的截距。如图 9-3 所示，初始的总需求线如 AD_1 所示，当自发总需求增加 ΔA 时，总需求线由 AD_1 平移至 AD_2，引起均衡国民收入由 Y_1 增加至 Y_2，均衡国民收入增量为 ΔY。

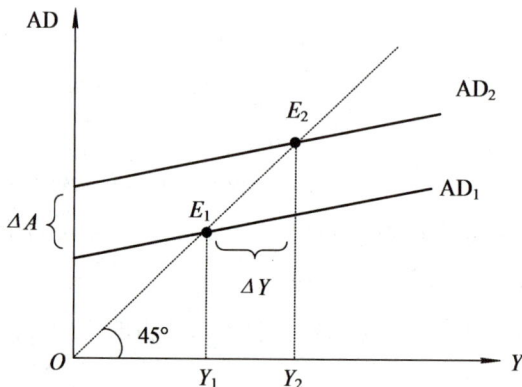

图9-3 乘数基本公式图解

若自发总需求增加 200 亿元引起均衡国民收入增加 280 亿元，则乘数为 1.4，表明均衡国民收入增量是自发总需求增量的 1.4 倍。乘数之所以大于 1，是因为自发总需求的增加导致总需求进一步增加，即某一部门的总需求增加，不仅会使本部门的收入增加，而且还会使相互联系的其他部门发生连锁反应，导致这些部门的需求与收入相应增加，最终使国民收入的增加数倍于最初总需求的增加。这说明国民经济各部门之间存在着密切的联系。

总需求不同构成部分的增加具有相应的乘数效应，如投资乘数、政府支出乘数、对外贸易乘数等。

乘数的大小取决于边际消费倾向。边际消费倾向越高，收入中用于消费的部分就越多，总需求和国民收入增加就越多，从而乘数越大；边际消费倾向越低，收入中用于消费的部分就越少，总需求和国民收入增加就越少，从而乘数越小。

例如，投资乘数是投资增量所引起的国民收入增加的倍数。以 K_1 为投资乘数，ΔY 为国民收入增量，ΔI 为投资增量，则投资乘数表达为

$$K_1 = \frac{\Delta Y}{\Delta I} = \frac{\Delta Y}{\Delta Y - \Delta C} = \frac{1}{1 - \dfrac{\Delta C}{\Delta Y}} = \frac{1}{1 - \text{MPC}}$$

式中，ΔC 为消费增量，MPC 为边际消费倾向。

乘数是一把"双刃剑"，有着双重作用。当总需求增加时，乘数所引起的国民收入的增加量大于最初总需求的增加量；当总需求减少时，乘数所引起的国民收入的减少量大于最初总需求的减少量。乘数效应的前提条件是资源未被充分利用。

第三节 总需求—总供给模型

简单的国民收入决定模型不考虑总供给和价格对国民收入决定的影响。在现实经济中，总供给总是有限的，而价格也是不断变化的，总需求—总供给模型将总需求与总供结合起来，分析均衡国民收入与价格水平的决定与变动，解释经济增长、经济波动和滞胀的现象。

一、总需求

总需求表示在一定时期内，在每一价格水平下，一国所有家庭、厂商、政府及外国客户愿意而且能够购买的商品和劳务总量。

总需求曲线是一条向右下方倾斜的曲线，如图9-4中的 AD 曲线所示。在图9-4中，横轴 Y 为商品和劳务总产量(注：实际国内生产总值)，纵轴 P 为物价总水平。在其他因素不变的条件下，价格水平越高，总需求量越小；价格水平越低，总需求量越大。总需求曲线之所以向右下方倾斜，是因为有以下三种效应：

(1) 财富效应。物价水平下降提高了货币的真实价值，增加了财富，从而刺激了消费支出。

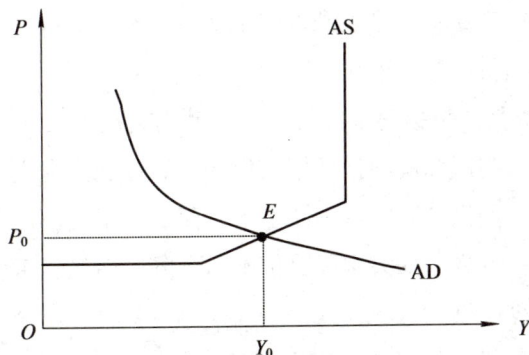

图9-4 总需求—总供给模型

(2) 利率效应。物价水平下降降低了利率，从而刺激了投资支出。

(3) 汇率效应。当一国物价水平下降引起其利率下降时，其本位币在外汇市场上的真实价值则下降，这种贬值会刺激其产品的出口需求。

以上三种效应的结果是一致的，即物价水平的下降引起了商品和劳务需求量的增加。

总需求由消费、投资、政府购买及净出口构成。在物价既定时，总需求中的每一构成部分发生变化都会引起总需求曲线的移动：当消费、投资、政府购买及净出口增加时，总需求曲线向右上方平移；当消费、投资、政府购买及净出口减少时，总需求曲线向左下方平移。人们对未来的预期也会引起总需求曲线的移动。预期未来收入增加或通货膨胀，会增加当期消费，总需求增加，总需求曲线向右上方平移；预期未来利润增加，会增加投资，总需求增加，总需求曲线向右上方平移。另外，政府的宏观经济政策也会使总需求曲线发生相应的变动。

二、总供给

总供给表示一国所有厂商在一定时期内，在每一价格水平下愿意而且能够提供的商品和劳务总量。总供给取决于资源利用情况，资源利用情况不同，总供给与价格的关系不相同，总供给曲线所呈现的特征也不相同，如图9-4中的AS曲线所示。

根据资源利用情况，总供给曲线AS分为以下三种情况。

1) 凯恩斯总供给曲线

在图9-3中，处于水平状态的总供给曲线称为凯恩斯总供给曲线，表明存在大量闲置资源，厂商可以在既定的价格下供给任何数量的产品。此种曲线由凯恩斯在西方国家1929—1933年经济大萧条的背景下提出。

2) 短期总供给曲线

在图9-4中，向右上方倾斜的总供给曲线称为短期总供给曲线。短期总供给表示短期中在其他影响因素不变的条件下，商品和劳务的供给量与价格水平之间的关系。从短期来看，物价水平影响经济的产量。价格上升，产量增加；价格降低，产量减少。短期总供给曲线之所以会向右上方倾斜，有以下几个原因：

(1) 工资黏性。工资黏性是指对于经济状况变动而言，名义工资调整缓慢。名义工资调整缓慢往往是由于工人与厂商间根据预期物价水平签订固定名义工资的长期合同，同时也受制于收入分配制度。如果实际物价不断上涨，而名义工资不能及时调整，则厂商利润增加，从而会增加产量；反之，如果实际物价不断下降，而名义工资不能及时调整，则厂商利润减少，从而会减少产量。

(2) 价格黏性。价格黏性是指对于经济状况变动而言，一些商品和劳务的价格调整缓慢。这种价格调整缓慢部分是由于菜单成本，即调整价格要付出成本，包括印刷和分发目录成本、改变价格标签所需的时间等。当厂商宣布定价之后，如果实际物价上涨，一些厂商会及时调高价格，另些厂商则会因菜单成本而暂缓调高价格，低价会吸引更多顾客，扩大销售，引起厂商扩大就业与生产，增加产量；反之，如果实际物价下降，因菜单成本而暂缓调低价格的厂商会减少产量。

(3) 相对价格错觉。相对价格错觉是指厂商因暂时误判相对价格所做出的反应，使供给曲线向右上方倾斜。假设物价总水平上升到厂商的预期水平之上，当厂商看到自己的产品价格上涨时，可能会误认为自己的产品比其他产品的价格上涨了，从而增加产量；反之，假设物价总水平下降到厂商的预期水平之下，当厂商看到自己的产品价格下降时，可能会误认为自己的产品比其他产品的价格下降了，从而减少产量。

综上所述，在短期，当实际物价水平高于预期物价水平时，厂商会增加产量；当实际物价水平低于预期物价水平时，厂商会减少产量。

预期物价水平会引起短期总供给曲线移动。预期物价水平上升，成本上升，产量减少，短期总供给曲线向左上方平移；预期物价水平下降，成本下降，产量增加，短期总供给曲线向右下方平移。

劳动、资本、自然资源及生产技术等因素的变动会引起短期总供给曲线移动。当劳动、资本、自然资源及生产技术等因素增加时，短期总供给曲线向右下方平移；减少时，短期总供给曲线向左上方平移。

3) 长期总供给曲线

在图9-5中，处于垂直状态的总供给曲线称为长期总供给曲线。长期总供给表示长期在实际产出水平等于潜在产出水平时，商品和劳务的供给量与价格水平的关系。长期总供给曲线是处于潜在产出水平上的一条垂线。从长期来看，资源会实现充分利用，而在资源充分利用的情况下，无论价格怎样变化，总供给都保持不变，因为长期内物价总水平并不会影响经济生产产品和劳务的能力。

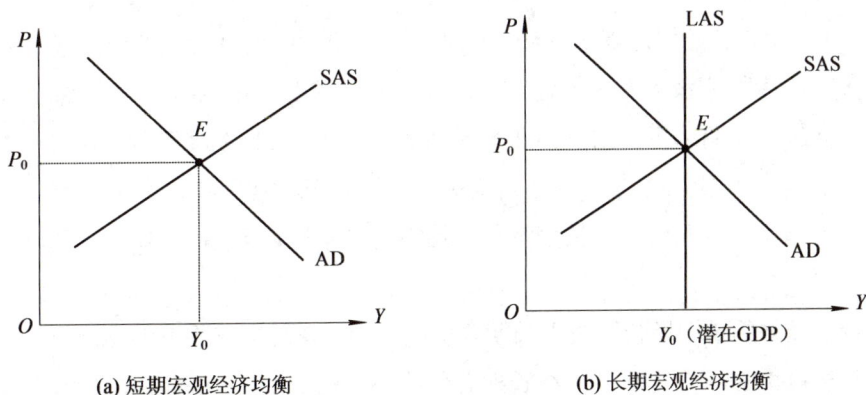

(a) 短期宏观经济均衡　　　　(b) 长期宏观经济均衡

图9-5　宏观经济均衡曲线

劳动、资本、自然资源及生产技术等因素的变动会引起长期总供给曲线移动。当劳动、资本、自然资源及生产技术等因素增加时，长期总供给曲线向右平移；减少时，长期总供给曲线向左平移。

三、均衡国民收入和均衡价格水平的决定

均衡国民收入是总需求等于总供给时的国民收入。如图 9-5(a) 所示，总需求曲线 AD 与短期总供给曲线 SAS 相交于均衡点 E，实现短期宏观经济均衡。此时，商品和劳务的总需求量等于总供给量，决定均衡国民收入为 Y_0，均衡价格水平为 P_0。在短期，由于名义工资是固定的，不能使经济调整到充分就业状态，因此实际产出水平低于或高于潜在产出水平。

如图 9-5(b) 所示，总需求曲线 AD 与长期总供给曲线 LAS 相交于均衡点 E，实现长期宏观经济均衡。此时商品和劳务的总需求量等于总供给量，决定实际产出水平等于潜在产出水平，均衡价格水平为 P_0。长期宏观经济均衡之所以会实现，是因为名义工资得到调整。潜在产出水平和总需求决定价格水平，而价格水平影响名义工资。长期均衡时，总需求曲线和长期总供给曲线相交。

四、总需求—总供给模型的运用

总需求—总供给模型既可解释经济的长期趋势与短期波动，也可说明失业与通货膨胀情况，是分析经济形势及制定政策的重要工具。

1. 描述经济的长期增长与通货膨胀

在长期，有许多因素会引起总需求和总供给的变动。如降低利率及增加财政支出的经济政策使总需求增加，总需求曲线向右上方平移；技术进步使长期总供给增加，长期总供给曲线向右平移等。

在图 9-6 中，初始的总需求曲线 AD_0 与长期总供给曲线 LAS_0 相交于 E_0，决定均衡总产量为 Y_0，均衡物价水平为 P_0。总需求增加，总需求曲线由 AD_0 向右平移至 AD_1 后，持续平移至 AD_2；长期总供给增加，长期总供给曲线 LAS_0 向右平移至 LAS_1 后，持续平移至 LAS_2，经济达到新均衡点 E_2，决定均衡总产量为 Y_2，均衡物价水平为 P_2。均衡总产量由 Y_0 持续增至 Y_2，表明经济长期增长；均衡物价水平由 P_0 持续增长至 P_2，表明存在通货膨胀。

结论：经济的长期增长取决于长期总供给增加。在总需求不变的情况下，长期总供给增加，总产量增加，物价下降；在长期总供给不变的情况下，总需求增加，总产量不变，物价上升，导致通货膨胀。

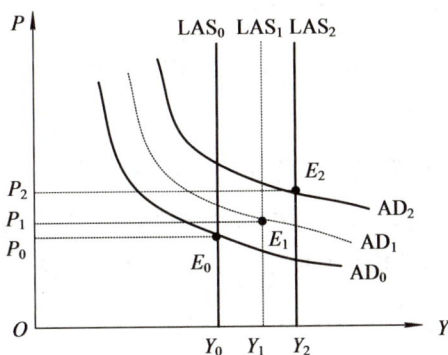

图9-6 经济的长期增长与通货膨胀

2. 分析经济的短期波动

经济的长期趋势是短期波动叠加的结果，产量与物价水平的短期波动是对其长期趋势的背离。

1) 经济萧条或繁荣

当短期总供给不变时，总需求决定一国经济萧条或繁荣状态下的均衡水平，如图9-7所示。

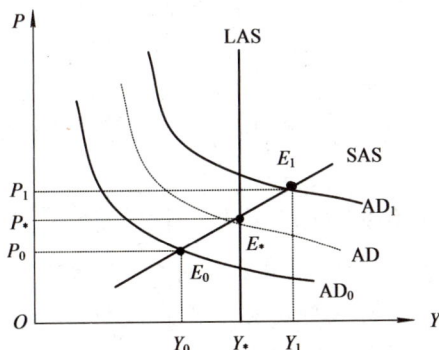

图9-7 经济萧条或繁荣

在图 9-7 中，AD 为总需求曲线，SAS 为短期总供给曲线，LAS 为长期总供给曲线，三者的交点 E_* 为长期均衡点。此时，短期均衡总产量正好等于充分就业时的总产量 Y_*，经济实现充分就业均衡，这是最理想的宏观经济状况。当总需求减少时，总需求曲线 AD 向左下方平移至 AD_0，与短期总供给曲线 SAS 相交于短期均衡点 E_0，此时均衡价格水平为 P_0，均衡总产量为 Y_0，$Y_0 < Y_*$，资源闲置，存在失业，经济处于萧条状态。于是政府采取刺激总需求的经济政策，使 AD_0 曲线向右上方平移，当移至 AD 曲线时，达到长期均衡点。若此时市场上另有强烈刺激总需求扩张的因素，则 AD 曲线有可能继续向右平移至 AD_1 并与 SAS 曲线相交于短期均衡点 E_1，此时均衡价格为 P_1，均衡总产量为 Y_1，$Y_1 > Y_*$，资源过度利用，经济处于过度繁荣状态。

结论：当短期总供给不变时，总需求增加，社会就业水平、总产量与物价同时上升。其政策含义是增加总需求可以增加就业和提高总产量，但以通货膨胀为代价。

2) 经济滞胀

经济滞胀是指产量减少而物价上升的现象，是衰退与通货膨胀并存的经济状况。如图9-8 所示，当总需求不变时，受各种因素如农业歉收、外汇市场波动或生产要素价格上涨等影响，短期总供给减少，会引起短期总供给曲线 SAS_0 向左上方平移至 SAS_1，总产量由 Y_0 减少至 Y_1，而物价由 P_0 上升至 P_1。

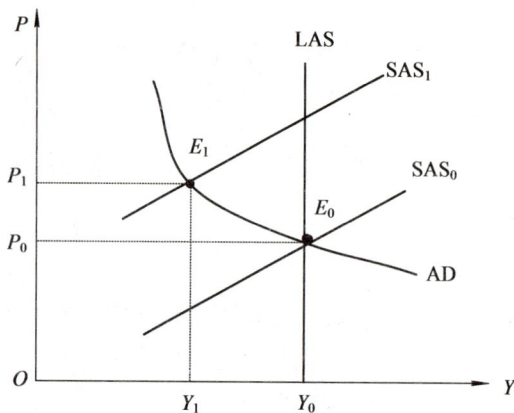

图9-8　经济滞胀

结论：当总需求不变时，短期总供给减少会引起经济滞胀，短期总供给增加会引起总产量增加而物价下降。

从以上阐述不难看出，单纯通过刺激总需求来推动经济发展具有明显的局限性。凯恩斯主义理论及政策以总需求为中心，侧重于短期的总量分析，而忽视了总量结构的分析，极易导致经济滞胀。事实上，经济过热或经济萧条都是经济结构失衡的表现，其真正原因在于总供给结构不适应总需求结构。从长远的系统的观点来看，摆脱经济萧条或衰退的根本出路在于调整总供给结构，而不是刺激总需求。

拓展阅读

如何正确理解均衡的概念

"均衡"也许是经济学最难以把握的概念之一。在经济学中，"均衡"意味着对市场起作用的不同力量处于一种平衡状态，从而使购买者和供应商之间在价格和数量方面的想法达到一致。价格太低意味着各种力量尚未达到平衡，即吸引需求的因素比吸引供给的因素更有力，因而存在超额需求或短缺。在微观经济学中，竞争市场是一种形成均衡的有效机制,如果价格太低,需求者会通过争购来哄抬价格,从而使价格上升,直至达到均衡水平。

然而,均衡的概念也具有诡辩性。以下这种论断很有代表性:"不要同我谈什么供给与需求的均衡。例如,石油的供给总是等于石油的需求,你找不出二者的差异。"是的,如果从会计的角度看,这句话是有道理的。石油生产商记录的销售量总是恰好等于石油消费者记录的购买量。但是,这种算术结论并不能否定供给和需求规律。更为重要的是,如果我们没有理解经济均衡的实质,就无法理解不同力量影响市场的方式。

在经济学中,人们对能够出清市场的销售量,即均衡数量很感兴趣,同时还想知道消费者愿意购买的数量与生产者愿意销售的数量恰好相等的价格水平。只有在这一水平上,买者和卖者才会同时达到满足。也只有在这一价格水平上,价格和数量才不会有变动的趋势。

本 章 小 结

国民生产总值 (GNP) 是指一国国民所拥有的全部生产要素在一定时期内所生产的最终产品的市场价值。它与国内生产总值 (GDP) 有所区别。核算 GDP 的常用方法有两种,即支出法和收入法。从支出的角度来看,国内生产总值由消费、投资、政府购买和净出口构成;从收入的角度来看,国内生产总值由工资、利息、租金、利润、间接税净额和折旧构成。国内生产总值同时衡量一国的总支出和总收入,对于整个经济而言,总收入恒等于总支出,投资恒等于储蓄。

简单的国民收入决定模型表明,短期内,在总供给不变的条件下,总需求决定均衡国民收入水平。总需求增加,均衡国民收入增加;总需求减少,均衡国民收入减少。

乘数是指自发总需求增加所引起的国民收入增加的倍数。乘数的大小取决于边际消费倾向。边际消费倾向越高,乘数越大;边际消费倾向越低,乘数越小。

总需求—总供给模型表明,在长期,经济的增长取决于长期总供给增加,总需求增加引起通货膨胀;在短期,总需求与总供给变动引起经济波动,增加总需求可以增加就业和提高总产量,但以通货膨胀为代价,减少总供给会引起经济滞胀。

◆ 练 ◆ 习 ◆ 题 ◆

一、名词解释

国内生产总值 消费 投资 储蓄 乘数 总需求 总供给 均衡国民收入 经济滞胀

二、单项选择题

1. 两部门经济指的是只存在（　　）的经济。

A. 厂商与居民 　　　　　　B. 政府与居民

C. 出口与进口 　　　　　　D. 投资与储蓄

2. 核算国内生产总值遵从的原则是（　　）。

A. 国民原则 　　　　　　　B. 国土原则

C. 收入原则 　　　　　　　D. 支出原则

3. 名义国内生产总值与实际国内生产总值的比率是（　　）。

A. 物价指数 　　　　　　　B. 产量指数

C. 通货膨胀率 　　　　　　D. 经济增长率

4. 消费函数研究的是消费与（　　）之间的关系。

A. 价格 　　　　　　　　　B. 收入

C. 储蓄 　　　　　　　　　D. 利率

5. 经济滞胀是指（　　）的现象。

A. 产量与物价同时下降 　　B. 产量与物价同时上升

C. 产量增加而物价下降 　　D. 产量减少而物价上升

三、简答题

1. 简述 GDP 与 GNP 的区别与联系？

2. 核算 GDP 的常用方法有哪几种？其各自的算法是怎样的？

3. 请用总需求—总供给模型解释经济滞涨。

第十章　宏观经济政策

【知识目标】

(1) 理解宏观经济政策目标及其相互关系；

(2) 了解财政政策和货币政策的内容；

(3) 掌握分析宏观经济形势的基本思路和方法；

(4) 掌握在不同情况下财政政策与货币政策的配合运用。

【技能目标】

(1) 能够运用宏观经济政策的相关理论做出有效分析；

(2) 能够提升自己对中国的宏观经济形势的高度认识。

【素质目标】

(1) 能够积极关心国家的经济、政治热点问题；

(2) 培养大学生的爱国情怀和创新能力。

引入案例

宁夏企业的"及时雨"

2020年宁夏结合当地实际，围绕调整结构、拉动投资、促进消费、复工复产、稳定就业等方面，精准制定、出台了契合疫情防控形势的21条财政政策措施，给企业复工复产送来了"及时雨"，为恢复经济秩序注入信心与力量。

(1) 支持农业结构调整。措施包括：① 设立专项资金采取财政贴息、以奖代补等方式，引导各市、县（区）聚焦奶业、酿酒葡萄、肉牛、瓜菜、枸杞等高效种养业；② 实行"两免一补"农业信贷担保，对从事高效种养业的新型农业经营主体实行"两免一补"政策，即免担保抵押、免担保费用、新发放贷款给予财政补贴；③ 农业保险实行"增品、扩面、提标"，将宁夏高效种养业纳入自治区农业保险补贴范围，对市、县（区）自主开展的特色农产品保险，自治区财政给予40%的补贴。

(2) 拉动投资。措施包括：① 地方政府债券向重点项目倾斜，适当补贴企业复工复产费用，支持开发区为企业员工返程交通、防疫物资、防控服务、原材料和产品物流运输等费用给予适当补助，促进企业及时复工复产；② 激励龙头企业达产增效，对一季度实现增长的龙头企业，按其对全区工业增长的贡献率给予不高于100万元的奖励；③ 实行重点项目开工奖励，对自治区人民政府确定的2020年重点建设项目3月31日前开工建设的，按当年投资规模分别给予30万～100万元奖励；④ 地方政府债券向重点项目倾斜，新增地方政府债券优先支持脱贫攻坚、教育卫生、污染防治、保障性住房、道路交通等自治区党委、政府确定的重大战略和重点领域项目建设。

(3) 促进消费。措施包括：① 鼓励拓展发展新业态稳定和扩大消费需求，促进生活必需品稳产保供，提出对重点蔬菜批发市场内承担蔬菜调运任务的重点经销商户给予运费补贴、管理费减免，促进生活必需品稳产保供；② 支持现代服务业发展，统筹各类服务业发展资金，支持绿色食品、文化旅游等产业培育壮大；③ 鼓励电子商务、会展经济、网上平台、网络诊疗、在线教育、线上文娱等商业模式创新和新兴消费，促进形成新的消费增长点；④ 降低服务业小微企业经营成本，对批发零售、交通运输、餐饮住宿、文化旅游行业中的小微企业给予财政补贴，降低企业经营成本。

(4) 金融支持。措施包括：① 为企业发展注入更多源头活水，鼓励银行业金融机构不抽贷、不断贷、不压贷，对中小微企业贷款给予临时性延期还本付息、展期、续贷和优惠利率贷款；② 对受疫情影响较大行业实行贷款贴息。对于受疫情影响较大的中小微企业2020年新获得贷款以及防疫用品重点生产企业2020年新增贷款，自治区财政给予贴息；③ 加大对国家高新技术企业、科技型中小企业贷款和贴息支持力度，国家高新技术企业"宁科贷"最高贷款额度提高到不超过1000万元，对科技型中小企业2020年新发放的银行专项科技贷款给予贴息补助；④ 加大政府投资基金的支持力度，适当扩大政府投资基金规模，增加基金的额度，加大社会资本吸引力度，提高资金使用效益。

思考： 政府给予宁夏企业这些"及时雨"的目的是什么？

》》》 第一节　宏观经济政策概述 《《《

任何一项经济政策都要依据一定的经济目标而形成，经济目标又要通过一定的经济政策工具来实现。西方经济学认为，宏观经济政策是指国家或政府根据某些经济理论,有目的、有计划地运用一定的政策工具调节、控制经济的运行，以达到一定的经济目标及社会目标。

一、宏观经济政策目标

宏观经济政策是要对经济进行总量调控的，那么这种调控的具体目标是什么呢？宏观经济学家认为，宏观经济政策应该达到的目标是实现经济稳定。为此，要同时达到以下四个目标：充分就业、物价稳定、经济增长和国际收支平衡。

1. 充分就业

按照凯恩斯的解释，充分就业并不是指没有失业，而是指消除"非自愿失业"，或者说失业仅限于摩擦失业（一般是由于求职的劳动者与需方提供的岗位之间存在着时间滞差而形成的临时性失业）和自愿失业。谋求充分就业是政府的责任，因为失业不仅是社会资源的浪费，而且使劳动者失去了维持生活的来源，可能引起社会的不安定。因此，降低失业率，实现充分就业，就成为西方宏观经济政策的首要目标。

2. 物价稳定

物价稳定是指价格总水平的稳定。这不是说价格不变，而是说物价维持在一定水平，即维持一个低而稳定的通货膨胀率。这种通货膨胀能为社会所接受，对经济也不会产生过多不利的影响。由于高的通货膨胀率对经济有不良影响，所以为了控制通货膨胀对经济的冲击，西方国家把物价稳定作为宏观经济政策的另一个目标。

3. 经济增长

经济增长是指一国实际国内生产总值或人均国内生产总值的持续增加，通常用实际国内生产总值增长率来衡量。经济增长是经济和社会发展的基础，是提高国民生活水平的重要条件。促进经济持续稳定增长，是政府宏观调控的重要目标。经济增长速度并不是越高越好，过高的经济增速不仅会付出高昂的环境和社会代价，也会因受资源及技术的约束而不可持续。一般而言，经济处于较低发展阶段的国家，经济增速较高；经济处于较高发展阶段的国家，经济增速较低。因此，经济增长目标应该是实现与本国国情相符的适度增长率。

4. 国际收支平衡

国际收支平衡主要是要求一国能保持汇率稳定，同时使其进出口达到基本平衡，达到既无大量的国际收支赤字，又无过度的国际收支盈余的水平。因为过度的国际收支赤字和收支盈余都会给国内经济发展带来不利的影响。

以上四个目标之间既存在着密切的联系，又存在着矛盾。例如，充分就业与物价稳定之间往往是矛盾的。因为要实现充分就业，就必须运用扩张性财政政策和货币政策，而这些政策又会由于财政赤字的增加和货币供给量的增加而引起通货膨胀。充分就业与经济增长之间有一致的一面，也有矛盾的一面。这是因为：一方面经济增长会提供更多的就业机会，有利于充分就业；另一方面，经济增长中的技术进步又会引起资本对劳动的替代，相对地减少生产对劳动的需求，从而使部分工人尤其是文化技术水平低的工人失业。物价稳定与经济增长之间也存在矛盾。因为在经济增长过程中，通货膨胀是难以避免的。此外，充分就业与国际收支平衡之间也存在着矛盾。因为充分就业的实现会引起国民收入增加，而在边际进口倾向既定的情况下，国民收入增加必然引起进口增加，从而使国际收支失衡。

宏观经济政策目标之间存在着矛盾，这就要求政策制定者确定重点政策目标，或者对这些政策目标进行协调。政策制定者在确定宏观经济重点政策目标时，既要受自己对各项政策目标重要程度的理解以及国内外各种政治因素的制约，又要受社会可接受程度的制约。通常来说，不同的国家在不同时期选择宏观经济政策目标的侧重点会有所不同。同时，不同流派的经济学家对政策目标有不同的理解。例如，凯恩斯主义经济学家比较重视充分就业与经济增长，而货币主义经济学家则比较重视物价稳定。这些都对宏观经济政策目标的确定有相当的影响。

二、宏观经济政策工具

宏观经济政策工具是用来达到宏观经济政策目标的手段。一旦确定了宏观经济目标，决策者就必须明确可用的政策工具，运用一些工具使经济达到预期的目标。在宏观经济政策工具中，常用的有需求管理政策和供给管理政策。

1. 需求管理政策

需求管理政策是通过调节总需求来达到一定政策目标的宏观经济政策工具。这是凯恩斯主义所重视的政策工具。需求管理政策是要通过调节总需求，实现总需求等于总供给，达到既无失业又无通货膨胀的目标。在总需求小于总供给时，会由于需求不足而产生失业，这时就要运用扩张性的政策工具来刺激总需求；在总需求大于总供给时，会由于需求过度而引起通货膨胀，这时就要运用紧缩性的政策工具来抑制总需求。需求管理政策包括财政政策与货币政策。

2. 供给管理政策

供给管理政策是通过调节总供给来达到一定政策目标的宏观经济政策工具。供给即生产，短期内影响供给的主要因素是生产成本，特别是生产成本中的工资成本；长期内影响供给的主要因素是生产能力，即经济潜力的增长。因此，供给管理的政策工具包括控制工资与物价的收入政策，改善劳动力市场状况的人力政策以及促进经济增长的增长政策。

第二节 财政政策

财政政策是凯恩斯主义十分强调和倡导的宏观需求管理政策。按其解释，财政政策是指政府为促进就业水平的提高，减轻经济波动，防止通货膨胀，实现稳定增长而对政府收入和支出水平所实施的政策。

一、财政政策的内容与运用

1.财政政策的内容

财政政策的主要内容由政府支出和财政收入两个方面构成。

1) 政府支出

政府支出是指整个国家中各级政府支出的总和，由许多具体的支出项目组成，主要可以分为政府购买和政府转移支付两大类。

政府购买是政府对商品和劳务的购买。例如，军需用品、机关办公用品、政府雇员报酬、公共项目工程所需的支出等都属于政府购买。政府购买是一种实质性支出，有着商品和劳务的实际交易，能够直接形成社会需求和购买力，可计算在国民收入中。

政府转移支付是指政府在社会福利、政府补贴和社会保障等方面的支出。与政府购买不同，政府转移支持是一种货币性支出，不能算作国民收入的组成部分。因为它将收入在不同社会成员之间进行转移和重新分配，并没有使全社会的总收入发生变动。

2) 财政收入

财政收入是指整个国家中各级政府收入的总额，包括税收和公债两部分。

税收是政府收入的最主要部分，可以分为三类：财产税、所得税和流转税。财产税是对不动产征收的税；所得税是对个人和公司的收入征收的税；流转税是对生产流通和消费等各个环节的货物征收的税，如营业税、消费税等，增值税是流转税的主要税种之一。财产税和所得税又称直接税，因为它们是由纳税人负担的，不能转嫁给他人。这两种税一般具有累进性质，即财产和收入越多，边际税率越高，因而又称累进税。流转税又称间接税，因为生产者和销售者通过提高商品的价格，至少把一部分税收负担转嫁给了最终消费者。

知识链接

税收的种类

税收是财政收入最主要的来源。按征税对象的不同来分类，我国税种大体可分为五类。一是对流转额的征税，简称流转税。它是对销售商品或提供劳务的流转额征收的一类税收。我国当前开征的流转税主要有增值税、消费税、营业税和关税。二是对所得额的征税，简称所得税，主要有企业所得税、外商投资企业和外国企业所得税、个人所得税。三是对资源的征税，即对开发、利用和占有国有自然资源的单位和个人征收的一类税，主要有城镇土地使用税、耕地占用税、资源税和土地增值税。四是对财产的征税，即对纳税人所拥有或属其支配的财产数量或价值额征收的税。我国对财产的征税主要有房产税（外资为城市房地产税）、契税、车辆购置税和车船使用税（外资为车船使用牌照税）。五是对行为的征税，也称行为税，一般是指以某些特定行为为征税对象征收的一类税收，主要有印花税和城市维护建设税。

公债是政府运用信用筹集资金的特殊形式。它是政府对公众的债务或公众对政府的债权，主要可分为中央政府债务和地方政府债务。政府发行公债既可以筹集资金、弥补财政赤字，又可以影响货币的供求从而调节社会的总需求水平，能对经济产生刺激性或抑制性的效应。因此，公债是实现财政政策目标必不可少的一个工具。

2.财政政策的运用

财政政策的运用主要有两种情况，即扩张性财政政策和紧缩性财政政策。

1) 扩张性财政政策

在经济萧条时期，总需求小于总供给，失业率上升，此时，政府就要实行增加政府支出和减税等扩张性财政政策，以刺激总需求。扩张性财政政策的作用表现在：增加政府购买和公共工程支出，有利于刺激私人投资；增加政府转移支付，有利于增加个人消费；减税可以使个人和企业的收入增加，有利于增加总消费和总投资。

2) 紧缩性财政政策

在经济繁荣时期，总需求大于总供给，出现物价上涨和通货膨胀，此时，政府就要实行减少政府支出和增税等紧缩性财政政策，以抑制总需求。紧缩性财政政策的作用表现在：减少政府公共工程支出和购买，可以抑制投资；减少转移支付，有利于减少个人消费；增税可以使个人和企业的收入减少，有利于减少总消费和总投资。

西方经济学家把上述政策称为"逆经济风向行事"的财政政策。需要注意的是，当政府实行"逆经济风向行事"的财政政策时，其年度预算会出现不平衡。例如，当通货膨胀时，国民收入水平增加，在税率不变的情况下，政府收入也将增加。这时政府如果要坚持收入等于支出的预算平衡，势必会增加政府支出，显然，这会使通货膨胀进一步扩大；这时政府如果"逆经济风向行事"，减少政府支出或增税，那么，在缓解通货膨胀的同时，政府也会出现财政盈余。所以说，在政府实行"逆经济风向行事"的财政政策后，财政盈余和财政赤字都有可能出现。

二、内在稳定器

内在稳定器又称自动稳定器，是指经济系本身存在的一种会减少各种干扰对国民收入冲击的机制，能够在经济繁荣时期自动抑制通货膨胀，在经济衰退时期自动减轻萧条，无需政府采取任何行动。经济学家认为，财政制度本身就具有自动稳定经济的功能，其这种功能主要通过以下制度得以发挥。

1. 政府支出的自动稳定效应

政府支出绝大部分是受法律和契约关系所制约的，不像私人消费和私人投资随国民收入变化而发生很大的波动，它是相对比较稳定的。因此，当把原来易于波动的私人支出的一部分转化为比较稳定的政府支出时，在一定程度上可以减轻投资和消费波动的影响。同时，政府为维持支出而实行征税，会缩小国民收入的边际消费倾向和支出乘数，这对经济的波动也将起到稳定的作用。

2. 政府税收的自动变化

政府税收主要指个人所得税和企业所得税，有规定的起征点和税率。在经济繁荣时期，随着生产扩大、就业增加、个人收入和公司利润增加，符合纳税规定的个人和公司也相应增加，政府税收随之自动增加，在累进税率的情况下，经济繁荣使纳税人自动进入较高的纳税档次，政府税收增加幅度超过收入增加幅度，从而抑制总需求扩张和经济过热；在经济萧条时期，个人收入和公司利润减少，符合纳税规定的个人和公司也相应减少，政府税收随之自动减少，在累进税率的情况下，经济萧条使纳税人自动进入较低的纳税档次，政府税收减少幅度超过收入减少幅度，从而缓解总需求减少造成的经济萧条。

3. 政府转移支付的自动变化

失业救济金和其他社会福利支出这类转移支付有其固定的发放标准。当经济萧条时，失业人数增加，符合救济条件的人数增加，失业救济和其他社会福利开支就会相应增加，这样可以抑制人们可支配收入下降，从而抑制消费与投资的减少，有助于减轻经济萧条的程度。当经济繁荣时，由于失业人数和需要其他补助的人数减少，这类转移支付会自动减少，从而抑制消费与投资的增加，有助于减轻由于需求过大而引起的通货膨胀。

4. 农产品价格维持制度

经济萧条时，农产品价格下跌，政府按照农产品价格维持制度，用支持价格收购剩余农产品，可使农民收入和消费维持在一定水平上。经济繁荣时，农产品价格上涨，这时政府减少收购农产品，同时销售农产品增加供给，可抑制农民收入和消费的过度增长并稳定农产品的价格，有助于减轻通货膨胀。

总之，西方经济学家认为以上四项制度都能对宏观经济活动起到自动稳定的作用，都是财政制度的内在稳定器，是对经济波动的第一道防线。但是，这种内在稳定器调节经济的作用是十分有限的。它只能减轻经济萧条或通货膨胀的程度，并不能改变经济萧条或通货膨胀的总趋势；只能起到自动配合财政政策的作用，并不能代替财政政策。因此，政府仍然需要有意识地运用扩张性或紧缩性财政政策来调节经济。

三、赤字财政政策

在经济萧条时期，财政政策是增加政府支出，减少政府税收，这样就必然会出现财政赤字，即政府收入小于支出。凯恩斯认为，财政政策应该为实现充分就业服务，因此，必须放弃财政收支平衡的旧信条，实行赤字财政政策。20 世纪 60 年代，美国的凯恩斯主义经济学家强调，要把财政政策从害怕赤字的条条框框中解放出来，以充分就业为目标来制定财政预算，而不管是否有赤字。这样，赤字财政就成为财政政策的一项主要内容。

凯恩斯主义经济学家认为，赤字财政政策不仅是必要的，而且也是可能的。这是因为：第一，债务人是国家，债权人是公众，国家与公众的根本利益是一致的，政府的财政赤字是国家欠公众的债务，也就是自己欠自己的债务；第二，政府的政权是稳定的，这就保证了债务的偿还是有保证的，不会引起信用危机；第三，债务用于发展经济，使政府有能力偿还债务，弥补赤字。这就是通常所说的"公债哲学"。

政府实行赤字财政政策是通过发行债券来进行的。债券卖给不同的人，就有了不同的筹资方法：把债券卖给中央银行的方法称为货币筹资；把债券卖给中央银行以外的其他人（如个人、企业、商业银行等）的方法称为债务筹资。货币筹资的优点是政府不必还本付息，可以减轻债务负担，其缺点是会增加货币供给量从而引起通货膨胀。债务筹资相当于向公众借钱，政府的债券相当于向公众借钱的借据，这种方法的优点是不会增加货币量，也不会直接引发通货膨胀，其缺点是政府必须还本付息，会背上沉重的债务负担。政府不能仅用一种方法筹资，因为如果货币筹资过多，则会增加通货膨胀压力，而如果债务筹资过多，则不仅财政负担加剧，而且公众会拒绝购买。现实中，政府往往交替使用这两种方法为赤字筹资。

赤字财政政策的确可以在短期内刺激经济，尤其可以使经济较快地走出衰退，但同时也存在以下几个问题：第一，赤字财政政策会引发通货膨胀，进行货币筹资时，产生通货膨胀是必然结果；第二，债务筹资会减少私人储蓄，这对长期经济增长不利；第三，市场机制有活力，赤字财政政策才有作用。所以，仅仅依靠赤字财政政策来使经济持久繁荣是不可能的，长期用赤字财政政策还会引起赤字依赖症。也因如此，经济学家认为赤字财政政策可以用，但要有限制。

四、财政政策的挤出效应

财政政策的挤出效应是指政府开支增加所引起的私人支出的减少，即以政府开支代替私人开支。财政政策挤出效应存在的最重要原因是政府支出的增加引起利率上升，而利率上升会引起私人投资与消费减少。或者说，政府支出的增加"挤占"了私人投资和消费，从而使财政政策对国民收入的影响能力相对削弱。

下面几种财政政策可能导致挤出效应：

(1) 政府对公共图书馆增加拨款，这样公众便会更多地利用公共图书馆的书籍，而其在书店的购书支出将减少。

(2) 政府增加公共教育经费，这样公众接受私人教育的支出将减少。

(3) 政府增加对公共交通费用拨款，这样公众的交通费用支出将减少。另外，随着道路质量的提高，汽车保养费用将降低。

(4) 政府增加支出。随着政府支出的不断增加，财政势必出现赤字，赤字的规模也日益膨胀。为弥补财政赤字，政府不得不扩大资金筹集或者提高实际利率，这样势必会影响私人的投资能力。

财政政策挤出效应的大小取决于多种因素。在充分就业的情况下，扩张性财政政策对经济没有任何刺激作用，此时挤出效应最大，即政府的支出增加完全等于私人支出的减少。在没有实现充分就业的情况下，挤出效应的大小取决于政府支出增加所引起的利率上升幅度的大小。一般来说，利率上升幅度大，则私人投资转化为储蓄的多，即挤出效应大，反之，挤出效应小。

阅读与思考

2019 年中、美两国的赤字财政政策

2019 年 3 月，中国财政部在全国人大会议上发布的预算草案报告显示，2019 年全国一般公共预算收入预计约 19.25 万亿元，增长 5%。加上调入资金及使用结转结余 1.51 万亿元，收入总量为 20.76 万亿元。全国一般公共预算支出预计约 23.52 万亿元，增长 6.5%。赤字 2.76 万亿元，比 2018 年增加 0.38 万亿元。从赤字率，即全国财政赤字占国内生产总值的比重来看，2017 年为 2.9%，2018 年为 2.6%，2019 年预计为 2.8%，始终控制在国际通用 3% 控制线以内。

美国政府 2019 财年预算案显示，2019 财年，美国联邦政府预算支出约为 4.4 万亿美元，预算赤字为 9840 亿美元，赤字率从 2017 财年的 3.4% 上升至 4.7%。

政府的赤字财政政策是通过发行公债来实施的。公债并不是直接卖给公众或厂商，因为这样可能减少公众消费与厂商投资，使赤字财政政策不能发挥应有的刺激经济的作用。公债由政府财政部发行，卖给中央银行，中央银行向财政部支付货币，财政部即可用这些货币支付各项支出，从而刺激经济。中央银行购买的政府公债，可以作为发行货币的准备金，也可以在金融市场上卖出。

问题：通过这个案例，你觉得应当如何使用财政政策才能使经济发展又好又快呢？

>>> 第三节　货币政策 <<<

宏观经济政策的重点在于财政政策。20 世纪 60 年代以后，美国的凯恩斯主义经济学家强调货币政策与财政政策同样重要，主张"双管齐下"以促进经济繁荣。20 世纪 70 年代后期，由于通货膨胀严重，西方各国又采用了货币主义经济学家所主张的控制货币供给量的政策。20 世纪 90 年代之后，克林顿政府又更多地运用了货币政策来刺激经济并取得了成功。

一、凯恩斯主义的货币政策

从 IS-LM 模型的分析中可以看出，货币供给量的变动影响利率，利率影响投资和总需求，进而影响国内生产总值。这正是凯恩斯主义的货币政策的理论基础。

1. 货币政策的作用机制

凯恩斯主义的货币政策是通过调节货币供给量来调节利率，再通过利率的变动来影响总需求的货币政策。这样，凯恩斯主义的货币政策的机制就是：货币量→利率→总需求。在这种货币政策中，政策的直接目标是利率，利率的变动通过货币量的调节来实现，所以调节货币量是手段。调节利率的目的是要调节总需求，所以总需求变动是政策的最终目标。由此可以看出，要了解凯恩斯主义的货币政策的机制，就必须弄清两个问题：第一，货币量如何影响利率；第二，利率如何影响总需求。

1) 货币量的变动影响利率

凯恩斯主义认为货币量可以调节利率，是以人们的财富只有货币与债券这两种形式的假设为前提的。在这一假设之下，债券是货币的唯一替代物，人们在保存财富时只能在货币与债券之间做出选择：持有货币无风险，但也没有收益；持有债券有收益，但也有风险。人们在保存财富时总要使货币与债券保持一定的比例。所以，如果货币供给量增加，人们就要以货币购买债券，债券的价格就会上升；反之，如果货币供给量减少，人们就要抛出债券以换取货币，债券的价格就会下降。债券的价格可以用公式表示为

$$债券价格 = \frac{债券收益}{利率}$$

由此可知，债券价格与债券收益的大小成正比，与利率的高低成反比。因此，货币量增加，债券价格上升，利率下降；反之，货币量减少，债券价格下降，利率上升。

2) 利率的变动影响总需求

利率的变动首先影响投资。利率下降会降低投资者贷款所付的利息，从而降低投资成

本，增加投资收益，同时，利率的下降也会使人们更多地购买股票，从而使股票价格上升，而股票价格的上升有利于刺激投资。此外，利率的下降也会鼓励人们更多地消费。与此相反，利率的上升会减少投资和消费。

2. 货币政策的工具

在凯恩斯主义的货币政策中，中央银行能够使用的政策工具主要包括公开市场业务、再贴现政策以及法定存款准备金率。

1) 公开市场业务

公开市场业务是指中央银行在金融市场上公开买卖有价证券，以控制货币供给量和利率的政府行为。买进有价证券实际上就是发行货币，从而增加货币供应量；卖出有价证券实际上就是回笼货币，从而减少货币供应量。因此，公开市场业务是一种灵活而有效地调节货币量进而影响利率的工具，是最重要的货币政策工具。

2) 再贴现政策

再贴现是指商业银行在资金不足时，把未到期的商业票据卖给中央银行，从而获得资金的做法。它是商业银行向中央银行贷款的方式。商业银行向中央银行进行这种贴现时的利息率称为贴现率。再贴现政策包括变动贴现率与贴现条件，其中最主要的是变动贴现率。中央银行降低贴现率或放松贴现条件，会使商业银行得到更多的资金，导致货币基数增加，这样就可以增加商业银行对客户的贷款，贷款的增加又可以通过银行创造货币的机制而增加流通中的货币供给量，从而降低利率；相反，中央银行提高贴现率或严格贴现条件，会使商业银行资金短缺，这样商业银行就不得不减少对客户的贷款或回收贷款，贷款的减少也可以通过银行创造货币的机制而减少流通中的货币供给量，从而提高利率。此外，贴现率作为官方利率，其变动也会影响到利率水平，一般来说，利率水平与贴现率呈同方向变动。

3) 法定存款准备金率

法定存款准备金率是商业银行吸收的存款中用作准备金的比率。准备金包括库存现金和在中央银行的存款。中央银行可以通过变动法定准备金率来影响货币供给量和利率。当中央银行认为需要增加货币供给时，会降低法定存款准备金率，其原理在于法定存款准备金率的降低使货币乘数增加，进而增加货币供给，降低利率；反之，当中央银行认为需要减少货币供给时，就提高法定存款准备金率，通过银行创造货币的机制减少货币供给量，提高利率。

从理论上说，变动法定存款准备金率是中央银行调节货币供给量最简便的办法。然而，现实中，中央银行一般轻易使用这一手段，原因在于变动法定存款准备金率的作用十分猛烈。一旦法定存款准备金率变动，所有银行的信用都必须扩张或收缩。再者，如果法定存款准备金率变动频繁，会使商业银行和所有金融机构的正常信贷业务受到干扰。

上述货币政策工具常常需要配合使用。除了以上三种主要的工具外，货币政策还有一些次要工具，道义劝告就是其中之一。道义劝告是指中央银行运用自己在金融体系中的特殊地位和威望，对商业银行及其他金融机构进行劝告，以影响其贷款和投资方向，进而达到控制信用的目标。此外，其一些次要工具还有垫头规定、利息率上限、控制分期付款与抵押贷款等。

3. 货币政策的运用

在不同的经济形势下，中央银行要运用不同的货币政策来调节经济。凯恩斯主义经济学家认为，就像斟酌使用的财政政策一样，斟酌使用的货币政策也要"逆经济风向行事"，这被称为补偿性货币政策。

在经济萧条时期，总需求小于总供给，失业持续增加。为了刺激总需求，中央银行就要运用扩张性货币政策，以解决经济衰退和失业问题。这种政策包括在公开市场上买进有价证券、降低贴现率并放松贴现条件、降低法定存款准备金率等，它们可以增加货币供给量，降低利率，刺激总需求。

在经济繁荣时期，总需求大于总供给，价格水平持续上涨。为了抑制总需求，中央银行就要运用紧缩性货币政策。这种政策包括在公开市场上卖出有价证券、提高贴现率并严格贴现条件、提高法定存款准备金率等，它们可以减少货币供给量，提高利率，抑制总需求。

阅读与思考

使用稳健的货币政策

2019 年，我国继续实施稳健的货币政策。所谓稳健的货币政策，指货币和信贷增速回归常态的货币政策。

2019 年《政府工作报告》提出："广义货币 M2 和社会融资规模增速要与国内生产总值名义增速相匹配，以更好满足经济运行保持在合理区间的需要。"货币供应量增速调控目标计算公式为

M2 增速 ＝ 国内生产总值名义增速 ＝ 国内生产总值实际增速 ＋ 消费者物价指数增速。

2019 年经济增速预期目标为 6% ～ 6.5%，消费者物价指数增速预期目标为 3%，那么，2019 年货币政策回归常态的标志就是广义货币供应量 M2 和社会融资规模增速要被控制在 9.25% 左右。

问题：你认为中国为什么要实施稳健的货币政策？

二、货币主义的货币政策

货币主义的货币政策在传递机制上与凯恩斯主义的货币政策不同。货币主义的基础理论

是现代货币数量论，即认为影响国内生产总值与价格水平的不是利率而是货币量。货币量直接影响国内生产总值与价格水平这一机制的前提是：人们的财富具有多种形式，如货币、债券、股票、住宅、珠宝、耐用消费品等。这样，人们在保存财富时就不仅是在货币与债券中做出选择，而是在多种财富形式中进行选择。在这一假设之下，货币供给量的变动主要影响的并不是利率，而是各种形式资产的相对价格。在货币供给量增加后，各种资产的价格上升，从而直接刺激生产，在短期内使国内生产总值增加，进而又会使整个价格水平上升。

货币主义者认为，货币供给量的增加只能在短期内降低利率，其主要影响是提高利率。这是因为，货币供给量的增加使总需求增加，总需求增加反过来又增加了货币需求量并且提高了价格水平，从而减少了货币的实际供给量，这两种作用的共同结果会使利率提高。另外，利率还受到人们对通货膨胀预期的影响。货币供给量增加提高了预期的通货膨胀率，也就是提高了名义利率。因此，货币政策无法限定利率，利率是一个会把人们引入歧途的指示器。

货币主义者还认为，货币政策不应该是一项刺激总需求的政策，而应该是防止货币本身成为经济失调根源的政策，应能为经济提供一个稳定的环境并抵消其他因素所引起的波动。因此，货币政策不应该是多变的，其应该以控制货币供给量为中心，即根据经济增长的需要，按固定比率增加货币供给量，这也被称为"简单规则的货币政策"。这种政策可以制止通货膨胀，为经济的发展创造一个良好的环境。

需要特别注意的是，货币主义的货币政策完全不同于凯恩斯主义的货币政策，它不属于需求管理的内容。这两种不同货币政策的对比如表10-1所示。

表10-1　凯恩斯主义的货币政策与货币主义的货币政策的对比

对比内容	货币主义的货币政策	凯恩斯主义的货币政策
目标	通过控制货币量实现物价稳定	通过利率调节总需求
机制	货币量→物价	货币量→利率→总需求
手段	简单规则的货币政策	三种政策工具

》》》 第四节　财政政策与货币政策的组合运用 《《《

一、扩张性财政政策和扩张性货币政策的组合

当经济中出现严重的通货紧缩时，可以采取扩张性财政政策和扩张性货币政策的组合，即通过减少税收和扩大政府支出规模等扩张性财政政策增加社会总需求；通过降低法定存款准备金率和降低利率等扩张性货币政策扩大信贷支出规模，增加货币供给。"双松"政

策的结果，必然使社会总需求扩大，从而促使经济复苏、高涨。当经济严重萧条时，社会总需求严重不足、生产能力和生产资源未得到充分利用情况下，利用这种政策组合，可以刺激经济增长，扩大就业，但也可能诱发财政赤字和通货膨胀，影响经济稳定和社会安定。

二、紧缩性财政政策和紧缩性货币政策的组合

当经济中出现严重的通货膨胀时，可以采取紧缩性财政政策和紧缩性货币政策的组合，即通过提高法定存款准备金率和提高利率等紧缩性货币政策，减少货币供给，降低社会总需求水平；实施增加税收和减少政府支出规模等紧缩性财政政策，限制消费和投资，减少社会总需求。当经济发生严重通货膨胀时，采用这种政策组合，可以有效抑制需求膨胀和通货膨胀，但也可能带来国民收入水平下降，导致国民经济发展缓慢，甚至开始衰退及经济停滞的后果。

三、扩张性财政政策和紧缩性货币政策的组合

通过实行"松"的财政政策，可以刺激需求，对克服经济萧条较为有效；实行"紧"的货币政策可以避免过高的通货膨胀率。因此，当经济萧条但又不太严重时，可采取扩张性财政政策和紧缩性货币政策的组合，在保持适度经济增长的同时尽可能地避免通货膨胀。但是，长期使用这种政策组合，会积累大量的财政赤字。

知识链接

财政政策和货币政策的时滞性

有一天，几个动物要过河，可只有一条船，于是它们商定：每个动物必须讲一个笑话，有一个动物没笑，就把讲笑话的这个动物丢进河里。

于是，猴子开始第一个讲，等它讲完后，所有的动物都笑了，只有猪没笑，它们只好把猴子丢进河里；第二个讲笑话的是兔子，它讲完后，所有的动物都笑了，还是只有猪没笑，它们只好把兔子丢进河里；第三个讲笑话的是乌龟，等它讲完后，所有的动物都没笑，只有猪笑了。其他的动物很奇怪，就问它笑什么，猪回答说："猴子的笑话好好笑哦！"

这个小故事蕴含的经济学道理就是：在弥补"市场失灵"时，中央银行往往会启动"货币政策"来调节金融市场，进而调节整个市场运行，但是其发挥效用却需要很长时间。

政府宏观调控政策对经济的作用效果并不是即时的，而是存在一定程度的时滞。任何一种经济政策，无论是按市场规律制定的财政政策、货币政策，还是政府直接干预的经济政策，从施加于经济到产生效应，都会存在时滞。

四、紧缩性财政政策和扩张性货币政策的组合

通过实行"紧"的财政政策，可以抑制社会总需求，防止经济过旺和通货膨胀；"松"的货币政策在于保持经济适度增长。因此，当经济出现通货膨胀但又不太严重时，可采取紧缩性财政政策和扩张性货币政策的组合，一方面用紧缩性财政政策压缩总需求，另一方面用扩张性货币政策降低利率，刺激投资，遏止经济的衰退。此组合在于控制通货膨胀的同时，保持适度的经济增长，但货币政策过松，也难以制止通货膨胀。

一般来说，"双紧""双松"政策主要解决总量问题，"一松一紧"政策主要解决结构问题。至于在何种情况下采取何种搭配方式，主要取决于一定时期的社会经济运行状况，也就是相机抉择的原则。

阅读与思考

2019—2020 年的中国经济形势

2019 年中国经济运行总体平稳，国内生产总值增长预期目标为 6% ~ 6.5%，价格总水平基本稳定，居民消费价格涨幅预期目标为 3% 左右。就业优先政策全面发力，就业形势总体稳定，城镇新增就业预期目标为 1100 万人以上。全国城镇调查失业率和城镇登记失业率预期目标分别为 5.5% 左右和 4.5% 以内，城乡居民收入增长与经济增长基本同步。

但在 2020 年上半年，新冠肺炎疫情对我国经济发展和世界政经格局造成重大冲击。第一季度国内生产总值下滑，消费、投资增速出现大幅下跌。随着我国对疫情的有效防控，第二季度实现大部分复工复产，消费、投资、工业企业利润等的降幅均出现不同程度收窄，经济呈修复企稳态势。同时，受全球疫情蔓延的冲击，疫情不仅对中国对外贸易增速造成影响，也导致全球产业链和供应链需重新调整，进一步加剧了经济下行压力。中国在应对外部挑战的同时，立足于形成以国内大循环为主，构建了国内国际双循环相互促进的新发展格局。

通过此次疫情，我们应充分重视对各种风险的防范，对不同情景下的经济走势、短期政策应对和中长期治理。其中，货币政策与财政政策对产出促进作用的逆周期性与在疫情期间不同的刺激效果，对制定宏观政策具有重要的指导意义。当前，我国经济在疫情冲击下面临较大压力并且亟待复苏，因此，宏观政策应当发力。但是，最优的经济政策规则要求积极的财政政策与稳健的货币政策相配合，这样的政策组合要求财政政策分担维持经济稳定增长的任务，也符合 2020 年政府工作报告中"积极的财政政策要更加积极有为"的政策基调。与此同时，"稳健的货币政策要更加灵活适度"，应该更多关注结构性问题，更加重视对民营企业的帮扶。

问题：通过案例，谈谈你对中国宏观经济政策的看法。

拓展阅读

新冠肺炎疫情下的新经济与新理念

2019年年底暴发的新冠肺炎疫情无异是当年最大的事件，对本已处于下行压力不断增大的中国经济无异于雪上加霜。那么如何应对此次疫情所造成的影响呢？宏观经济政策上，中央应对新冠肺炎疫情会议强调，积极的财政政策要更加积极有为，稳健的货币政策要更加注重灵活适度。但宏观经济政策的选择往往处于两难的境地，既要防通胀又要防通缩，避免经济运行出现滞胀的危险。应对新冠肺炎疫情根本之策在于树立新发展理念，构建现代化经济体系，从而转变经济发展方式，实现经济从高速增长向高质量发展的转变。

2020年，战胜新冠肺炎疫情并如期实现中国经济社会发展目标要求，关键在于努力加快转变经济发展方式，实现经济从高速增长向高质量发展转变，从依靠要素投入转变为提高全要素生产率为主来带动经济发展。2019年的中央经济工作会议确定2020年重点工作首要是坚定不移贯彻新发展理念，这说明十八届五中全会提出的五大发展理念迄今为止贯彻得不够理想，存在形形色色的形式主义、官僚主义，是中国经济迈向高质量发展不容忽视的问题。

党的十九大报告提出构建现代化经济体系，作为贯彻和实践新的发展理念的抓手和途径。新冠肺炎疫情的发生，一方面说明一切违背科学发展规律的做法都会带来人与自然的严重失衡，而这种严重失衡最后都会给予人类严厉惩罚，另一方面也告诫我们转变经济发展方式和树立新的发展理念的重要性。2018年1月，中央政治局就现代化经济体系进行第三次集体学习，习近平总书记明确讲到现代化经济体系由现代化产业体系、市场体系、分配体系、区域发展体系、绿色发展体系、全面开放体系和经济体制七大体系构成，充分体现了新时代改革、开放、发展三者的有机统一。那么如何构建七大体系呢？习近平总书记提出要实施五大战略：一是壮大实体经济的战略，特别是制造业，制造业是强国之基、立国之本；二是实施创新引领、创新驱动战略，特别是科技创新上，2019年中国全球创新指数排名第14亿，比上一年上升了3个位次，中国创新正以不可阻挡的势头追赶发达国家；三是完善区域发展协调机制，促进区域经济合理布局；四是构建现代化的开放体系，特别是围绕人类命运共同体这个理念，推进"一带一路"倡议；五是通过实施全面深化改革，构建现代化治理体系和治理能力。通过五大战略来构建七大体系，从而形成现代化经济体系基本框架，通过现代化经济体系的构建来贯彻落实新发展理念，通过新发展理论的贯彻落实来实现发展方式的根本转变，通过转变发展方式来把握机遇和应对各种风险和挑战。

当代大学生应具备创新意识。创新切忌异想天开，任何事情都要脚踏实地从基础做起，一要敢想（创），二要敢找（新），三要敢去做，四要敢失败，做新时代积极有为的社会主义好青年。

本 章 小 结

　　经济学家认为，宏观经济政策应该达到的目标是实现经济稳定，为此要同时达到四个目标：充分就业、物价稳定、经济增长和国际收支平衡。为达到该政策目标，常用的宏观经济政策工具有需求管理政策和供给管理政策。

　　财政政策和货币政策是需求管理政策的主要内容。财政政策主要是通过政府支出和财政收入调节经济，对于经济调节起着自动稳定器的作用。财政政策对于私人投资存在挤出效应。

　　凯恩斯主义的货币政策主张通过公开市场业务、再贴现政策以及法定存款准备金率等工具来调节利率，再通过利率的变动来影响总需求。货币主义的货币政策不属于需求管理政策，其主张直接通过货币量的供给影响经济的增长。

练 习 题

一、名词解释

宏观经济政策　财政政策　公开市场业务　贴现率　法定存款准备金率

二、单项选择题

1. 宏观经济政策的目标有（　　）。

A. 充分就业和物价稳定

B. 物价稳定和经济增长

C. 充分就业、物价稳定、经济增长和国际收支平衡

D. 充分就业和公平

2. 属于紧缩性财政政策工具的是（　　）。

A. 减少政府支出和减少税收　　　　　　B. 减少政府支出和增加税收

C. 增加政府支出和减少税收　　　　　　D. 增加政府支出和增加税收

3. 在经济处于严重衰退时，恰当的货币政策应当是（　　）。

A. 减少政府支出　　　　　　　　　　　B. 降低利息率

C. 使本国货币升值　　　　　　　　　　D. 提高利息率

4. 如果经济陷于严重衰退，正确的货币和财政政策应该是（　　）。

A. 卖出政府证券，提高法定存款准备金率，降低贴现率，出现财政盈余

B. 购买政府证券，降低法定存款准备金率，降低贴现率，出现财政赤字

C. 购买政府证券，降低法定存款准备金率，提高贴现率，出现财政盈余

D. 购买政府证券，提高法定存款准备金率，提高贴现率，出现财政盈余

5. 公开市场业务是指（　　）。

A. 中央银行在金融市场上买进或卖出有价证券

B. 中央银行增加或减少对商业银行的贷款

C. 中央银行规定对商业银行的最低贷款利率

D. 中央银行对商业银行实施监督

三、简答题

1. 宏观经济政策的目标有哪些？

2. 什么是公开市场业务？

3. 货币主义的货币政策与凯恩斯主义的货币政策有何不同？

4. 财政政策与货币政策有何区别？

第十一章 失业与通货膨胀

【知识目标】

(1) 了解失业的种类和影响；

(2) 了解通货膨胀的类型、原因和治理方法；

(3) 理解菲利普斯曲线的含义；

(4) 能对失业与通货膨胀对经济的影响做出分析；

(5) 能对现实中失业与通货膨胀提出初步解决对策。

【技能目标】

(1) 能够运用失业与通货膨胀的相关理论做出分析；

(2) 能够结合现实中的失业率对自己做出准确的定位。

【素质目标】

(1) 能够从经济学的角度提高自身的能力；

(2) 树立正确的择业观、人生观、世界观、价值观。

引入案例

你身边的通货膨胀

今天，如果你想买一个冰淇淋蛋筒，至少需要 2 美元，但情况也许并不总是这样。20 世纪 30 年代，有人在新泽西的特伦顿经营一家糖果店，同时出售两种规格的冰淇淋蛋筒。一小勺量的冰淇淋蛋筒只卖 3 美分；饥饿的顾客则可以花 5 美分买一大勺量的冰淇淋蛋筒。对冰淇淋价格的上升，你也许不会感到奇怪。在我们的经济中，大多数价格往往一直在上升。这种物价总水平的上升被称为通货膨胀。

20 世纪 70 年代，当美国经历较高的通货膨胀时，民意调查把通货膨胀作为国家面临的最重要的问题。1974 年，当福特总统把通货膨胀列为"头号公敌"时，他顺从了这种民意。当时，他在其上衣领子上别了一个写有"WIN"的徽章，意思是立刻铲除通货膨胀。

思考：从本例中你认为通货膨胀对经济的影响有哪些？请举出发生在你身边的通货膨胀现象。

>>> 第一节　失 业 <<<

一、失业与充分就业

1. 失业

失业是指有劳动能力，处于法定劳动年龄阶段，并有就业愿望的劳动者，失去或没有得到有报酬的工作岗位的社会现象。

失业者并非指没有工作的人，而是在规定的年龄范围内，愿意工作并积极寻找工作却没有找到的人。在一定的年龄范围之外，已退休的、丧失劳动能力的、在校学习的以及不愿意寻找工作的自愿失业者都不应计入失业人数，也不计入劳动者人数。

失业可以用失业率来衡量。失业率就是失业人数占劳动力总人数的比率。它是衡量一个经济社会中失业状况的最基本的指标。失业率可用公式表示为

$$失业率 (\%) = \frac{失业人数}{劳动力总数} \times 100\%$$

2. 充分就业

充分就业并不是指所有劳动力都找到工作的就业状态，由于需求不足而造成的失业称为周期性失业，消灭了周期性失业时的就业状态就是充分就业。充分就业时仍然有一定的失业，这时的失业率称为自然失业率，充分就业与自然失业率不矛盾。

自然失业率的高低取决于劳动市场的完善程度、经济状况、职业介绍与指导的完善程度、工作的可获得性与类型、最低工资法等因素。自然失业率由各国政府根据实际情况确定，各国在不同时期所确定的自然失业率也不同。以美国为例，20 世纪 80 年代的自然失业率为 5.5% ～ 6.5%，即有 93.5% ～ 94.5% 的人就业就是实现了充分就业。

二、失业的种类

失业分为摩擦性失业、结构性失业和周期性失业。

1. 摩擦性失业

摩擦性失业是劳动力正常流动过程中产生的失业，是由市场经济制度本身决定的。摩擦性失业率的高低取决于劳动力流动性的大小和寻找工作所需时间的长短。劳动力的流动

性是由制度因素、社会文化因素、经济结构因素和劳动力结构因素共同决定的。寻找工作所需要的时间则主要取决于获取工作信息的难易程度和速度。

2. 结构性失业

结构性失业是由于经济结构的变化，劳动力的供给和需求在职业、技能、产业、地区分布等方面的不协调所引起的失业。其最大特点是劳动力供求总量大体相当，但却存在着结构性的供求矛盾，即在存在失业的同时，也存在劳动力供给不足。结构性失业也是经济发展不可缺少的，结构性失业多伴随着经济结构的升级和调整，而这又恰好是经济发展的重要前提和标志。

3. 周期性失业

周期性失业是由于整个经济周期波动造成劳动力总需求不足产生的失业。周期性失业又称为总需求不足的失业，是由于总需求不足而引起的短期失业。这种失业与经济的周期性波动是一致的。当经济繁荣时，总需求充足，周期性失业率低，甚至不存在周期性失业；当经济衰退时，总需求不足，周期性失业率高。

三、失业的影响和治理

1. 失业的影响

1) 失业对宏观方面的影响

宏观上，有利的方面是失业促进劳动力资源的流动和有效配置。失业作为外在压力，激励着劳动者提高自身素质和劳动效率、掌握工作技能。不利的方面是失业直接造成劳动力资源的浪费，带来社会的损失。

2) 失业对微观方面的影响

失业威胁着作为社会单位和经济单位的微观家庭的稳定。没有收入或收入遭受损失，户主就不能起到应有的作用。家庭的要求和需要得不到满足，家庭关系将因此而受到损害。此外，家庭之外的人际关系也受到失业的严重影响。失业者在情感上容易受到打击，他们长期找不到工作就会悲观失望，高失业率往往伴随着高犯罪率和各种社会骚乱。当然，失业的影响也可以概括为对社会的影响和经济的影响。

知识链接

奥肯定律

20世纪60年代，美国经济学家阿瑟·奥肯根据美国的数据，提出了经济周期中失业变动与产出变动的经验关系，被称为奥肯定律。奥肯定律的内容是：失业率每高于自然失业率一个百分点，实际GDP将低于潜在GDP两个百分点。反之，失业率每低于自然失业率一个百分点，实际 GDP 将比潜在 GDP 高出两个百分点。

西方学者认为，奥肯定律揭示了产品市场与劳动市场之间极为重要的关系，它描述了实际 GDP 的短期变动与失业率变动的联系。根据这个定律，可以通过失业率的变动推测或估计 GDP 的变动，也可以通过 GDP 的变动预测失业率的变动。例如，实际失业率为 8%，高于 6% 的自然失业率 2 个百分点，则实际 GDP 就将比潜在 GDP 低 4% 左右。

该定律论证了失业率与国民生产总值增长率二者呈反方向变化的关系，即国民生产总值的高增长率使失业率降低，低增长率则会提高失业率。然而这条规律在中国似乎不灵了，当中国正在为经济增长欢呼时，却发现失业率也在增长。究其原因，是因为中国经济增长，有很大一部分得益于先进的科学技术的大量运用，机器代替了人力，导致了失业率的上升。所以，奥肯定律也有"变异"的时候。

2. 失业的治理

1) 控制自然失业率的上升

针对自然失业当中的不同情况，应采取不同的策略。对于摩擦性失业，政府提供就业信息、信息公开化、反对就业歧视、消除劳动力流动壁垒；对于结构性失业，政府则采取人力政策、提供职业训练、降低教育成本、鼓励劳动力流动；对于季节性失业，政府拓宽多元化就业渠道，强化和完善社会保障系统等。

2) 减少周期性失业

周期性失业是需求不足引起的，所以一般采取扩张性财政政策和货币政策来刺激总需求，即"逆经济风向调节"。经济萧条、失业出现时，增加政府采购和政府转移性支付、兴办公共工程，或者降低税率减少税收，扩大货币供应量，降低利率刺激消费和投资，最终增加总需求，达到增加国民收入和就业的目的。扩张性财政政策和货币政策在刺激总需求时，可能会引起通货膨胀率上升和汇率下跌。周期性失业可以采取组织创新、结构调整、放松管制、减免税收等供给管理政策。

阅读与思考

高校大学生毕业容易就业难

随着高等教育的迅猛发展，高等教育大众化时代的到来，大学生就业难已成为不争的事实。大学生已不再是用人单位争着抢着要的"香饽饽"。据统计，2019 年内地约有 860 万应届大学毕业生走向就业市场，其中需求人数同比上升 81%，求职人数同比上升 21%，而这些毕业生中有大部分面临就业困难的窘境。目前，用人单位面临的最大问题是缺乏科学的选人用人标准。用人单位的管理系统不完善，无法准确地给出自己选人用人的定位和标准，导致受聘人员的水平与岗位所需要的能力不匹配，有些用人单位只是一味地要求高学历，而没有从自身的实际需求出发，寻找适合的人才。大部分企业在招聘时期过分看重受聘人员的工作经验，不少用人单位急于转型，希望能通过有经验的人才给自己的公司带来改变，而一般的大学生最大的劣势就是缺乏工作经验。在高等教育日益大众化、就业形势日益严峻的今天，具有竞争力的大学生就业能力的形成不再简单地依靠理论知识本身，而是必须基于社会需求，在动态匹配条件下来实现。

其次，大学生就业区域结构分布不合理。根据近年来的调查，越来越多的大学生愿意在东部发达地区就业，高校毕业生选择沿海发达城市的人数占大多数，而高校校址大多位于东南部发达城市，大学毕业生都有一定的就业"就近"心理，相对地增加了东部地区的就业压力。对于西部地区、落后地区和广大农村地区而言，人口少、经济不发达、区域偏远等一系列因素导致高校毕业生择业意愿不强烈，出现大学生等高素质人才短缺现象。因此，如何解决大学生就业难的问题已经成为焦点。

问题： 通过这个案例你认为导致大学生就业难的问题有哪些原因？

第二节　通货膨胀

一、通货膨胀的定义

通货膨胀通常是指物价总水平持续普遍的上升。对于这个定义的理解应包括以下几个方面的内容：

(1) 通货膨胀所指的物价上涨并非指个别商品或劳务价格的上涨，而是指一般物价水平的持续上涨，即全部商品和劳务的加权平均价格的上涨。

(2) 在通货膨胀中，一般物价水平的上涨是一定时间内持续的上涨，而不是一次性的、暂时性的上涨。部分商品因季节性或自然灾害等原因引起的物价上涨和经济萧条后恢复时期的商品价格正常上涨都不能叫作通货膨胀。

(3) 通货膨胀所指的物价上涨必须超过一定的幅度。但这个幅度该如何界定，各国又有不同的标准，一般来说，物价上涨的幅度在2%以内都不被当作通货膨胀，有些观点则认为只有物价上涨幅度超过5%才能叫作通货膨胀。

二、通货膨胀的类型

1. 按通货膨胀的程度划分

按通货膨胀的程度，通货膨胀分为爬行式通货膨胀、温和式通货膨胀、奔腾式通货膨胀和恶性通货膨胀四种。

(1) 爬行式通货膨胀是指价格总水平上涨的年率不超 2% ~ 3%，并且在经济生活中没有形成通货膨胀的预期。

(2) 温和式通货膨胀是指价格总水平上涨比爬行式通货膨胀高，但又不是很快，具体百分比没有统一的说法。

(3) 奔腾式通货膨胀是指物价总水平上涨率在 2 位数以上且发展速度很快。

(4) 恶性通货膨胀又称超级通货膨胀，是指物价上升特别猛烈且呈加速趋势。此时，货币已完全丧失了价值储藏功能，部分丧失了交易媒介功能，成为"烫手山芋"，持有者都设法尽快将其花费出去。当局如不采取断然措施，货币制度将完全崩溃。

2. 按通货膨胀的成因划分

按通货膨胀的成因划分，通货膨胀分为需求拉上型通货膨胀、成本推进型通货膨胀和结构型通货膨胀。

三、通货膨胀的原因

虽然不同时期发生通货膨胀的原因不同，但从总量上讲，导致通货膨胀的压力主要来自需求方面和供给方面。

1. 需求拉上

需求拉上型通货膨胀是从总需求的角度去解释通货膨胀的，当经济中需求的扩张超出总供给的增长时，过度需求就会拉动价格总水平持续上涨，从而引起通货膨胀。

由于总需求是经济社会对商品和服务的需求总量，总供给则表现为市场上商品和服务的供给，因此，需求拉上型通货膨胀可以通俗地表述为"过多的货币追求过少的商品"。当出现这种情况时，对商品和服务的需求就超出了现行价格条件下可得到的供给，从而导致一般物价水平的上涨。

2. 成本推进

进入 20 世纪 70 年代后，西方发达国家普遍经历了高失业和高通货膨胀并存的"滞胀"局面，即在经济远未达到充分就业时，物价持续上涨，甚至在失业增加的同时，物价也上升，而需求拉上理论无法解释这种现象。于是许多经济学家转而从供给方面寻找通货膨胀的原因，提出了"成本推进论"。

该理论认为，通货膨胀的根源并非总需求过度，而是由总供给方面生产成本上升所引起。通常情况下，商品的价格是以生产成本为基础加上一定的利润构成的。因此，生产成本的上升必然导致物价水平的上升。

经济学家们还进一步分析了促使生产成本上升的原因。在现代经济中有组织的工会对工资成本具有操纵能力。工会要求企业提高工人的工资，迫使工资的增长率超过生产率的增长率，企业则会因人力成本的加大而提高产品价格以转嫁工资成本的上升，而在物价上涨后工人又会要求提高工资，再度引起物价上涨，形成工资—物价的螺旋上升，从而导致"工资成本推进型通货膨胀"。垄断性大公司具有对价格的操纵能力，是提高价格水平的重要力量。垄断性企业为了获取垄断利润会人为地提高产品价格，由此引起"利润推进型通货膨胀"。在开放经济条件下，汇率变动引起进出口产品和原材料成本上升，以及石油危机、资源枯竭、环境保护政策不当等造成原材料、能源生产成本的提高，这些都是引起"成本推进型通货膨胀"的原因。

3. 供求混合作用

需求拉上理论抛开供给分析通货膨胀的成因，而成本推进论则以总需求给定为前提条件来解释通货膨胀，两者都具有一定的片面性和局限性。尽管理论上可以区分需求拉上型通货膨胀与成本推进型通货膨胀，但在现实生活中，需求拉上的作用与成本推进的作用常常是混合在一起的。因此，人们将这种总供给和总需求共同作用情况下的通货膨胀称之为"供求混合推进型通货膨胀"。实际上，单纯的需求拉上或成本推进往往不可能引起物价的持续上涨，但在总需求和总供给的共同作用下，往往会导致持续性的通货膨胀。

4. 经济结构变化

一些经济学家认为，在没有需求拉动和成本推动的情况下，由于经济结构部门结构的因素发生变化，也可能引起物价水平的上涨。这种通货膨胀被称为"结构型通货膨胀"。其基本观点是，由于不同国家的经济部门结构的某些特点，当一些产业和部门在需求方面或成本方面发生变动时，往往会通过部门之间在工资与价格问题方面相互看齐过程而影响到其他部门，从而导致一般物价水平的上升。

四、通货膨胀对经济的影响

1. 通货膨胀对收入分配的影响

1) 通货膨胀有利于债务人而不利于债权人

如果借贷双方没考虑到通货膨胀的影响，以固定利率（通常会采用的利率）发生借贷关系，则通货膨胀一旦发生，实际利息率下降，债务人受益，而债权人受损。因为债务人所付出的利息减少了，因而受益。在长期，通货膨胀会使债权人不愿意放贷，这样则会导致投资减少。

2) 通货膨胀有利于雇主而不利于雇员

在不可预期的通货膨胀之下，工资增长率不能迅速地根据通货膨胀率来调整，从而使实际工资下降。对于雇主来说，这就意味着实际的工资支出下降，利润增加。从这个意义上讲，利润的增加又有利于刺激投资，所以一些经济学家主张以温和的通货膨胀来刺激经济的发展。

3) 通货膨胀有利于实物资本持有者而不利于货币持有者

物价上升会使实物(商品)资本的实际价值基本保持不变，持有者没有损失。货币持有者手中的货币不但没有名义上的升值，相反还会贬值。即使将货币存在银行里，因其实际利率的下降，货币持有者也要蒙受一定的损失。

4) 通货膨胀有利于政府而不利于公众

在不可预期的通货膨胀之下，名义工资会有所增加(或者是保持不变)，但是实际工资却难以维持原有水平(甚至是下降)。随着名义工资的提高，达到纳税起征点的人数增加，有许多人进入到更高的纳税等级，这样就使得政府的税收增加。一些经济学家认为，这实际上是政府对公众的掠夺。这种现象的存在，既不利于储蓄的增加，也影响私人与企业投资的积极性。

2. 通货膨胀对资源配置的影响

在通货膨胀中，价格上涨超过成本上升的行业将得到扩张；价格上升慢于成本上升的行业将收缩。当价格上涨是对经济结构、生产率提高的反映时，价格变动和资源配置将趋于合理；反之，当通货膨胀使价格信号扭曲、无法正常反映社会供求状况，使价格失去调节经济的作用时，会破坏正常的经济秩序，使价格失去核算功能，降低经济运行效率。

3. 通货膨胀对经济增长的影响

一方面,通货膨胀降低了工人的实际工资,增加了企业的利润。在追求利润动机的支配下,企业将增雇工人，增加投资，扩大生产，使生产和就业增加，促进经济增长。同时，通货膨胀使得银行的实际利率下降，能够刺激消费和投资的需求，促进资源充分利用和总供给增加。

另一方面，通货膨胀使人们不愿意储蓄和购买债券等金额固定的资产，反而愿意购买土地、黄金等价格可变的资产，导致储蓄减少，抑制投资，抑制经济增长。

五、治理通货膨胀的对策

通货膨胀形成的原因是多方面的，而且往往难以确认。通货膨胀的实际影响也表现在多个方面，因而使得寻找和应用有效的治理对策较为困难。一般来讲，治理通货膨胀的对策主要有五种。

1. 调节和控制社会总需求

对于需求拉动型通货膨胀，调节和控制社会总需求是关键，主要通过实施正确的财政政策和货币政策来实现。财政政策方面，紧缩财政支出，增加税收，谋求预算平衡，减少财政赤字。货币政策方面，紧缩信贷，控制货币投放，减少货币供应量。财政政策和货币政策相配合综合治理通货膨胀，其重要途径是通过控制固定资产投资规模和控制消费基金过快增长，从而实现控制社会总需求的目的。

2. 增加社会总供给

通过减税可以增加劳动的供给和企业的利润，从而提高劳动生产率、储蓄率和投资水平；减少和限制政府对经济的干预，降低社会生产成本，促进私人投资，以推动经济增长。

3. 收入分配政策

收入分配政策是政府在通货膨胀期间为降低价格上涨速度而采取的限制性政策。其目标是通过限制货币工资增长率，甚至是冻结工资等方法，控制收入过快增长，从而抑制物价上涨。具体手段有：硬性的工资和物价增长率管制措施；工资—价格指标的指导性管理；通过道义上的劝告或建立工资协商机制，并取得工人（工会）和企业的配合，以实现合理的工资—价格增长。收入分配政策比较适用于成本推动型及结构性通货膨胀。

4. 对外经济管理

在对外经济管理方面，政府一方面抑制国内的通货膨胀，另一方面防止或抑制外来通货膨胀的传播和影响，具体是通过采取适宜的汇率、关税等对外经济管理政策或手段改善国际贸易和国际收支状况。在国际经济关系日益密切的情况下，对外经济管理被认为是治理通货膨胀的重要手段。

5. 其他政策

治理通货膨胀的其他政策包括限价、减税、指数化等。

阅 读 与 思 考

中国物价的变动趋势

2018 年上半年居民消费价格指数 (CPI) 涨幅达到了 2.1%，经统计，下半年的物价较上半年缓慢上升，上升幅度取决于以下几个因素：

首先，中国温和的通货膨胀仍然存在。货币贬值，买与之前相同的东西就要支付更多的钱了，这样看来，商品的量没变，而支付的货币却多了。

其次，中国粮食价格上涨。中国近年不少地区遭受洪涝灾害，对夏粮作物生长产生了一定的影响，粮食价格出现上涨。受到粮价上涨因素影响，下半年秋粮耕种面积将有所增加。按此趋势，中国粮食价格上涨势头在 2017 年秋季稍获缓解，但由于粮食价格上涨到肉蛋等食品价格上涨之间存在滞后期，中国 2018 年全年食品价格保持上涨状态。

最后，价格预期的因素也将促使 CPI 维持上涨态势。央行所做调查显示，44.1%的受访者认为中国物价会继续上行。国内外理论和实践经验表明，在居民和企业对价格上涨预期心理未消除的情况下，价格上涨势头极可能再持续一段时间。

问题：通过这个案例如何理解通货膨胀的原因？

第三节　失业与通货膨胀的关系

失业与通货膨胀一直是困扰各国政府的重大问题。如何保持充分就业和物价稳定，实现没有通货膨胀又没有失业的理想状态，成为各国政府的共同愿望。但无论经济学家如何努力，也没有真正实现该愿望。

一、凯恩斯的观点

凯恩斯认为，失业与通货膨胀是不会同时并存的。社会实现充分就业前，总需求增加只会引起国民收入增加而价格水平不会上升；达到充分就业时，总需求增加只会引起通货膨胀而国民收入不会继续增加。所以，失业与通货膨胀不会同时存在。

二、菲利普斯曲线

1. 菲利普斯曲线的由来

1958 年，威廉·菲利普斯根据英国 1861—1957 年失业率和货币工资变动率的经验统计资料，得出了一个著名的结论：失业率与货币工资增长率之间存在一种此消彼长的反方向变动关系，即失业率提高时，货币工资增长率小；失业率降低时，货币工资增长率较大。表明这种关系的曲线就是菲利普斯曲线。尽管菲利普斯曲线只是一种统计意义上的经验关系，但因实现了对失业与货币工资率增长之间关系的量化讨论而备受人们关注。

菲利普斯曲线如图 11-1 所示。横轴 U 表示失业率，纵轴 $\Delta W/W$ 表示货币工资增长率。当失业率从 U_1 下降到 U_2 时，货币工资增长率从 $(\Delta W/W)_1$ 上升到 $(\Delta W/W)_2$；反之，当货币工资增产率从 $(\Delta W/W)_2$ 下降到 $(\Delta W/W)_1$ 时，失业率从 U_2 上升到 U_1。

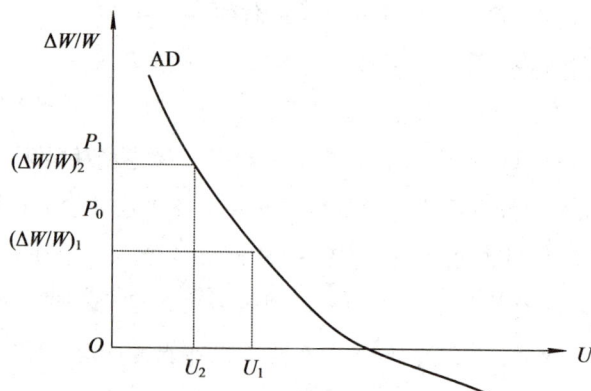

图11-1　菲利普斯曲线

根据成本推动型通货膨胀理论，货币工资可以表示通货膨胀率。因此，这条曲线就可以表示失业率与通货膨胀率之间的交替关系，即失业率高表明经济处于萧条阶段，这时工资与物价水平都较低，从而通货膨胀率也较低；反之，失业率低，表明经济处于繁荣阶段，这时工资与物价水平都较高，从而通货膨胀率也较高。因此，失业率和通货膨胀率之间存在反方向变动的关系。

2. 菲利普斯曲线所体现的重要观点

菲利普斯曲线是用来描述失业率与通货膨胀率之间替代关系的曲线：当失业率高时，通货膨胀率低；当失业率低时，通货膨胀率高。菲利普斯曲线所体现的主要观点有：

(1) 通货膨胀是由工资成本推动所引起的，这就是成本推动型通货膨胀理论。货币工资增长率与通货膨胀率正是根据这一理论联系起来的。

(2) 失业率和通货膨胀存在交替关系，它们是可能并存的，这是对凯恩斯观点的否定。

(3) 当失业率为自然失业率时，通货膨胀率为 0。

(4) 由于失业率和通货膨胀率之间存在交替关系，因此可以运用扩张性宏观经济政策，用较高的通货膨胀率来换取较低的失业率，也可以运用紧缩性宏观经济政策，以较高的失业率来换取较低的通货膨胀率。这就为宏观经济政策的选择提供了理论依据。

3. 菲利普斯曲线的作用

以菲利普斯曲线为理论依据，西方国家曾在经济中运用相应的措施来治理通货膨胀或经济衰退，并在一定的时期和范围内取得成效。如果失业率与通货膨胀率均在可以接受的范围内（失业率和通货膨胀率在临界点以下），是不必对经济进行干预的。如果失业率与通货膨胀率超出可以承受的程度，就可以通过对较低一方的调整或牺牲来换取较高一方的下降。

20 世纪 70 年代以后，菲利普斯曲线所反映的失业和通货膨胀之间的交替关系开始恶化。一方面，曲线的位置开始向上移动，这意味着要降低失业率，必须付出比以前更大的代价。另一方面，由于滞胀的出现，菲利普斯曲线也出现了失灵的情况，即曲线不是向右下方倾斜，而是与横轴垂直，也就是说，无论通货膨胀率提高到什么程度，失业率也不再下降了。

阅读与思考

通货膨胀与失业的关系

中国政府在 2018 年度成功将全国平均通货膨胀率控制在 3.13%。那么，2019 年情况如何呢？是否依然会把全年通胀率控制在温和水平？

国家统计局调查显示：2019 年 CPI（居民消费价格指数）环比涨幅回落，同比涨幅扩大；总的来讲，2019年物价水平保持温和状态。当CPI出现大幅波动的时候，国内经济可能出现一个时期的高通胀率，比如说经济危机，CPI就会出现大的波动，所以说CPI是非常重要的。

印度尼西亚金融与经济开发研究院经济专家毕玛认为政府在2020年可以良好控制市场通胀率。他说："今年是政治之年，我国在4月份举行大选，政府必然会控制燃油价格和电力服务费。控制了能源方面的价格，其他物价或服务费就好办了。"

英国中央银行总裁贝利也保持乐观态度。他认为，2018年全球市场处于非常不稳定状态，然而政府和央行却能良好合作，甚至把全年通胀率压制在3.15%水平，并成为自2011年以来除了2016年度之外最低的通胀率。他说："在2019年，全球市场不稳定现象开始缓解了，所以我们把通胀率控制在3.5%，并各有1%上下限水平。"

数据显示，2018年12月中国人口为13.95亿人，女性退休年龄50岁，男性退休年龄均为60岁，截至2019年6月，中国失业率为3.62%，相比2018年下降了0.21%。

问题：通货膨胀与失业是经济中的两个主要问题，通过这个案例，你认为这两者之间有什么关系呢？

拓 展 阅 读

当代大学生应树立什么样的择业观？

大学生对未来的生活有着美好的憧憬，对未来的职业寄予厚望，都期望在自己将来从事的职业岗位上有所成就。但是，古今中外，即使在相同的背景下，有的人能在自己的岗位上建功立业，有的人却碌碌无为；有的人从事的职业虽然平凡，却能受到社会的尊重和人们的赞扬，有的人虽名噪一时，却最终遭到人们的唾弃。造成这种截然不同的结局的原因固然是多方面的，但是最根本的在于有无正确的世界观、人生观、价值观。一个具有崇高理想的人，总是把造福社会作为自己的奋斗目标，同样，这也是新一代大学生树立正确择业观的必要条件。

择业观是大学生对于择业的目的和意义比较稳定的根本看法和态度的体现。大学生的择业观不是先天固有的，而是在一定的历史条件下，随着社会经济的发展而变化的，是大学生人生价值观在择业活动中的集中深层反映。

中国产业结构的调整、职业的变迁，要求大学生顺应潮流，重新审视各项职业对经济和社会发展的地位和作用。那么，当代大学生应树立怎样的就业观呢？

(1) 树立能上能下的就业思想。不要人为地认定某些职业才是大学生干的工作，某些职业不是大学生干的工作。打破这些观念，对于活跃大学生就业市场，拓宽大学生就业渠道，解决大学生就业难的问题具有重大意义。

(2) 树立跨地区、跨行业甚至跨国界的全方位的就业思想。大学生要转变思想观念，把职业视作基本的谋生手段，只要职业合适，并能实现自己的价值，行业、体制、区域都可以跨越。

(3) 树立先就业再择业、流动就业的思想，打破一步到位、从一而终的就业观。现代社会为人们提供了独立发展的空间，劳动力资源的特征是人才流动，社会不再要从一而终的职业。因此，大学生不必急于在短时间内找到一个固定的"铁饭碗"，要学会在流动中求生存求发展。

(4) 树立创造性就业的思想。职业受市场经济左右，不仅具有竞争性，而且具有创造性。因为多层次的市场需求导致了顺应需求的各种行业的产生和发展，使就业机遇增多。只要大学生留意观察，具有创造性，择业就业的渠道就会很广。正确看待择业问题，相信未来会更加美好。

本 章 小 结

周期性失业是短期中由于总需求不足所引起的失业，之所以称为周期性失业，是由于它与经济周期的变动相关。需求拉上型通货膨胀是总需求大于总供给所引起的通货膨胀。成本推动型通货膨胀是由于成本增加而引起的通货膨胀。美国新古典综合派经济学家萨缪尔森和索洛并进一步把菲利普斯曲线解释为失业与通货膨胀之间的关系。即失业率高，则通货膨胀率低；失业率低，则通货膨胀率高。失业率与通货膨胀率之间存在着反方向变动的关系，是因为通货膨胀使实际工资下降，从而能刺激生产，增加对劳动的需求，减少失业。

练 习 题

一、名词解释

失业　失业率　充分就业　自然失业率　摩擦性失业　结构性失业　周期性失业　通货膨胀　菲利普斯曲线

二、单项选择题

1. 由于厂商经营不善破产而形成的失业属于（　　）。

A. 周期性失业　　　　　　　B. 结构性失业

C. 自愿失业　　　　　　　　D. 摩擦性失业

2. 以下情况可称为通货膨胀的是 (   )。

A. 物价总水平的上升持续一个星期后又下降了

B. 物价总水平上升并且持续一年

C. 一种物品或几种物品的价格上升并持续了一年

D. 物价总水平下降而且持续了一年

3. 失业率是 (   )。

A. 失业人数占劳动力总数的百分比

B. 失业人数占整个国家人数的百分比

C. 消灭了自然失业时的就业状态

D. 所有成年人都有工作

4. 充分就业意味着 (   )。

A. 人人都有工作，没有失业者

B. 消灭了自然失业时的就业状态

C. 消灭了周期性失业时的就业状态

D. 消灭了摩擦性失业时的就业状态

5. 奥肯定律是说明 (   )。

A. 失业率与通货膨胀率关系的经验统计规律

B. 通货膨胀与国民收入之间关系的规律

C. 失业率与实际国民收入增长率之间关系的经济统计规律

D. 人口增长率与失业率之间的关系的统计规律

三、简答题

1. 简述失业的类型及治理对策。

2. 简述通货膨胀的主要成因及治理对策。

第十二章　经济周期、经济增长与经济发展理论

【知识目标】

(1) 了解经济周期及其与经济增长的关系；

(2) 熟悉经济增长与经济发展的内涵及相互关系；

(3) 能够分析经济增长的动力和特征。

【技能目标】

(1) 能够运用经济增长与经济发展理论解释现实中的经济现象；

(2) 能够结合经济增长的动力和特征给出简单的经济学建议。

【素质目标】

(1) 能够从经济学的角度培养自己的经济独立意识；

(2) 提升学生对国家经济形势的高度认识。

引入案例

寂 静 的 村 庄

从前，在美国中部有一个城镇，这里的一切生物看起来与其周围环境显得很和谐。这个城镇坐落在像棋盘般排列整齐的繁荣的农场中央，周围是庄稼地，小山下果园成片。春天，繁花像白色的云朵点缀在绿色的原野上；秋天，透过松林的屏风，橡树、枫树和白桦闪射出火焰般的彩色光辉，狐狸在小山上叫着，小鹿静悄悄地穿过了笼罩着秋天晨雾的原野。

即使在冬天，道路两旁也是美丽的地方，那儿有无数小鸟飞来，在露于雪层之上的浆果和干草的穗头上啄食。野外一直是这个样子，直到许多年前的一天，第一批居民来到这儿建房造舍、挖井筑仓，情况才发生了变化。

一种奇怪的寂静笼罩了这个地方。这儿的清晨曾经荡漾着乌鸦、鸽子、鹳鸟的合

唱以及其他鸟鸣的音浪，而现在一切声音都没有了，只有一片寂静覆盖着田野、树林和沼地。

曾经一度迷人的小路两旁，现在排列着仿佛是火灾劫后的、焦黄的、枯萎的植物。被生命抛弃的这些地方一片寂静。小溪也失去了生命；钓鱼的人不再来访问它，因为所有的鱼儿已经死亡。

不是魔法，使生命无法复生；而是人类，使自己受害。

思考： 这个故事告诉了我们什么？

》》》 第一节 经济周期理论 《《《

一、经济周期的含义

经济周期是指经济社会中有规律的总体波动，表现为国民经济扩张和收缩的不断交替运动。波动中，很多经济变量几乎同时扩张，然后又几乎同时收缩，致使经济重复出现繁荣、衰退、萧条与复苏等阶段。

经济周期一般分为四个阶段：繁荣，即经济活动扩张，经济以较高速度增长的阶段；衰退，即繁荣消退，经济活动减少，经济增长减速的阶段；萧条，即经济活动绝对收缩，经济增长乏力甚至出现负增长的阶段；复苏，即经济活动开始增加，经济开始增长的阶段。其中，繁荣和萧条是经济周期的两个主要阶段，衰退和复苏分别是两个主要阶段之间的过渡阶段。

这里所说的经济变量、经济活动主要是工业产量、商品销量、国民收入、资本借贷量、物价水平、利润（利息）率及就业量等因素或指标。

当然，所谓周期，并非是指经济波动一定是有规则的简单重复，而是指反复出现的从经济繁荣到萧条的诸多循环有相似之处。其实，每个周期都有自己的特征，不会有绝对同一形式、同样情况的重现。无论成因、期限、规模、速率还是程度，各周期都不相同。

二、经济周期的划分

据经济学家研究，实际经济中出现过的经济周期，可按时间的长短分为短、中、长三种周期。短周期一般为 3～6 年，中周期一般为 9～10 年，长周期一般为 20 年甚至更长。

1939 年，美籍奥地利经济学家约瑟夫·熊彼特在《经济周期》第一卷中，对以上三种周期理论进行了综合分析，认为每一个长周期包括六个中周期，每一个中周期包括三个短周期，其中短周期为 3 ～ 4 年，中周期为 9 ～ 10 年，长周期为 48 ～ 60 年。此外，美国经济学家库兹涅茨还提出了一种主要资本主义国家存在长度为 15 ～ 75 年的长波的观点，这也是一种长周期，被称为库兹涅茨周期。第二次世界大战以后，这种长周期理论受到相当的重视。

三、经济周期的成因

经济周期是一个复杂的经济现象，关于其成因，很多学者从不同的角度进行了研究。概括起来主要有以下观点。

1. 货币

英国经济学家霍特里认为，经济周期是一种纯粹的货币现象。货币供应量和货币流通速度直接决定了名义国民收入的波动。经济波动完全是由于银行体系交替地扩张和紧缩信用造成的，尤其以短期利率起重要的作用。

2. 消费不足

经济中出现萧条是因为社会对消费品的需求增长赶不上消费品供给的增长，导致生产过剩的经济危机。这种消费不足的原因在于国民收入分配不公而造成的富人储蓄过度。

3. 投资过度

经济周期的根源在于生产资料的过度生产，投资的增加首先引起对投资品需求的增加和投资品价格的上涨，进一步刺激投资增加，形成繁荣。因为需求的增加和价格上涨都首先表现在资本品上，所以投资也主要集中于生产资本品的产业，而生产消费品的产业则没有受到足够重视，导致生产结构失调，最终将引起萧条而使经济发生波动。

4. 创新

创新和模仿活动是经济周期性波动的原因。技术的革新和发明不是均匀的连续的过程，有高潮和低潮，由此导致经济的上升与衰退，从而形成经济周期。

5. 心理预期

经济波动的原因在于人们对未来的预期。用人们心理上的乐观预期与悲观预期相交替来说明繁荣和萧条的交替：当预期乐观时，投资增加，经济步入复苏、繁荣；当预期悲观时，减少投资，经济进入衰退、萧条。

6. 太阳黑子

经济周期波动是由于太阳黑子的周期性变化引起的。太阳黑子周期性的出现会造成恶劣的气候，引起农业减产，进而对工业、商业等多方面产生不利影响，引起整个经济波动。太阳黑子的出现是有规律的，大约每 10 年出现一次，因而经济周期大约也是每 10 年一次。

7. 政治的经济周期

经济危机周期性出现是政府政策周期性变化的结果。以西方政治为例，大选前，总统为了连任，采取宽松的政策刺激经济增长；大选结束后，由于宽松的政策会导致通货膨胀压力，因而采取紧缩的政策，使经济走向衰退。

8. 乘数——加速原理相互作用

乘数——加速原理相互作用引起经济周期的具体过程是：投资增加通过乘数效应引起国内生产总值的更大增加，国内生产总值的更大增加又通过加速效应引起投资的更大增加，于是经济出现繁荣。然而，当国内生产总值达到一定水平后，由于社会需求与资源的限制无法再增加，就会由于加速原理的作用使投资减少，投资减少又会由于乘数的作用使国内生产总值继续减少，两者的共同作用又使经济进入衰退。衰退持续一定时期后，由于固定资产更新，即大规模的机器设备更新又使投资增加，国内生产总值再增加，从而经济进入另一次繁荣。正是由于乘数——加速原理相互作用，经济中就形成了由繁荣到衰退，又由衰退到繁荣的周期性运动。乘数——加速原理表明国内生产总值的变化会通过加速数对投资产生加速作用，而投资的变化又会通过投资乘数使国内生产总值成倍变化，加速数和投资乘数的这种交织作用便导致国内生产总值周而复始地上下波动。

阅读与思考

选举与经济的关系

从宏观经济政策来看，自特朗普执政以来，美国大幅度改变内外经济政策，国内政策以大规模减税及重振制造业为重点，除此之外，美联储实施了多年的紧缩性货币政策开始转向降息等宽松政策；从经济周期的理论来看，美国经济走弱是由于经济多年复苏增长后的周期性回落。同时，经济繁荣给特朗普带来了较稳定的支持率。

苏黎世大学的布鲁诺·弗雷和耶鲁大学的威廉·诺德豪斯等一些经济学家认为，在选举过程和经济波动之间存在密切的关系。

首先，选民对经济状况非常敏感。当失业率高时，人们把糟糕的经济状况归咎于在任者，并对他们投反对票。

其次，由于政治家追求连选连任，故在选举时他们设法使自己提出的经济政策讨人喜欢。

最后，政治家在选举来临之际过分刺激经济，尽管这样做会给选举后带来不利影响。过分刺激经济会引起通货膨胀，选举以后为制止通货膨胀，政府又使经济放慢，从而引起失业。但选民是健忘的，只要在下一次选举时经济恢复，他们又会宽宏大量。

问题：用理论联系实际谈谈你对政治性经济周期的认识和看法。

>>> 第二节　经济增长理论 <<<

一、经济增长及其特征

1. 经济增长

经济增长是指一国在一定时期内商品和劳务总量的增加,也就是社会经济规模的扩大。通常用一国国内生产总值 (GDP) 增长率或人均国内生产总值增长率来表示。假定经济中的国民收入为 Y,在一个特定时期内的改变量为 ΔY,那么,经济增长率 G 可以表示为

$$G = \frac{\Delta Y}{Y}$$

关于经济增长的一个经典性的定义,被公认是由美国经济学家库兹涅茨提出的,即一个国家的经济增长,可以定义为给居民提供日益繁多的经济产品能力的长期上升,这种不断增长的能力是建立在先进技术以及所需要的制度和思想意识之相应的调整的基础上的。

库兹涅茨关于经济增长的定义具有三方面的含义:一是经济增长集中表现为经济实力的增长,即商品和劳务量的增加;二是技术进步是实现经济增长的必要条件;三是制度与意识的相应调整是经济增长的充分条件。

2. 经济增长的基本特征

经济增长是一个普遍的现象,尽管也存在经济衰退,但经济增长的长期趋势是向上的。持续的经济增长,特别是人均产量的增长,是现代经济增长的一个典型特征。

经济增长会引起经济结构重要的、渐进的变化,在经济增长中可以观察到一些共同的模式。经济增长的第二个特征是农业在整个经济中的,无论是产值还是就业份额的重要性均下降。在农业衰落的同时,先是工业然后是服务业的崛起:在高速增长的早期,工业迅速崛起,达到顶峰,然后在经济中的份额开始下降;服务业在农业和工业衰落的同时稳定增长。

经济增长的另一个特征是向城市化过渡。城市化是农业衰落、工业繁荣的结果。工业生产发生在大企业中,大企业能够获取生产的规模经济效应。为了共享基础设施体系——通信、交通、能源等,工业企业发现,它们相互紧密地靠在一起是十分有利的。另外,生产最终消费品的企业发现,它们应该选址于主要消费中心。

技术进步有利于推动生产率不断提高。比如,研究发现,自然资源丰富或者贫乏并不是经济增长的重要因素,不少资源匮乏的国家在经济增长绩效上取得了成功,这种成功可能和技术进步与人力资本有关。经济增长会导致社会制度和思想观念的巨大变化,如制度

变革，支配和影响人们行为的宗教、信念等观念发生变化等。

经济增长不是一国独有的现象，而是在世界范围内迅速扩大，成为各国追求的目标。但各国之间经济增长不平衡，这种不平衡不仅出现在发达国家与不发达国家之间，而且出现在发达国家之间。

二、经济增长的影响因素

经济增长是一个极其复杂的现象，影响经济增长的具体因素也是多种多样的，众多经济增长研究学者对其影响因素进行了深入研究假设与论证分析。

1. 索洛的经济增长解释框架

美国经济学家索洛建立了一个解释框架，用于测定经济增长的主要因素，用公式表示为

$$技术进步率 = 经济增长 - \alpha \times 资本增长率 - \beta \times 劳动增长率$$

即

$$\Delta A/A = G - \alpha \frac{\Delta K}{K} - \beta \frac{\Delta L}{L}$$

式中：$\alpha > 0$，$\beta > 0$，$\alpha + \beta = 1$；$\Delta A/A$ 代表技术进步率，又叫索洛剩余，是指总增长率在扣除资本和劳动对经济增长贡献后的剩余部分，反映了技术进步对经济增长的贡献度。

用文字表示上述公式的意义是：产量的增加可以由三种力量来解释，即劳动、资本和技术进步。

索洛发现，单位劳动占用资本的增长对经济增长的贡献只占较小的份额，约为12%，由每个工人占有物质资本的增加来解释，其余的88%被解释为剩余，即技术进步对经济增长的贡献。

2. 丹尼森对经济增长因素的分析

丹尼森认为经济增长的因素分为两大类：生产要素的投入量和生产要素的效率。其一，经济增长是劳动、资本和土地投入的结果；其二，经济增长是产量和投入之比，主要取决于资源配置状况、规模经济和知识进展。经济增长的因素具体归结为：

(1) 劳动力数量的增加和质量的提高；

(2) 资本；

(3) 资源配置的改善；

(4) 规模经济；

(5) 知识进展和它在生产上的应用；

(6) 其他影响单位投入产量的因素。

其中，知识进展对经济增长贡献最重要。知识进展包括技术知识、管理知识的进步和由于采用新的知识而产生的关于结构和设备更有效的设计，还包括国内外有组织的研究、个别研究人员和发明家，或者简单的观察和经验中得来的知识。

3. 库兹涅茨对经济增长因素的分析

库兹涅茨认为经济增长因素有三个：知识存量的增加、劳动生产率的提高和结构方面的变化。其一，随着社会的发展和进步，人类社会迅速增加了技术知识和社会知识存量，当这种存量被利用时，迅速成为总量增长和结构变化的源泉；其二，经济增长率的提高主要是劳动生产率的提高；其三，在经济快速增长的同时，结构也在发生变化。库兹涅茨把知识力量因素和生产因素与结构因素联系起来，以强调结构因素对经济增长的重要影响，这是一个重要的贡献。

4. 其他解释经济增长的因素

其他解释经济增长的因素包括开放经济条件下的国际贸易和国际资本流动，以及一国的资源禀赋和制度环境等方面的因素。

以上是经济增长研究学者们对经济增长影响因素的论证，总体而言，可将其众多影响因素归为三类：要素投入、技术进步和制度环境。

阅读与思考

论 2020 年中国经济趋势

2019 年 12 月 9 日，中国社科院发布的《经济蓝皮书：2020 年中国经济形势分析与预测》显示，预计 2020 年中国经济增长 6% 左右。

蓝皮书认为，2020 年外部不稳定、不确定因素增加，国内周期性问题与结构性矛盾叠加，经济运行面临的风险挑战仍然较多。在加大宏观逆周期调节力度及各项改革开放措施综合作用下，预计 2020 年中国经济增长 6% 左右。中国经济运行总体平稳，下行压力有所加大。在全球贸易和制造业 2019 年增速都显著下降的背景下，中国经济增速下行压力加大也是必然的，制造业是受到贸易最直接影响的产业。但在国内一系列"六稳"政策和改革开放措施作用下，中国经济运行总体平稳，今年全年有望实现 6.1% 左右的增长。

但要想经济做到又好又快发展，需要合适的理论做铺垫。中国坚持走中国特色社会主义道路，有属于自己独特的经济增长理论。20 世纪 80 年代的制度改革开启了中国经济的"斯密"增长时代，而 20 世纪 90 年代以后的人力、资源、资本、技术投入换来了"库兹涅茨增长模式"，兼带有"熊彼特增长"的特征。未来中国的"库兹涅茨增长模式"仍将继续，但应该通过"放松供给约束，解除供给抑制"等系列改革措施，刺激新的"熊彼特增长"阶段，通过制度改革重启"斯密"增长。

问题：通过这个案例，你以为中国适应于哪一种经济增长理论呢？

>>> 第三节　经济发展理论 <<<

一、经济发展的概念及其层次

1. 经济发展的概念

经济发展，通常是针对欠发达经济体而言的，指一国或地区在经济增长的基础上，伴随着社会整体的进步。

经济发展不同于经济增长，二者是既有区别又有联系的两个不同的概念。一方面，经济增长包含在经济发展之中，持续稳定的经济增长是促进经济发展的基本动力和必要的物质条件，没有增长便谈不上发展。另一方面，经济增长不等同于经济发展，并非所有的经济增长都必然能促进社会整体进步，不能促进社会进步的经济增长不是经济发展，而是"有增长无发展"。同时，衡量经济增长的指标主要是经济指标 (GDP)，用于度量人类经济生活的数量水平；衡量经济发展的主要指标是非经济指标 (人文发展指数等)，用于度量人类社会生活的质量水平。

换言之，一个国家摆脱贫困落后状态，走向经济和社会生活现代化的过程即称为经济发展。经济发展不仅意味着国民经济规模的扩大，更意味着经济和社会生活素质的提高。所以，经济发展涉及的内容超过了单纯的经济增长，比经济增长更为广泛。

2. 经济发展的层次

就当代经济而言，经济发展的含义相当丰富复杂。经济发展总是与发达、与工业化、与现代化、与增长之间交替使用。一般来说，经济发展包括以下三个层次：

(1) 经济量的增长，即一个国家或地区产品和劳务的增加。它构成了经济发展的物质基础。

(2) 经济结构的改进和优化，即一个国家或地区的技术结构、产业结构、收入分配结构、消费结构以及人口结构等经济结构的变化。

(3) 经济质量的改善和提高，即一个国家和地区经济效益的提高、经济稳定程度、卫生健康状况的改善、自然环境和生态平衡以及政治、文化和人的现代化进程。

知识链接

经济发展的新模式——亚太经合组织

亚洲与太平洋地区经济合作组织 (APEC) 简称亚太经合组织，成立于 1989 年 11 月。其成员已由最初的 12 个扩展到 21 个 (2019 年年初)，其中发达成员有 5 个，发展中成员有 16 个。中国于 1991 年加入这一组织。

亚太经合组织充分考虑到各成员体之间在政治、经济、文化等方面的巨大差异，采取了独特的运行方式，即承认多样化，强调灵活性、渐进性、开放性，遵循协商一致、自主自愿、单边行动与集体行动相结合的原则，形成了别具一格的"APEC方式"。根据这一方式，亚太经合组织成员就贸易投资自由化、便利化及经济技术合作问题协商一致的结果是非约束性和非强制性的，不具有法律效力，是在单边自愿基础上的承诺。亚太经合组织奉行"开放的地区主义"，即亚太经合组织成员内部贸易投资自由化的成果适用于亚太经合组织以外的任何国家和地区。也就是说，非亚太经合组织成员可以分享亚太经合组织内部成员之间的任何关税减让以及非关税壁垒减少和消除所带来的利益和好处。开放的地区主义与世界贸易组织的基本原则——非歧视原则是一致的，它标志着区域经济一体化实践上的一次创新，同时也是对传统的区域经济发展理论的一次挑战。

开放的地区主义实际上反映了经济全球化对区域一体化的一种积极影响。它之所以会出现在亚太地区，与东亚国家或地区（包括东南亚）经济全球化倾向的迅速发展有很大的关系。

二、经济发展的影响因素

相对于经济增长，经济发展是一个更复杂的现象。由于经济增长是构成经济发展的重要组成部分，所以影响经济增长的因素也是影响经济发展的因素。但经济发展还包括结构变革等质的飞跃的内容，因而影响经济发展的因素除了包括影响经济增长的因素外，还包括一些促进经济结构变革的因素。这些因素既有经济因素，也有非经济因素。

1. 经济因素

除了影响经济增长的因素，如自然资源的开发、资本投资、技术进步、劳动力的供给等，影响经济发展的主要经济因素还包括经济体制、环境保护、对外开放和产业结构等。

1) 经济体制

经济体制因素是影响经济发展的首要因素，因为制度保护是社会行为的前提，经济行为选择的背后是制度的选择。经济体制合理与否直接关系着各种稀缺的经济资源能否得到合理配置，企业是否充满活力，宏观经济比例关系是否协调，科学技术的发展是否形成促进机制，投资是否能带来效益最大化等，从而最终制约着社会经济的发展状况。

2) 环境保护

人类的生活及生产活动与自然生态环境之间，始终存在一种相互依赖、相互制约的关系。生态环境的优劣对社会经济发展有着极大的影响和制约作用。自 18 世纪英国工业革命以来，人类不断享受着工业发展所带来的种种方便，同时也一再受到破坏生态环境的惩罚。如何保持社会经济与自然生态协调，提高人类生存环境的质量，成为人类当前面临的一项迫切任务。加强环境保护，在资源、人口、环境与经济发展之间建立起不断优化的平衡关系，使经济发展与环境保护相互协调，已成为世界各国共同致力的目标。

3) 对外开放

今日的世界是开放的世界，任何一个国家要想真正获得经济发展，都必须置身于国际经济关系之中，哪个国家对外开放的步子迈得大，哪个国家的经济发展就更快些。在对外开放中，对外贸易、引进外资和先进技术，是促进本国经济发展的重要因素。积极推进对外开放，既是提高劳动率、开辟资金来源的不可缺少的因素，同时也是保证国内市场均衡、促进结构变革的重要外部条件。

4) 产业结构

产业结构是国民经济各产业部门之间以及各产业部门内部的构成。产业结构的合理和不断优化，既是国民经济协调发展、社会资源恰当配置与有效利用的基本条件，也是国民经济整体素质提高和逐步现代化的重要标志。

2. 非经济因素

非经济因素指影响经济发展的社会人文环境，主要包括社会政治环境、社会文化状况和社会教育水平。

1) 社会政政治环境

任何社会经济的发展都必然受其政治环境的影响。政治和经济存在相互依赖、相互制约的关系。一方面，政治是经济的保障，社会政治环境如社会政局、社会秩序、民主与法制建设状况优良与否，对社会经济发展至关重要。另一方面，经济是政治的基础，政治是上层建筑的重要内容，上层建筑是由经济基础决定的，但上层建筑对经济基础有重大的反作用。

2) 社会文化状况

广义的文化是指人类社会实践过程中创造的物质财富和精神财富的总和，是人类文明的同义语，包括经济发展在内。在论述经济和文化的相互关系时，要从意识形态的角度来理解文化，包括社会风俗、时尚、伦理、道德、哲学、法律、宗教以及艺术等。文化作为上层建筑的一部分，由经济决定，以经济为基础，随经济的发展而发展，同时又对经济发展产生重大影响。

3) 社会教育水平

发展社会文化，提高人口素质，都离不开教育的发展。教育就是按照一定的目的，从道德、智力、体质、审美能力和劳动技能等方面对人的发展施加影响的一种有计划、有步骤的社会活动。教育的基本功能是通过科学知识的传播，提高劳动者素质，把潜在的劳动力转化为现实的、高效的劳动力，从而推动经济发展。

三、可持续发展

可持续发展是指既满足当代人的需要，又不损害后代人满足需要能力的发展。

或者说，可持续发展是一种经济发展的合理形态。实施可持续经济发展战略，使社会经济得以形成可持续经济发展模式，力求在经济圈、社会圈、生物圈的不同层次中达到经济、社会、生态三个子系统相互协调和可持续发展。

1. 经济可持续发展

可持续发展鼓励经济增长而不是以环境保护为名限制经济增长，因为经济发展是国家实力和社会财富的基础。可持续发展不仅重视经济增长的数量，更追求经济发展的质量。可持续发展要求改变传统的以"高投入、高消耗、高污染"为特征的生产模式和消费模式，实施清洁生产和文明消费，以提高经济活动中的效益、节约资源和减少废物。从某种角度上，可以说集约型的经济增长方式就是可持续发展在经济方面的体现。

2. 生态可持续发展

可持续发展要求经济建设和社会发展与自然承载能力相协调。发展的同时必须保护和改善地球生态环境，保证以可持续的方式使用自然资源和环境成本，使人类的发展控制在地球承载能力之内。因此，可持续发展强调发展是有限制的，没有限制就没有发展的持续。生态可持续发展同样强调环境保护，但不同于以往将环境保护与社会发展对立的做法，生态可持续发展要求通过转变发展模式，从人类发展的源头、从根本上解决环境问题。

3. 社会可持续发展

可持续发展强调社会公平是环境保护得以实现的机制和目标。可持续发展战略指出，世界各国的发展阶段可以不同，发展的具体目标也各不相同，但发展的本质应包括改善人类生活质量，提高人类健康水平，创造一个保障人们平等、自由、教育、人权和免受暴力的社会环境。也就是说，在人类可持续发展系统中，经济可持续是基础，生态可持续是条件，社会可持续才是目的。

知识链接

经济增长等于经济发展吗？

经济增长与经济发展本来是意义相同并且可以互用的两个词，但是由于二战后西方经济学中产生经济增长理论的同时，出现了另一个新的分支——发展经济学，因此把这个词的意义做了一定的区分，以经济增长来说明发达国家的经济进展，而用经济发展来说明发展中国家的经济变化。但在一定的情况下，这两个词可以替代。例如，讨论到发达国家的早期经济进展时，往往使用"经济发展"一词。如果说经济增长是一个"量"的概念，那么经济发展是一个比较复杂的"质"的概念。

拓展阅读

违建别墅的思考

2019年5月，《中国房地产报》发表了一篇名为《400亩秦巴山地建别墅，汉中最大康养项目变形记》的文章。文中提到，陕西省汉中市南郑区一地产企业打着养老项目的幌子，在秦岭南麓400亩①号山地上建起名为"益丰国际•汉山郡"的别墅区，其中坐落着62栋别墅。这个独享汉山山脉600亩山地森林资源的别墅项目，在2009年当地媒体报道中被称为"汉中首家大型高标准养老服务机构"，甚至2010年的南郑区政府工作报告中，"益丰国际颐养中心建设"被列为南郑区重点招商推进的惠民工程之一。然而，2010年在建设用地规划许可中还是以"公用设施和居住用地"立项的颐养中心，到2014年变更为益丰国际商品住宅，并取得商品房预售许可证，正式以别墅大盘对外公开销售。

文章一经刊登，立刻引起了社会的广泛关注。秦岭别墅事件向我们提出了一个现实的问题，什么样的经济增长是可持续的？如何看待经济增长和经济发展的关系。十八大以来，习近平总书记多次强调要"算大账、算长远账、算整体账、算综合账"。他明确指出，绝不能以牺牲生态环境为代价换取经济的一时发展，生态本身就是经济，保护生态就是发展生产力，并多次提出"既要金山银山，又要绿水青山"。环境就是民生，绿水青山就是金山银山。我们要像保护自己的眼睛一样保护生态环境，像对待生命一样对待生态环境，绝不能以牺牲生态环境为代价换取经济的一时发展。

本章小结

经济周期指经济社会中有规律的总体波动，表现为国民经济扩张和收缩的不断交替运动。经济周期一般分为四个阶段，即繁荣、衰退、萧条、复苏。

经济增长指一国在一定时期内商品和劳务总量的增加，也就是社会经济规模的扩大。通常用一国国内生产总值(GDP)增长率或人均国民生产总值增长率来表示。影响经济增长的因素有很多，但大体上可以归为三类，即要素投入、技术进步、经济制度。其中，要素投入又以资本投入为主。

经济发展指在经济增长的基础上，一国或地区经济的结构演进、制度改善、经济生活水平的提高或进步以及社会结构的变化等。相对于经济增长，经济发展具有更加丰富的内涵，不仅涉及物质增长，而且涉及社会和经济制度以及文化的演变。经济发展既着眼于经济规模在数量上的扩大，还着重于经济活动效率的改进，同时又是一个长期、动态的进化过程。

练 习 题

一、名词解释

经济周期　经济增长　经济发展

二、单项选择题

1. 经济周期主要阶段为 (　　)。

A. 繁荣、衰退　　　　　　　　B. 萧条、复苏

C. 繁荣、复苏　　　　　　　　D. 繁荣、萧条

2. 中周期的一般长度为 (　　) 年。

A. 3 ~ 4　　　　　　　　　　B. 9 ~ 10

C. 15 ~ 25　　　　　　　　　D. 48 ~ 60

3. 经济增长的标志是 (　　)。

A. 社会福利水平提高　　　　　B. 城镇化步伐加快

C. 工资水平提高　　　　　　　D. 社会生产能力不断提高

4. 可持续发展理论强调 (　　)。

A. 经济增长是第一位的　　　　B. 后代人的利益是第一位的

C. 当代人的利益是第一位的　　D. 人与自然和谐统一

三、简答题

1. 如何理解政治的经济周期?

2. 经济增长有何特征?

3. 如何理解经济发展与经济增长之间的关系?

4. 简述可持续发展中经济、生态、社会三者之间的关系。

参 考 文 献

[1] 高鸿业.西方经济学 [M].7 版.北京：中国人民大学出版社，2018.

[2] 曼昆.经济学基础 [M].梁小民，译.北京：北京大学出版社，2017.

[3] 缪代文.微观经济学与宏观经济学 [M].6 版.北京：高等教育出版社，2017.

[4] 刘建铭.经济学概论 [M].北京：清华大学出版社，2012.

[5] 徐教道.经济学基础 [M].3 版.上海：上海财经大学出版社，2017.